Książę i żebrak

MARK TWAIN

Książę i żebrak

Przełożył: Marceli Tarnowski

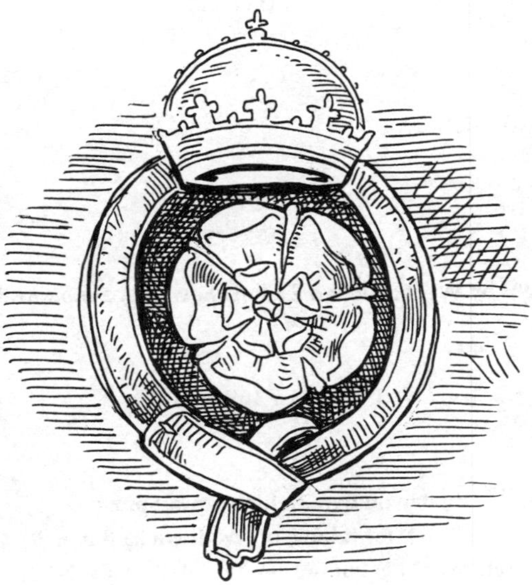

Wydawnictwo Zielona Sowa
Kraków

Tytuł oryginału:
The Prince and the Pauper

Projekt graficzny serii:
Mariusz Pająk

Ilustracja na okładce:
Artur Janicki

Ilustracje:
Paweł Kołodziejski

Opracowanie graficzne okładki:
Mariusz Pająk

Skład i łamanie:
Anna Olek

Redakcja:
Edyta Wygonik

ISBN 83-7389-963-4

Wydawnictwo Zielona Sowa Sp. z o.o.
30-415 Kraków, ul. Wadowicka 8 A
tel./fax (012) 266-62-94, tel. (012) 266-62-92,
(012) 266-67-98, (012) 266-67-56
www.zielonasowa.pl
wydawnictwo@zielonasowa.pl

Historię, którą tu opowiem, opowiadał mi ktoś, kto usłyszał ją od swego ojca, ten od swego ojca, ów znów od swego – i tak wstecz, przez przeszło trzy stulecia przekazywali ją ojcowie synom i w ten sposób zachowali dla świata potomnego. Może to jest zdarzenie prawdziwie, a może tylko legenda, podanie. Może tak się przydarzyło, a może się nie przydarzyło, ale mogło się przydarzyć. Może wierzyli w nią dawniej ludzie mądrzy i uczeni, a może tylko prostacy i ludzie nieuczeni lubili ją i dawali jej wiarę.

Rozdział I

Narodziny księcia i żebraka

Pewnego jesiennego dnia w drugiej ćwierci szesnastego wieku urodził się w starożytnym mieście Londynie chłopiec, w ubogiej rodzinie Canty, która nie pragnęła go wcale.

Tegoż dnia urodziło się inne dziecię angielskie w bogatej rodzinie Tudor, która pragnęła go bardzo. Pragnęła go cała Anglia. Anglia tak bardzo pragnęła tego chłopca, takie w nim pokładała nadzieje, tak gorąco błagała o niego Boga, że gdy się wreszcie narodził, cały naród od zmysłów niemal odchodził z radości.

Ludzie zaledwie znajomi ściskali się i całowali, wylewając łzy radości. Dzień ten stał się dla wszystkich dniem święta, a wielcy i mali, bogaci i ubodzy ucztowali, tańczyli i śpiewali, wzruszeni wielce; i trwało to przez wiele dni i nocy.

Wspaniały widok przedstawiał wówczas Londyn za dnia, gdyż z każdego dachu i każdego balkonu powiewały barwne chorągwie, a barwne pochody ciągnęły ulicami miasta. Wieczorem widowisko było niemniej wspaniałe, gdyż na każdym rogu płonęły wielkie ogniska świąteczne, wokół których roił się rozweselony tłum.

W całej Anglii nie mówiono o niczym innym jak o nowo narodzonym chłopcu, Edwardzie Tudorze[1], księciu Walii[2], który leżąc spowity w jedwabie i atłasy, nie wiedział nic o tym wielkim podnieceniu, nie wiedział, że pielęgnowali go i czuwali nad nim dostojni panowie i panie – i obojętny był zresztą na to.

Nikt jednak nie mówił o drugim dziecku, o Tomku Canty, spowitym w nędzne łachmany, nikt prócz rodziny biedaków, dla której stał się on nowym ciężarem.

Rozdział II

Dzieciństwo Tomka

Przenieśmy się o kilka lat naprzód.

Londyn liczył już tysiąc pięćset lat i był – jak na owe czasy – wielkim miastem. Miał sto tysięcy mieszkańców – albo, jak twierdzą inni, dwa razy tyle. Ulice były bardzo wąskie, powykrzywiane i brudne, zwłaszcza w okolicy, w której mieszkał Tomek Canty, w pobliżu mostu Londyńskiego. Domy były drewniane, budowane w ten sposób, że drugie piętro wystawało ponad pierwsze, trzecie szersze było od drugiego[3]. I im wyższe były domy, tym szerzej je budowano. Posiadały one zręby z belek, między które dawano mocny budulec i pokrywano to tynkiem. Belki zaś malowano na czerwono, niebiesko lub czarno, zależnie od smaku właściciela; nadawało to domom bardzo malowniczy wygląd. Okna były maleńkie, z kwadratowymi szybkami, trzymały się na zawiasach i otwierały się na zewnątrz jak drzwi.

Dom, w którym mieszkał ojciec Tomka, znajdował się w brudnym zaułku zwanym Offal Court[4], przecznicy uliczki Pudding Lane[5].

Był to mały, zapadły, chylący się do upadku domek, zaludniony jednak gęsto najnędzniejszym ludem.

---

[1] Edward Tudor – późniejszy król Anglii i Irlandii, Edward VI; syn słynnego króla Henryka VIII.

[2] Walia jest księstwem w Anglii Zachodniej. Tytuł księcia Walii od 1284 roku przysługuje angielskim następcom tronu. Dlatego to Edward Tudor, choć syn królewski, nie nazywa się tu królewiczem, lecz księciem (przyp. tłum.).

[3] Pierwsze piętro oznacza w Anglii to, co u nas nazywa się parterem, drugie piętro to nasze pierwsze, trzecie – nasze drugie itd. (przyp. tłum.).

[4] Offal Court znaczy mniej więcej tyle co „śmietnik" (przyp. tłum.).

[5] Pudding – legumina, Lane – uliczka (przyp. tłum.).

Rodzina Canty zajmowała izbę na trzecim piętrze. Ojciec i matka mieli rodzaj łóżka w kącie; natomiast Tomek, jego babka i dwie siostry nie doznawali ograniczenia co do miejsca, mieli do swego rozporządzenia całą podłogę i mogli spać, gdzie chcieli. Posiadali postrzępione kołdry i nieco brudnej słomy, czego nie można było jednak nazwać posłaniem, gdyż rano rzucało się to wszystko na kupę, a wieczorem każdy chwytał, ile zdołał.

Elżunia i Ania były bliźniętami i liczyły teraz po piętnaście lat. Dobre to były dziewczęta, niemyte, odziane w łachmany, nieokrzesane. Matka była taka sama jak one. Ale ojciec i babka byli z gruntu źli. Upijali się często i wówczas bili się nawzajem, a także łoili każdego, kto im zaszedł drogę; a niezależnie od tego, czy byli pijani, czy trzeźwi, usta ich pełne były zawsze wyzwisk i przekleństw; Jan Canty był złodziejem, matka jego – żebraczką. Dzieci musiały także żebrać, do kradzieży nie dawały się jednak skłonić.

Pośród tego ohydnego zbiorowiska, nie należąc jednak do niego, mieszkał stary, dobry kapłan, odprawiony przez króla z bardzo skromną pensyjką i zajmujący się potajemnie dziećmi; on to wskazywał im prawe drogi życia.

Ojciec Andrzej nauczył Tomka nieco łaciny, a także czytania i pisania; tej ostatniej sztuki byłby nauczył i dziewczęta, ale obawiały się one drwin towarzyszek, gdyby sobie przyswoiły umiejętność nieodpowiednią dla ich stanu.

W całym zaułku Offal Court płynęło takie życie jak w domu Cantych. Po całych dniach i aż do późna w noc trwało pijaństwo, kłótnie, bijatyki. Pokrwawione głowy były tam rzeczą równie powszednią jak głód.

Mały Tomek nie czuł się jednakże nieszczęśliwy. Było mu źle, ale nie wiedział o tym, gdyż wszyscy chłopcy w Offal Court żyli tak samo, myślał więc Tomek, że tak być powinno. Jeżeli wracał wieczorem do domu z próżnymi rękoma, wiedział, że ojciec złaje go i zbije, a kiedy skończy, babka rozpocznie na nowo i to okrutniej jeszcze; a potem, późno w nocy, jego biedna, słaba matka zakradnie się do niego i wetknie mu w rękę kawałek suchego chleba, który ukryła dla niego; wolała sama pójść spać głodna, choć nieraz przyłapał ją mąż na tym zakazanym czynie, a wtedy dostawały się jej za to tęgie razy.

Nie, Tomek nie uważał swego życia za złe, zwłaszcza latem. Żebrał tyle tylko, aby nie narażać się na bicie w domu, gdyż i prawa przeciw żebractwu były surowe i nakładały wielkie kary; pozostawało mu więc wiele czasu na słuchanie pięknych historyjek i bajek ojca Andrzeja, który opowiadał o olbrzymach i wróżkach, krasnoludkach i duchach, zaczarowanych zamkach, potężnych królach i królewiczach. Głowa chłopca pełna była tych cudowności, a nieraz w nocy, leżąc w ciemności na twardej, cuchnącej słomie, zmęczony, głodny, pobity i dręczony bólem puszczał wodze wyobraźni i zapominał o swojej niedoli, wyobrażając sobie życie pieszczonego księcia w zamku królewskim. Z wolna opanowało go jedno pragnienie, nieopuszczające go we dnie ani w nocy: pragnął ujrzeć na własne oczy prawdziwego królewicza. Wypowiedział kiedyś to pragnienie wobec rówieśników z Offal Court, ale oni wydrwili go i wyszydzili tak nielitościwie, że odtąd ukrywał swe marzenie w tajemnicy.

Raz po raz odczytywał stare księgi kapłana, kazał sobie wszystko jak najszczegółowiej opowiadać. Czytanie i rozmyślania wywołały w nim z czasem pewną zmianę. Owe postacie bajkowe podobały mu się tak bardzo, że począł się wstydzić swoich łachmanów i swego niechlujstwa, zapragnął być czysty i nosić lepsze odzienie. Co prawda bawił się jeszcze na brudnej ulicy i to bardzo chętnie, ale gdy się teraz pluskał w Tamizie, czynił to nie tylko dlatego, że była to wesoła zabawa, ale i ze względu na czystość.

Łatwo było Tomkowi o rozrywkę, czy to koło „Słupa" w Cheapside, czy na jarmarkach; od czasu do czasu mógł się z pozostałą ludnością Londynu przyglądać czy to paradzie wojskowej, czy sprowadzaniu skazańca – lądem lub czółnem – do więzienia Tower. Pewnego razu widział, jak w Smithfield spalono na stosie biedną Annę Askew i trzech mężczyzn; słyszał, jak jakiś były biskup wygłaszał o tym kazanie, ale nie zainteresowało go to. Tak, nie brakowało przyjemności w życiu Tomka, uważał je za bardzo urozmaicone.

Ciągłe czytanie i rozmyślanie o życiu królewiczów wywarło tak silny wpływ na Tomka, że nieświadomie począł naśladować królewicza. Słowa jego i zachowanie stały się niezwykle uroczyste i uprzejme ku wielkiemu zdumieniu i zachwytowi towarzyszy zabawy. Z dnia na dzień wzrastał przy tym wpływ Tomka na rówieśników, którzy patrzyli na niego z podziwem, jak na wyższą istotę. Wydawał się im świadomy tak wielu spraw! Umiał mówić i czynić rzeczy tak niezwykłe! Taki był mądry i uczony!

Dziatwa opowiadała o słowach i uczynkach Tomka rodzicom, którzy poczęli także uważać Tomka Canty za chłopca mądrego i niezwykle uzdolnionego. Dorośli ludzie zwracali się nieraz ze swymi wątpliwościami do Tomka i zdumiewali się jego dowcipnymi i rozumnymi radami. Patrzono więc na niego powszechnie jako na zjawisko cudowne; wyjątek stanowiła tylko własna jego rodzina, która nie znajdowała w nim nic nadzwyczajnego.

W zupełnej tajemnicy stworzył sobie Tomek cały dwór królewski! On był księciem; najbliżsi jego przyjaciele stanowili gwardię przyboczną, szambelanów[1], koniuszych[2], damy dworu i dworzan oraz rodzinę królewską. Fałszywy książę otaczał się wyszukanym ceremoniałem, zaczerpniętym przez

[1] Szambelan – zarządzający dworem panującego w państwach europejskich.
[2] Koniuszy – zarządzający stajnią panującego i stadninami.

Tomka z książek z bajkami: codziennie rozważano na radzie państwa sprawy państwowe tego zmyślonego królestwa, co dzień wydawał mały książę rozkazy swemu zmyślonemu wojsku, flocie i namiestnikom.

Potem szedł Tomek w swoich łachmanach zbierać jałmużnę, zjadał swój suchy chleb, znosił szturchańce i łajanie, kładł się na nędzne posłanie ze słomy, a później we śnie był znowu panującym.

I coraz bardziej wzrastało jego pragnienie, by ujrzeć kiedy prawdziwego księcia we własnej osobie; z każdym dniem, z każdym tygodniem rosło to pożądanie, aż przesłoniło wszystkie inne jego marzenia i stało się głównym jego dążeniem.

Pewnego dnia styczniowego ruszył Tomek jak zwykle na żebry i godzinami całymi wałęsał się ponuro, zziębnięty i bosy, między Mincing Lane a Little East Cheap, oglądając wystawione w oknach jadłodajni pierogi z wieprzowiną i inne potrawy, które nie zasługiwały właściwie wcale na tak wielkie pożądanie – ale jemu wydawały się smakołykami, godnymi aniołów; sądził o tym tylko z zapachu – gdyż nigdy nie miał sposobności skosztować czegoś podobnego.

Mżył zimny deszcz, powietrze było szare, dzień ponury.

Wieczorem powrócił do domu tak przemokły, wyczerpany i głodny, że nawet ojciec i babka zwrócili uwagę na jego żałosny stan i na swój sposób wyrazili mu swoje współczucie; to znaczy, że dali mu zaraz kilka szturchańców i wyprawili go spać. Przez długi czas ból i głód, jak również panująca w domu wrzawa, nie dawały mu zasnąć. Wreszcie jednak myśli jego pomknęły w krainę marzeń, zdało mu się, że śpi u boku ustrojonych w złoto i klejnoty dzieci królewskich, mieszkających w pałacach, otoczonych służbą, słuchającą ich z uniżonymi ukłonami i gotową spełnić w mig każdy rozkaz. A pod koniec śniło mu się jak zwykle, że on sam jest księciem.

Przez całą noc świecił nad nim ten blask majestatu królewskiego; przebywał w otoczeniu dostojnych panów i pań, w potokach światła, wdychał zapachy, do jego uszu dochodziła wspaniała muzyka, uśmiechem lub łaskawym pochyleniem książęcej głowy odpowiadał na pełne czci ukłony lśniącego tłumu rozstępującego się przed nim.

Gdy się obudził rano i ujrzał otaczającą go nędzę, skutek owego snu był taki jak zwykle – tym boleśniej tylko odczuł swój prawdziwy stan. Ogarnęła go gorycz, serce jego ścisnęło się, w oczach zabłysły łzy.

Rozdział III

Spotkanie Tomka z księciem

Tomek wstał głodny i głodny wyszedł na ulicę, z głową pełną jeszcze śnionych wspaniałości swego marzenia.

Wlókł się tu i tam po mieście, nie zważając, gdzie jest i co się dokoła niego dzieje.

Przechodnie potrącali go, niejeden rzucił mu obelżywe wyzwisko; ale rozmarzony chłopiec nie dostrzegał tego. W ten sposób znalazł się wreszcie koło Temple Bar; tak daleko nigdy się jeszcze w tym kierunku nie oddalił z domu. Zatrzymał się na chwilę i zastanowił, ale rychło popadł znowu w swoje marzenia i ruszył dalej, pozostawiając za sobą mury Londynu.

Wybrzeże Tamizy nie było już w owych czasach drogą wiejską; mieniło się już ulicą, choć było ulicą o dziwnej nieco budowie; bo gdy z jednej strony ciągnął się nieprzerwany prawie rząd domów, po drugiej stały tylko z rzadka wielkie budynki, pałace bogatej szlachty, otoczone wielkimi, pięknymi ogrodami, ciągnącymi się aż do rzeki – dzisiaj grunta te usiane są gęsto ponurymi domami.

Tomek dotarł do wsi Charing i wypoczął pod pięknym krzyżem, postawionym niegdyś przez pewnego pokutującego króla; potem powlókł się odludną, uroczą drogą obok wspaniałej siedziby wielkiego kardynała ku potężniejszemu i bardziej jeszcze majestatycznemu pałacowi – ku Westminsterowi.

Z radosnym podziwem patrzył Tomek na olbrzymią budowlę, na rozległe skrzydła pałacowe, na ponure wieże i bastiony, na wysokie, kamienne wrota ze złoconą kratą, na wspaniały szpaler potężnych lwów granitowych i inne oznaki i symbole angielskiej władzy królewskiej. Czyżby wreszcie spełnić się miało pragnienie jego duszy? Wszak to zamek królewski! Jeśli nieba będą dla Tomka łaskawe, czyż nie mógł się spodziewać, że ujrzy nareszcie prawdziwego księcia z krwi i kości?

Z każdej strony złotej kraty stał żywy posąg – wyprostowany, okazały, nieruchomy wojak, zakuty od stóp do głowy w lśniącą zbroję stalową. Sporo mieszczan i wieśniaków stało w należytym oddaleniu, czekając na sposobność, by ujrzeć coś z przepychu królewskiego. Wspaniałe pojazdy ze wspaniałymi dostojnikami wewnątrz i nie mniej wspaniałą służbą na koźle wjeżdżały przez liczne potężne bramy, wiodące do siedziby królewskiej.

Biedny, mały obdartus Tomek podszedł bliżej i z bijącym sercem, a coraz bardziej wzrastającą nadzieją przekradł się wolno i nieśmiało obok war-

towników, gdy oczy jego ujrzały przez złote pręty taki widok, że omal nie wydał głośnego okrzyku radości.

Za kratą stał zgrabny chłopiec, rześki i ogorzały od ruchu na świeżym powietrzu. Ubrany był pięknie w jedwabie oraz atłasy i błyszczał od klejnotów; u boku miał małą szpadę wysadzaną drogimi kamieniami i sztylet; stopy obute były w zgrabne trzewiczki z czerwonymi obcasami, na głowie nosił karmazynową czapeczkę z powiewającymi piórami, spiętymi wielką błyszczącą spinką.

W pobliżu chłopca znajdowało się kilku wspaniale odzianych panów, stanowiących bez wątpienia jego służbę. Ach! to był książę – książę, żywy książę, prawdziwy książę – ani cienia wątpliwości; pragnienie małego żebraka spełniło się nareszcie.

Tomek dyszał ciężko z podniecenia, oczy jego rozwierały się coraz szerzej ze zdumienia i zachwytu. Wszelkie inne myśli ustąpiły w nim teraz temu jedynemu pragnieniu: zbliżyć się do księcia i napatrzyć się na niego do syta.

Nie zdając sobie sprawy z tego, co czyni, przywarł twarzą do prętów kraty. Ale w następnej chwili jeden ze zbrojnych silną pięścią odciągnął go od wrót i rzucił ku gromadzie gapiących się wieśniaków i próżnujących londyńczyków, wołając brutalnie:

– Nie bądź taki zuchwały, mały żebraku!

Tłum roześmiał się, szydząc z niepowodzenia chłopca; ale młody książę podbiegł tuż do kraty i zawołał z połyskującymi oczyma i twarzą poczerwieniałą z oburzenia:

– Jak śmiesz tak poniewierać tym biednym chłopcem! Jak śmiesz obchodzić się w ten sposób z najniższym choćby z poddanych mego królewskiego ojca! Otwórz bramę i wpuść go!

Gdybyście widzieli, jak zmienny tłum zerwał teraz kapelusze z głowy; ze wszystkich stron rozległy się entuzjastyczne okrzyki:

– Niech żyje książę Walii!

Wartownicy sprezentowali halabardy[1], otworzyli bramę i znowu sprezentowali broń, gdy mały Książę Ubóstwa w nędznych łachmanach podał rękę Księciu Bezgranicznego Bogactwa.

Edward Tudor rzekł:

– Wydajesz mi się zmęczony i głodny: skrzywdzono cię. Chodź ze mną.

Kilku dworzan podbiegło, chcąc się temu zapewne sprzeciwić. Ale książę skinął ręką ruchem prawdziwie królewskim i dostojnicy wstrzymali się.

---

[1] Halabarda – broń o grocie złożonym z siekiery, ostrza i haka; od XVI w. używana przez straż pałacową.

Edward poprowadził Tomka do wspaniałej komnaty zamkowej, którą nazwał swoim gabinetem. Na jego rozkaz podano posiłek, o jakim Tomek wiedział dotychczas tylko z książek. Z książęcą delikatnością i taktem odprawił Edward służbę, aby biedny gość nie czuł się skrępowany jej drwiącymi minami; potem siadł obok Tomka i kiedy chłopiec jadł, począł mu zadawać pytania:

– Jak się nazywasz?

– Tomek Canty[1], wasza wysokość.

– Dziwne nazwisko. A gdzie mieszkasz?

– W mieście, wasza wysokość. Na Offal Court, w „Śmietniku", koło Pudding Lane.

– Śmietnik! To jeszcze dziwniejsza nazwa. Masz rodziców?

– Mam rodziców, panie, i mam także babkę, z której sobie nic nie robię – niech mi Bóg wybaczy, jeżeli to jest grzechem – i mam jeszcze dwie siostry, Anię i Elżunię, bliźnięta.

– Babka nie jest pewnie dla ciebie zbyt czuła, jak sądzę?

– Jak dla nikogo zresztą, wasza wysokość. Złe ma serce i nigdy nie czyni nic dobrego.

– Czy cię źle traktuje?

– Czasami, kiedy śpi albo jest zupełnie pijana, ręka jej odpoczywa; ale jeżeli jest przytomna, bije mnie bardzo mocno.

W oczach małego księcia zabłysły iskry gniewu i chłopiec zawołał:

– Co! Bije?

– O tak, wasza wysokość.

– Bije! Ciebie, tak małego i słabego! Słuchaj: dziś wieczór jeszcze zostanie zamknięta w Tower. Mój ojciec, król...

– Zdaje się, że zapominacie, panie, o jej niskim pochodzeniu. Więzienie Tower jest tylko dla możnych.

– To prawda. Nie pomyślałem o tym. Zastanowię się, jak należy ją ukarać. Czy ojciec jest dla ciebie dobry?

– Nie bardziej niż babcia Canty, panie.

– Widocznie wszyscy ojcowie są jednakowi. Mój ojciec także nie należy do czułych. Ciężką ma rękę, ale mnie oszczędza: ale nieraz dostaje mi się porządna bura, to prawda. A jaka jest twoja matka?

– Dobra, panie, nigdy mi jeszcze nie uczyniła krzywdy. Zaś Ania i Elżunia są pod tym względem takie same jak ona.

– Ile one mają lat?

– Piętnaście, wasza wysokość.

---

[1] Canty – wesoły, rześki.

– Siostra moja, lady Elżbieta, ma czternaście lat, a moja kuzynka, lady Joanna Gray, jest w równym wieku ze mną, bardzo jest przy tym ładna i miła; ale druga siostra moja, lady Maria, ma ponure spojrzenie i... powiedz mi: czy twoje siostry także zabraniają służbie śmiać się, ponieważ mogłoby to zaszkodzić zbawieniu ich duszy?

– Moje siostry? Czyż wasza wysokość przypuszcza, że one mają służbę?

Książę zastanowił się przez chwilę, patrząc na żebraka, potem rzekł:

– Dlaczegóż by nie? A któż im pomaga wieczorem przy rozbieraniu? Kto je ubiera rano?

– Nikt, panie. Czy chcecie przez to powiedzieć, że powinny zdejmować suknie i spać nago jak zwierzęta?

– Czyż mają tylko po jednej sukni?

– A na cóż im więcej sukien? Przecież człowiek ma tylko jedno ciało.

– Jakie ty masz dziwne pojęcia! Wybacz, nie chciałem się z ciebie śmiać. Ale twoje dobre siostrzyczki, Ania i Elżunia, będą miały wkrótce mnóstwo sukien i będą miały służbę: mój skarbnik zatroszczy się o to.

Nie, nie dziękuj mi; to drobnostka. Ładnie mówisz; wyrażasz się z wdziękiem. Czy otrzymałeś dobre wykształcenie?

– Nie wiem, panie. Dobry kapłan, którego nazywają ojcem Andrzejem, był o tyle łaskaw, że uczył mnie nieco ze swoich książek.

– Czy umiesz po łacinie?

– Niewiele, panie.

– Ucz się łaciny, chłopcze. To tylko z początku trudne. Grecki jest trudniejszy, ale ani ten język, ani żaden inny nie przedstawiają trudności dla lady Elżbiety i mojej kuzynki. Powinieneś je usłyszeć, jak odpowiadają przy lekcji! Ale opowiedz mi o Śmietniku. Czy mile tam spędzacie czas?

– Oczywiście, panie, gdyby tylko nie głód. Oglądamy teatr marionetek i małpki – ach! jakie to komiczne stworzenia i tak wspaniale ubrane! Niekiedy bywają też przedstawienia, podczas których aktorzy krzyczą i biją się, aż wszyscy padną martwi; bardzo to piękny widok i kosztuje tylko grosz – trudno się jednak i o ten grosz postarać, wasza wysokość.

– Opowiadaj dalej.

– Niekiedy my, chłopcy z Offal Court, walczymy ze sobą na kije, zupełnie tak jak czeladnicy.

Oczy księcia zabłysły.

– To mi się podoba. Opowiadaj dalej – rzekł.

– Biegamy do mety, żeby się przekonać, który jest najszybszy.

– I to mi się podoba. Mów dalej.

– Latem brodzimy i pływamy po kanałach, panie, a także po rzece; jeden popycha drugiego albo opryskuje wodą, nurkujemy, krzyczymy, baraszkujemy i...

– Oddałbym królestwo swego ojca za to, by móc się tak kiedy zabawić! Mów dalej.

– Tańczymy i śpiewamy koło „Słupa" w Cheapside, bawimy się w piasku, kopiemy rowy albo zasypujemy się wzajemnie; a jakie piękne babki pieczemy z błota – ach, nie ma w świecie nic ponad błoto! – i za pozwoleniem waszej wysokości, po prostu tarzamy się w błocie.

– O, nie mów dalej, to przecież jest zachwycające! Gdybym to ja mógł się tak ubrać jak ty, gdybym mógł zdjąć trzewiki i wytarzać się raz w błocie, gdyby mi tego nikt nie bronił, nikt mnie nie pilnował! Koronę dałbym za to!

– A ja, ileż bym dał za to, dostojny panie, by być chociaż raz tak ubrany jak wy – chociaż jeden raz...

– Co, chciałbyś naprawdę? To się wnet może stać. Zdejm te łachmany i wdziej moje szaty. Krótkie to będzie szczęście, ale niemniej będzie ci miłe. Będziemy się tym rozkoszowali, póki zdołamy, i zanim nam kto przeszkodzi, zamienimy ubrania z powrotem.

W kilka minut mały książę Walii odziany był w zdarte i postrzępione łachmany Tomka, zaś mały książę żebraków wdział barwny strój królewski. Podeszli razem do wielkiego zwierciadła i o dziwo: niepodobna było spostrzec zmiany! Spojrzeli na siebie, potem na swe odbicie w zwierciadle, potem znowu w zmieszaniu na siebie.

Wreszcie książę rzekł zdumiony:

– Co sądzisz o tym?

– Ach, niech mnie wasza wysokość nie pyta o to. Nie uchodzi, aby człowiek mego stanu mówił o takich rzeczach.

– Więc ja ci powiem. Masz takie same włosy, takie same oczy, taki sam głos i ruchy, taki sam wzrost i postawę, taką samą twarz, takie same rysy jak ja. Gdybyśmy stali obok siebie nago, nikt nie potrafiłby rzec, który ty jesteś, a który książę Walii. I teraz, gdy jestem ubrany jak ty, odczuwam z tobą tym łatwiej, co czułeś, gdy ten brutalny żołnierz... Pokaż, nie masz siniaka na ręku?

– Tak; ale to nic nie znaczy. Wasza wysokość wie dobrze, że ten biedny wartownik...

– Milcz! To był nikczemny i okrutny czyn! – zawołał mały książę, tupiąc nogą. – Gdyby król... Nie ruszaj się stąd ani na krok, aż nie powrócę! Rozkazuję ci!

Przy tych słowach pochwycił ze stołu pewien przedmiot o doniosłym znaczeniu dla państwa i schował go; potem z oczyma iskrzącymi się z podniecenia skoczył do drzwi i pobiegł, aż łachmany powiewały, przez ogród zamkowy.

Kiedy dopadł do bramy, chwycił za rygiel, chciał go otworzyć i zawołał:

– Otwierajcie! Otwierajcie kratę!

Wartownik, który tak niedelikatnie chwycił Tomka, usłuchał natychmiast, a gdy książę wybiegł za bramę, wytrącony zupełnie z równowagi przez książęcą niecierpliwość, żołnierz poczęstował go głośnym policzkiem, który odrzucił go daleko, i zawołał:

– Weź to w podzięce, żebraczy łachmanie, za burę, którą ja przez ciebie dostałem od jego wysokości!

Tłum wybuchnął głośnym śmiechem. Książę zerwał się, rzucił się w stronę wartownika i zawołał:

– Jestem księciem Walii, osoba moja jest nietykalna; będziesz wisiał za to, że poważyłeś się podnieść na mnie rękę!

Żołnierz sprezentował przed nim halabardę i zadrwił:

– Witam waszą książęcą wysokość.

I dodał:

– Wynoś się, zwariowany smyku!

Tłum, szydząc, otoczył teraz biednego małego księcia i pognał go przez ulicę, wołając:

– Miejsce dla jego książęcej wysokości! Miejsce dla księcia Walii.

Rozdział IV

Niedola księcia zaczyna się

Przez kilka godzin motłoch dręczył i gonił księcia, wreszcie dał mu pokój. Póki chłopiec miał jeszcze siły odpowiadać tłumowi, grozić mu swą królewską postawą i wydawać dumnie rozkazy, z których się ludzie mogli śmiać na całe gardło, uważano go za zajmującego; gdy jednak zmęczenie zmusiło go wreszcie do milczenia, prześladowcy znudzili się nim i poszukali sobie innego zajęcia.

Książę rozejrzał się dokoła, aby się przekonać, gdzie jest, ale nie mógł rozpoznać miejsca. Był w środkowej dzielnicy miasta – tyle tylko wiedział.

Bez celu ruszył przed siebie; domy stawały się coraz rzadsze, a liczba przechodniów coraz mniejsza. Zwilżył skrwawione stopy w strumyku płynącym tam, gdzie dzisiaj znajduje się ulica Farrington; wypoczął chwilę i poszedł dalej, a po chwili przybył na przestronne miejsce, gdzie stały nieliczne domy i wielki kościół. Poznał ten kościół. Otaczały go rusztowania, na których uwijały się chmary robotników, gdyż kościół ten wykańczano właśnie.

Nadzieja księcia wzrosła – sądził, że niedola jego skończyła się już. Gdyż powiadał sobie:

– To jest dawny kościół Szarych Braci, który król, ojciec mój, odebrał mnichom i zamienił w przytułek dla biednych i opuszczonych dzieci, nadawszy mu nową nazwę kościoła Chrystusa. Ci, co tu mieszkają, z całego serca okażą się usłużni dla syna człowieka, który tak wspaniałomyślnie zatroszczył się o nich; tym bardziej, że syn ten jest teraz równie biedny i opuszczony jak którykolwiek z chłopców, co teraz czy dawniej znaleźli tu schronienie.

Wkrótce znalazł się pośrodku gromady chłopców, goniących się wzajem, bawiących się w piłkę, skaczących jeden przez drugiego lub zabawiających się inaczej, w każdym razie bardzo hałaśliwie. Wszyscy byli ubrani jednakowo, w sposób, w jaki ubierała się wtedy służba i czeladnicy* – każdy miał nadto na głowie płaską, czarną czapeczkę wielkości talerzyka, zbyt małą, aby mogła istotnie służyć za nakrycie głowy, zupełnie przy tym niepiękną, zaś spod czapeczki opadały nierozdzielone włosy aż do połowy czoła i były dokoła równo obcięte. Wokół szyi nosili kołnierze jak klerycy; niebieska, obcisła suknia sięgała do kolan; szerokie rękawy; szeroki czerwony pas; jaskrawożółte pończochy, spięte powyżej kolan; niskie trzewiki z metalowymi sprzączkami. Był to dostatecznie brzydki strój.

Chłopcy porzucili zabawę i skupili się dokoła księcia, który rzekł ze swą zwykłą godnością:

– Moi kochani chłopcy, zameldujcie swemu nauczycielowi, że Edward, książę Walii, pragnie z nim mówić.

Na te słowa zabrzmiały donośne śmiechy, a najodważniejszy z chłopców zawołał:

– Oberwańcze, czyś ty może wysłaniec księcia?

Purpura gniewu zalała twarz księcia, mimo woli sięgnął ręką do boku; ale nie znalazł tam nic. Nastąpił nowy wybuch wesołości, a jeden z chłopców rzekł:

– Widzieliście? Zdawało mu się, że ma szpadę u boku – może to jednak sam książę?

Uwaga ta wywołała nową burzę śmiechu, a biedny Edward wyprostował się dumnie i rzekł:

– Jestem księciem; i nie przystoi wam, którzy żyjecie z dobrodziejstwa mego ojca, zachowywać się wobec mnie w ten sposób.

Nowy wybuch śmiechu dowiódł, że to dopiero naprawdę ubawiło zgraję. Chłopiec, który odezwał się pierwszy, zawołał do swych towarzyszy:

---

* Objaśnienia autora do terminów oznaczonych w ten sposów znajdują się na końcu książki.

– Hej, bydlęta, niewolnicy, żyjący z jałmużny jego łaskawego ojca, czy nie wiecie, jak należy postępować? Na kolana, powiadam wam, jeden za drugim, i oddajcie należny hołd jego królewskiej postaci i książęcym łachmanom!

Z dzikim wrzaskiem rzucili się wszyscy chłopcy na kolana, drwiąc ze swej ofiary szyderczymi oznakami czci.

Książę kopnął najbliższego z chłopców i zawołał gwałtownie:

– Weź to tymczasem w nagrodę, a jutro zawiśniesz z mego rozkazu na szubienicy!

Ach, to już nie były żarty – to już było coś więcej niż żarty. Śmiech zamilkł nagle, ustępując miejsca wściekłości. Kilka głosów zawołało naraz:

– Łapać go! Do sadzawki z nim, do sadzawki! Gdzie psy? Hej, Lew, tu! Łapaj, tu!

Teraz nastąpiła scena, jakiej Anglia nie widziała jeszcze – nietykalna osoba następcy tronu została zhańbiona brutalnymi rękoma, pokąsana przez psy.

Gdy wreszcie zapadł wieczór tego dnia, książę znalazł się znowu w gęściej zabudowanej części miasta. Ciało miał pokryte sińcami, ręce skrwawione, łachmany jego uwalane były w błocie.

Szedł coraz dalej i dalej, czując coraz większy zamęt w głowie, a tak był przy tym zmęczony i bezsilny, że z ledwością powłóczył nogami. Nie pytał już nikogo o drogę, gdyż za każdym razem spotykał się z brutalnością tylko zamiast wskazówek. Mówił przy tym do siebie półgłosem:

– Offal Court – tak się ta ulica nazywała; żebym tylko znalazł tam drogę, zanim się siły moje zupełnie wyczerpią i zanim padnę, wtedy będę uratowany – ci ludzie zaprowadzą mnie do zamku i dowiodą, że nie jestem jednym z nich, ale prawdziwym księciem, i w ten sposób powrócę na należne mi miejsce.

Chwilami przypominał sobie, jak brutalnie postąpili wobec niego chłopcy z Przytułku Chrystusa i powiadał do siebie:

– Gdy będę królem, każę im dawać nie tylko jedzenie i schronienie, ale i naukę; pełny żołądek nic nie jest wart, jeżeli serce i duch pozostają puste. Muszę to sobie zapamiętać, aby doświadczenie dnia dzisiejszego nie poszło na marne i aby lud mój skorzystał z niego; gdyż wykształcenie czyni serce łagodniejszym, rodzi czułość i miłosierdzie*.

Zapalono latarnie, deszcz począł padać, wiatr powiał silniej, noc zapowiadała się wilgotna i zimna.

Bezdomny książę, błąkający się dziedzic tronu angielskiego, szedł coraz dalej, coraz głębiej zapuszczał się w brudne uliczki, w których żyły skupione obok siebie ubóstwo i nędza.

Nagle jakiś wysoki, pijany drab chwycił go za ramię i rzekł:

– Tak późno kręcisz się jeszcze po ulicy! Założę się, że znowu nie przynosisz do domu ani grosza! Jeżeli tak jest, a ja ci nie połamię każdej kosteczki na połowy, niech się nie nazywam Janem Canty!

Książę wyrwał się, mimo woli otarł dotknięte przez włóczęgę ramię i rzekł szybko:

– Jesteście rzeczywiście jego ojcem? Oby nieba sprawiły, by tak było – w takim razie zabierzcie jego, a mnie odprowadźcie!

– Jego ojcem? Nie wiem, co chcesz przez to powiedzieć; ale wiem, że jestem twoim ojcem, o czym cię zaraz przekonam...

– O, nie żartujcie, nie śmiejcie się ze mnie, nie zwlekajcie... Jestem znużony, jestem pokrwawiony, nie mogę już tego wytrzymać. Zaprowadźcie mnie do króla, mego ojca, wynagrodzi on was hojniej niż sobie możecie wyobrazić. Wierzcie mi, człowieku, wierzcie mi!... Nie kłamię, mówię czystą prawdę!... Dajcie mi rękę i pomóżcie mi! Jestem rzeczywiście księciem Walii.

Mężczyzna zdumiony spojrzał na chłopca z góry, potrząsnął głową i rzekł po chwili:

– Zwariował, do cna zwariował!

Potem znowu chwycił księcia za ramię, zaklął głośno i zawołał ze śmiechem:

– Czy zwariowałeś czy nie, to obojętne. Ja i babka Canty potrafimy cię już wymaglować, jakem mężczyzna!

Z takimi słowami pociągnął za sobą zrozpaczonego i broniącego się księcia i znikł z nim w jakimś brudnym dziedzińcu, odprowadzony przez ubawioną i rozkrzyczaną chmarę robactwa ludzkiego.

Rozdział V

Tomek w roli dostojnika

Gdy Tomek Canty pozostał sam w pokoju księcia, skorzystał z tej sposobności. Stanął przed wielkim zwierciadłem, obracając się to w tę, to w ową stronę i podziwiając swój piękny strój; potem począł się przechadzać po komnacie, naśladując wytworne ruchy księcia i obserwował w lustrze, jak przy tym wyglądał.

Następnie wyciągnął piękną szpadę, ukłonił się, ucałował klingę i przycisnął ją do piersi – zupełnie tak samo, jak czynił przed pięciu czy sześciu tygodniami pewien rycerz, którego Tomek widział, gdy składał honory wojskowe przed naczelnikiem więzienia Tower, oddając mu dostojnych lordów Norfolka i Surrey'a jako więźniów.

Tomek bawił się wysadzanym klejnotami sztyletem, który wisiał mu u boku; oglądał rzadkie i cenne ornamentacje sali; siadał na próbę to na jednym, to na drugim wygodnym fotelu i myślał o tym, jaki by się czuł dumny, gdyby jego towarzysze zabaw z Offal Court mogli go podziwiać w tym przepychu.

Zastanawiał się, czy uwierzą mu oni, gdy po powrocie do domu opowie im tę cudowną przygodę, czy też będą potrząsać niedowierzająco głowami i twierdzić, że to wybujała wyobraźnia pozbawiła go wreszcie rozumu.

Gdy minęło pół godziny, przyszło mu na myśl, że księcia jakoś zbyt długo nie ma; uczuł się teraz dziwnie samotny. Począł nadsłuchiwać, czy książę nie wraca, i z tęsknotą wyczekiwał tej chwili. Nie nęciła go już zabawa pięknymi przedmiotami; uczuł się nieswojo, ogarnął go niepokój i trwoga.

A co by się stało, gdyby ktoś nadszedł i ujrzał go w szatach księcia, zaś księcia nie byłoby, aby wyjaśnić powód tego przebrania? Może powieszą go od razu, a potem dopiero zbadają całą sprawę? Słyszał, że możni bardzo skorzy byli do karania.

Niepokój jego rósł coraz bardziej i bardziej, drżąc otworzył drzwi do pokoju, postanawiając uciec, odszukać księcia, poprosić go o obronę i uwolnienie.

Sześciu strojnych służących i dwóch młodych paziów z wysokich rodzin, ubranych barwnie jak motyle, zerwało się, składając mu głęboki ukłon. Tomek cofnął się szybko i zamknął drzwi. Pomyślał:

– Ach, oni sobie pewnie ze mnie drwią! Pójdą mnie teraz oskarżyć. Ach! po cóż tu przyszedłem, aby to życiem przypłacić?

Pełen trwogi chodził tam i z powrotem po komnacie, wzdrygając się z przerażeniem za lada szelestem.

Nagle otwarto drzwi i lśniący od jedwabiów paź zameldował:

– Lady Joanna Gray.

Drzwi zamknęły się i urocza, strojnie ubrana młoda dziewczyna podbiegła do Tomka. Nagle jednak zatrzymała się i zapytała przerażona:

– Ach, co się waszej wysokości stało?

Głos odmówił Tomkowi posłuszeństwa, zebrał się jednak na odwagę i wyjąkał:

– Ach, zmiłuj się nade mną, pani! Nie jestem przecież księciem, tylko biednym Tomkiem Canty z Offal Court. Błagam, zaprowadź mnie do księcia, który ulituje się nade mną, zwróci mi moje łachmany i pozwoli odejść spokojnie. O, zmiłuj się i ratuj mnie!

Przy tych słowach chłopiec padł na kolana, zaś wzniesione oczy i ręce bardziej jeszcze były wymowne niż jego słowa.

Dziewczyna patrzyła na niego skamieniała z przerażenia. Potem zawołała:

– O książę, ty na kolanach? I to przede mną!

Potem wybiegła przerażona z sali; Tomek padł z rozpaczą na podłogę i mruknął:

– Nic nie pomoże, nie ma już nadziei. Teraz przyjdą i pochwycą mnie.

Kiedy tak leżał oszołomiony z trwogi, przerażająca wieść rozniosła się po pałacu. Szeptano ją sobie – gdyż tu szeptało się tylko – ale wieść szła od sługi do sługi, od dworzan do dam dworu, przez długie korytarze, z piętra na piętro, z sali do sali:

– Książę wpadł w obłęd! Książę wpadł w obłęd!

Wkrótce w każdej sali, w każdej komnacie marmurowej stały grupy bogato ubranych dostojników i dam dworu albo też niższych dworzan rozprawiających z zapałem stłumionym głosem, a na wszystkich twarzach malowało się przerażenie.

Nagle zjawił się wysoki urzędnik dworski, który idąc od grupy do grupy, oznajmiał uroczyście:

– W IMIENIU KRÓLA! Pod karą śmierci zabrania się dawać wiarę fałszywej i nierozumnej pogłosce albo mówić o niej, albo rozgłaszać ją dalej. W imieniu króla!

Szepty umilkły natychmiast, jak gdyby szepczący zapomnieli naraz użytku mowy.

Wkrótce potem zauważono ogólne podniecenie na korytarzach.

– Książę! Patrzcie, książę idzie!

Biedny Tomek kroczył wolno między pochylonymi nisko grupami, usiłował odpowiadać na ukłony i zdumionymi, smutnymi oczyma obserwował obce mu otoczenie.

Obok niego szli wysocy dostojnicy państwowi, podtrzymując go pod ręce, aby się nie zachwiał. Za nim postępowali lekarze nadworni i kilku ze służby.

Po krótkim czasie znalazł się Tomek w wysokiej komnacie i usłyszał, jak drzwi zamknęły się za nim. Dokoła niego stali ci, co mu towarzyszyli. Niedaleko od niego spoczywał na łożu wysoki, bardzo tęgi mężczyzna; twarz miał szeroką i jakby obrzękłą, o surowym wyrazie. Skłębione jego włosy były siwe, a bokobrody okalające jego twarz niby rama, również już przyprószyła siwizna. Szaty jego były z kosztownej materii, ale stare i miejscami wytarte. Jedna z jego nabrzmiałych bardzo nóg owinięta była bandażami i spoczywała na poduszce.

Panowała głęboka cisza i wszyscy z wyjątkiem tego męża pokornie pochylili głowy.

Ten chory o surowym wejrzeniu był to groźny Henryk VIII. Rzekł on – a rysy jego złagodniały podczas mówienia:

– Co to się stało, lordzie Edwardzie, książę mój? Dlaczego to chcesz mnie, dobrego króla, twego ojca, który cię tak kocha i pieści, nastraszyć niewczesnym żartem?

Biedny Tomek skupił uwagę, o ile mu na to pozwalało oszołomienie, gdyż chciał zrozumieć tę przemowę; ale gdy do uszu jego doszły słowa „mnie, dobrego króla", pobladł i z taką szybkością padł na kolana, jakby go trafiła kula. Wznosząc ręce, zawołał:

– Tyś król? W takim razie jestem zgubiony!

Słowa te oszołomiły króla. Bezradnie przenosił oczy z jednej twarzy na drugą, aż zatrzymał je na klęczącym chłopcu. Potem odparł tonem bolesnego rozczarowania:

– Niestety, uważałem to za przesadną pogłoskę; ale obawiam się, że tak nie jest.

Westchnął ciężko i ciągnął łagodnym głosem:

– Chodź tu do ojca, moje dziecię, jesteś niezdrów.

Podniesiono Tomka z kolan; pokornie i z drżeniem zbliżył się do najjaśniejszego pana Anglii. Król ujął w dłonie lękliwie spoglądającą twarzyczkę, patrzał w nią przez chwilę poważnie i z miłością, jakby szukał upragnionych oznak powracającej świadomości, potem przytulił kędzierzawą główkę do piersi i pogłaskał ją czule.

– Czyż nie poznajesz ojca, moje dziecię? – rzekł. – Nie łam mego starego serca; nie mów, że mnie nie znasz. Znasz mnie przecież, prawda, znasz mnie?

– Tak; jesteś moim dostojnym panem i królem, którego oby Bóg zachował!

– Dobrze, dobrze – to prawda – uspokój się, nie drżyj; nie ma tu nikogo, kto by ci chciał wyrządzić krzywdę; wszyscy cię kochają. Już ci lepiej teraz; zły sen przemija – prawda? I wiesz już teraz także, kim jesteś, prawda? Nie będziesz sobie nadawał jakichś zmyślonych imion, jak to podobno przed chwilą uczyniłeś?

– Błagam cię, okaż mi łaskę i uwierz, że mówiłem czystą prawdę, dostojny panie; jestem najniższym z twoich poddanych, żebrakiem, który przez straszny przypadek dostał się tutaj, chociaż nie było w tym mojej winy.

Jestem jeszcze za młody, aby umierać, a ty możesz mnie uratować jednym słowem. O, powiedz je, panie!

– Umierać? Nie mów o tym, mój kochany książę – uspokój, uspokój swe strwożone serce – nie umrzesz!

Z okrzykiem radości padł Tomek na kolana, wołając:

– Niechaj Bóg nagrodzi twoją łaskawość, królu mój, niechaj cię zachowa długo przy życiu i błogosławi twój kraj!

Potem zerwał się, zwrócił uradowaną twarz do dwóch dostojników i powiedział:

– Słyszeliście! Ja nie umrę; król tak powiedział.

Wszyscy milczeli, obecni skłonili się tylko ze czcią; ale nikt nie rzekł ani słowa. Tomek wahał się przez chwilę zmieszany, potem zwrócił się lękliwie do króla i zapytał:

– Czy mogę teraz odejść?

– Odejść? Oczywiście, jeżeli sobie tego życzysz. Ale dlaczego nie chcesz pozostać przy mnie dłużej? Dokąd chcesz pójść?

Tomek spuścił oczy ku ziemi i odparł z pokorą:

– Widocznie źle zrozumiałem; sądziłem, że zostałem zwolniony, chciałem więc powrócić na poddasze, gdzie się urodziłem i wychowałem w nędzy, gdzie mieszka moja matka i siostry, gdzie jest mój dom; gdyż ten przepych i bogactwo tutaj, do których nie przywykłem... O, błagam cię, panie, pozwól mi odejść!

Król milczał, spoglądając przed siebie z powagą, a twarz jego stawała się coraz posępniejsza i coraz bardziej zatroskana. Wreszcie rzekł tonem nieco ufniejszym:

– Może duch jego pomieszany jest tylko na tym jednym punkcie, a poza tym umysł jego jest zdrowy. Daj Boże, aby tak było! Poddajmy go próbie.

Potem skierował do Tomka pytanie po łacinie. Chłopiec odpowiedział, choć błędnie, w tym samym języku. Król okazał wielką radość. Także dworzanie i lekarze dali wyraz swemu zadowoleniu.

Król rzekł:

– Nie odpowiadało to wprawdzie jego zdolnościom i wykształceniu, dowodzi jednak, że umysł jego, aczkolwiek zmącony, nie jest jednak zupełnie pomieszany. Co wy o tym sądzicie, panie?

Zagadnięty lekarz skłonił się głęboko i rzekł:

– Takie jest i moje zdanie, wasza królewska mość.

Król rad był, że sąd jego potwierdził specjalista; ciągnął nieco weselej:

– Teraz uważajcie wszyscy: będziemy go dalej badali.

Zadał Tomkowi pytanie po francusku. Chłopiec stał przez chwilę w milczeniu, gdyż czuł się zmieszany, widząc tyle oczu skierowanych na siebie; potem rzekł lękliwie:

– Nie posiadam znajomości tego języka, najjaśniejszy panie.

Król opadł z powrotem na poduszki. Dworzanie podbiegli, aby go wesprzeć, ale on odprawił ich ruchem ręki i rzekł:

– Zostawcie mnie w spokoju – to tylko napad słabości. Podnieście mnie do góry! Tak, dosyć. Chodź tu, dziecię: oprzyj swą biedną, umęczoną główkę o pierś ojca i uspokój się. Niedługo odzyskasz znowu zdrowie; to tylko przemijające zaburzenie. Nie lękaj się niczego; wkrótce będziesz znowu zdrów.

Potem zwrócił się do reszty obecnych; uprzejmość jego znikła, a z oczu jego padały błyskawice:

– Baczcie wszyscy na moje słowa! Ten oto syn mój jest obłąkany, ale jest to stan przejściowy. Winien jest temu nadmierny wysiłek w nauce, a także, że za wiele przebywał w pokoju. Precz z książkami i nauczycielami! Pamiętajcie o tym. Niechaj się zabawia ćwiczeniami cielesnymi, niech spędza czas na powietrzu, wówczas zdrowie jego powróci rychło.

Uniósł się jeszcze wyżej i ciągnął dobitnie:

– Jest obłąkany, ale jest moim synem i następcą tronu Anglii, a obłąkany czy zdrowy – będzie panował. Słuchajcie dalej i oznajmijcie to wszystkim: kto będzie mówił o jego chorobie, dopuści się przestępstwa wobec spokoju i wobec praw państwa i zasłuży na szubienicę!... Dajcie mi pić – trawi mnie pragnienie; ta troska odbiera mi siły... Zabierzcie kielich... Podnieście mnie wyżej. Tak, już dobrze. On ma być obłąkany? A choćby nim nawet był, jest księciem Walii, a ja, król, potwierdzam to. Jeszcze dzisiejszego poranka ma być wedle starego zwyczaju uroczyście wyniesiony do tej godności. Ten rozkaz wykonasz niezwłocznie, lordzie Hertford.

Jeden z dostojników uklęknął obok łoża królewskiego i rzekł:

– Wasza królewska mość wie, że dziedziczny wielki marszałek Anglii znajduje się w Tower jako więzień stanu. Nie uchodzi, aby oskarżony...

– Dość! Nie obrażaj moich uszu tym znienawidzonym imieniem. Czyż ten człowiek ma wiecznie żyć? Czy ma mi przeszkadzać w wykonaniu mojej woli? Czyż koronacja księcia ma ulec zwłoce dlatego, że państwo nie ma marszałka, który by mu mógł nadać tę godność, gdyż wielki marszałek jest zdrajcą? Nie, do tego nie dojdzie, na Boga! Niechaj się parlament mój dowie, że chcę – zanim jeszcze zaszarzeje następny ranek – mieć wyrok śmierci na Norfolka*... albo odpokutują to ciężko!

Lord Hertford odparł:

– Wola króla jest prawem.

Potem wstał i powrócił na swoje miejsce.

Z wolna znikał gniew z twarzy króla.

– Pocałuj mnie, mój książę – rzekł. – No... czego się boisz? Czyż nie jestem twoim kochającym ojcem?

– Nazbyt jesteś dla mnie niegodnego łaskawy, o potężny i wspaniałomyślny panie: przekonałem się o tym. Ale... ale... tak mnie zasępia myśl o tym, który ma umrzeć, i...

– Ach, teraz jesteś podobny do siebie, teraz jesteś podobny do siebie! Widzę, że serce twoje nie odmieniło się, chociaż duch twój jest zmącony, gdyż zawsze byłeś łagodnego usposobienia. Ale ten książę stoi między tobą a przysługującą ci godnością; kto inny, na kim nie ma skazy, musi objąć jego wysoki urząd. Uspokój się, mój książę, nie trap swej biednej główki tą sprawą.

– Ale czyż ja nie jestem winien jego przedwczesnej śmierci, panie? Czyż nie mógłby się jeszcze radować długim życiem, gdyby mnie tu nie było?

– Porzuć myśl o nim, mój książę: on tego niewart. Pocałuj mnie jeszcze raz, a potem idź do swoich zabaw i gier, gdyż choroba twoja sprawia mi ból. Jestem znużony i trzeba mi spokoju. Idź ze swym stryjem Hertfordem i ze świtą, i wróć, kiedy nieco wypocznę.

Z ciężkim sercem pozwolił się Tomek wyprowadzić z komnaty; ostatnie słowa króla zadały cios śmiertelny tlącej się jeszcze iskierce nadziei odzyskania wolności. W korytarzach usłyszał znowu cichy szept:

– Książę, książę idzie!

W miarę jak szedł wśród lśniących szeregów pochylonych dworaków, odwaga jego gasła coraz bardziej, gdyż wiedział teraz, że jest więźniem, może dożywotnim, w tej złoconej klatce, w której musi usychać jako samotny, pozbawiony radości książę, jeżeli Bóg nie ulituje się łaskawie nad nim i nie uwolni go stąd.

W którąkolwiek stronę się zwrócił, wszędzie zdało mu się, że widzi w powietrzu ściętą głowę księcia Norfolka, której rysy pamiętał jeszcze wyraźnie, a której oczy patrzyły na niego z wyrzutem.

Jakże radosne były jego dawne marzenia, a jak posępna rzeczywistość!

Rozdział VI

Tomek otrzymuje wskazówki

Przeprowadzono Tomka do największej sali wspaniałego szeregu apartamentów i kazano mu usiąść – co uczynił niechętnie, gdyż starsi i wyżej od niego postawieni ludzie stali w jego obecności. Poprosił ich, aby usiedli także, ale oni wyrazili podziękę ukłonem, bąknąwszy kilka słów i stali nadal. Tomek byłby powtórzył swą prośbę, lecz „wuj” jego, hrabia Hertford, szepnął mu do ucha:

– Proszę cię, książę, nie upieraj się przy tym, nie przystoi nam siedzieć w twojej obecności.

Zameldowano lorda St. John, który skłonił się przed Tomkiem i rzekł:

– Przychodzę z polecenia króla w sprawie, która ma być traktowana poufnie. Czy wasza wysokość nie raczyłaby oddalić wszystkich obecnych z wyjątkiem hrabiego Hertforda?

Widząc, że Tomek nie wie, co robić, Hertford szepnął mu na ucho, aby dał tylko znak ręką; jeżeli mu się nie chce mówić, może się nie fatygować.

Gdy dworzanie opuścili salę, pan St. John rzekł:

– Jego królewska mość rozkazuje, aby ze względu na dobro państwa jego książęca wysokość starał się, o ile możności, ukrywać swoją chorobę, aż nie powróci do dawnego zdrowia. Ma więc nie zaprzeczać wobec nikogo, że jest rzeczywiście księciem i następcą tronu angielskiego; ma zachowywać swą godność książęcą i bez najmniejszego sprzeciwu słowem czy ruchem przyjmować oznaki czci, należne mu z prawa i starodawnego obyczaju; wobec nikogo nie ma twierdzić, jakoby był niskiego pochodzenia i nędznego stanu, ponieważ jest to złudzenie przemęczonej wyobraźni; ma dołożyć starań, aby przypomnieć sobie znane dawniej tak dobrze twarze, a gdyby mu się to nie udało, ma milczeć, nie zaś zdradzać przez zdumienie lub inne oznaki, iż ich zapomniał; podczas uroczystych wystąpień, jeżeli go trapi wątpliwość, co czynić lub mówić, nie ma okazywać tłumowi gapiów niepokoju, lecz zasięgnąć rady hrabiego Hertforda albo mojej, gdyż nam dwóm rozkazał król pełnić służbę przy waszej osobie i stale pozostawać w pobliżu, aż nas król znowu od tego obowiązku uwolni. Tak rozkazał najjaśniejszy pan, który przesyła waszej wysokości pozdrowienie i błaga Boga, aby wam zechciał łaskawie zesłać rychłe uzdrowienie i mieć was stale w swojej świętej pieczy.

Lord St. John złożył znowu ukłon i stanął na boku. Tomek odpowiedział na to z poddaniem:

– Sprawą króla jest rozkazywać. Nikomu nie wolno sprzeciwiać się jego rozkazom lub tłumaczyć ich sobie dowolnie. Niechaj się stanie wola króla.

Lord Hertford rzekł:

– Biorąc pod uwagę rozkaz królewski dotyczący książek i innych uciążliwych zajęć, może zechciałaby wasza wysokość spędzić czas na lekkiej rozrywce, aby nie doznać znużenia przed bankietem ani uszczerbku na zdrowiu?

Twarz Tomka wyrażała zdumienie; gdy ujrzał oczy pana St. John skierowane na siebie ze smutnym wyrazem, poczerwieniał. Lord zaś rzekł:

– Pamięć opuściła cię znowu, panie, i okazałeś zdumienie; ale nie martw się z tego powodu, niedomaganie to minie rychło wraz z chorobą. Hrabia Hertford miał na myśli bankiet miejski, który wedle przyrzeczenia króla sprzed dwóch miesięcy miałeś zaszczycić swoją obecnością. Czy przypominasz sobie to teraz?

– Z wielkim bólem muszę wyznać, że nie wiem o tym – rzekł Tomek z wahaniem i poczerwieniał znowu.

W tej chwili zameldowano księżniczkę Elżbietę i lady Joannę Gray. Dwaj lordowie wymienili porozumiewawcze spojrzenia i Hertford pośpieszył do drzwi. Gdy młode księżniczki weszły, szepnął im:

– Proszę was, panie, nie zwracajcie uwagi na jego dziwactwa, nie okazujcie zdumienia wobec braków jego pamięci – przekonacie się, niestety, jak go każdy drobiazg niepokoi.

Tymczasem pan St. John szepnął Tomkowi na ucho:

– Proszę cię, książę, pamiętaj o rozkazie króla. Przywołaj wszystko, co wiesz, na pamięć albo udawaj przynajmniej, że sobie przypominasz fakty. Nie daj im poznać, jak bardzo się zmieniłeś, gdyż wiadomo ci, jak szczerze i serdecznie oddane ci są twoje towarzyszki zabawy i jak boleć je musi ta przemiana. Czy życzy sobie, wasza wysokość, abym wraz z lordem Hertfordem pozostał w komnacie?

Tomek wyraził swą zgodę ruchem ręki i cicho wypowiedzianym słowem przyzwolenia, gdyż starał się usilnie przywyknąć do narzuconej mu roli i postanowił, zgodnie ze swym posłusznym usposobieniem, spełniać wolę królewską w miarę sił.

Atoli mimo najbaczniejszej ostrożności rozmowa między trojgiem młodych ludzi kulała chwilami. Kilka razy był Tomek bliski utraty odwagi i chciał już oznajmić prosto z mostu, że nie potrafi grać roli księcia. Ale ratował go zawsze albo takt księżniczki Elżbiety, albo skinienie, którego udzielał mu na pozór przypadkowo któryś z czujnych lordów.

Raz jednak lady Joanna Gray wprawiła go w zakłopotanie następującym pytaniem:

– Czy złożyłeś już dziś uszanowanie swej królewskiej matce, książę?

Tomek zawahał się, spojrzał zmieszany w ziemię i chciał już dać na chybił-trafił jakąś odpowiedź, gdy pan St. John uprzedził go i ze zręcznością dworaka, który nigdy nie popada w zakłopotanie, odpowiedział za niego:

– Książę uczynił to już, pani, i królowa uspokoiła się co do stanu zdrowia jego książęcej mości, nieprawdaż, wasza wysokość?

Tomek mruknął coś, co mogło być potwierdzeniem, czuł jednak, że znalazł się na niepewnym gruncie.

Gdy później mówiono o tym, że książę ma obecnie przerwać naukę, mała lady Joanna zawołała:

– Ach, jaka szkoda, jaka szkoda! Byłeś już tak zaawansowany. Ale uzbrój się na krótki czas w cierpliwość. Przyjdzie chwila, gdy równie zasłyniesz uczonością jak twój ojciec i opanujesz tyle języków co on, mój drogi książę.

– Mój ojciec! – zawołał Tomek, zapominając się na chwilę. – On przecież nie umie nawet porządnie mówić po angielsku, a jego uczoność...

Podniósłszy wzrok, Tomek spotkał ostrzegawcze spojrzenie pana St. Johna, urwał więc, zaczerwienił się i ciągnął cicho i smutno:

– Ach, moja choroba nie daje mi spokoju, a duch mój nie jest jasny. Nie chciałem powiedzieć niczego uwłaczającego o jego królewskiej mości.

– Wiemy o tym, książę – rzekła królewna Elżbieta, ujmując dłoń „brata" w swoje dłonie i głaszcząc ją czule, choć z uszanowaniem. – Nie trap się tym, to wina nie twoja, lecz choroby.

– Łaskawa z ciebie pocieszycielka, droga lady – rzekł Tomek z wdzięcznością – serce moje skłania się dlatego do ciebie i ważę się to wypowiedzieć.

Płocha, mała lady Joanna zwróciła się w pewnej chwili do Tomka po grecku, ale księżniczka Elżbieta poznała po jego strapionej minie, że nie zrozumiał ani słowa. Odpowiedziała więc za niego na krótkie zdanie dłuższą składną przemową, po czym skierowała rozmowę na inne tory.

W ten sposób czas mijał miło i bez poważnych kłopotów. Tomek coraz rzadziej wpadał teraz na rafy podwodne i mielizny, i dlatego stawał się coraz swobodniejszy i spokojniejszy, zwłaszcza że widział, iż księżniczki starają się usilnie dopomagać mu i nie zważać na jego błędy.

Gdy okazało się w czasie rozmowy, że młode księżniczki mają mu towarzyszyć na bankiet do lorda mayora[1], Tomek ucieszył się niezmiernie i odetchnął lżej na myśl, że nie będzie samotny wśród tych wszystkich obcych ludzi, choć jeszcze przed godziną towarzystwo księżniczek napawałoby go najwyższym niepokojem.

Aniołowie opiekuńczy Tomka, dwaj lordowie, mniej oczywiście znajdowali przyjemności w tej rozmowie niż pozostali jej uczestnicy. Czuli się jak sternicy holujący wielki okręt przez niebezpieczną cieśninę; musieli się mieć nieustannie na baczności, a zadanie ich nie wydawało się im bynajmniej igraszką dziecięcą.

Gdy więc pod koniec wizyty panienek zameldowano jeszcze lorda Guilforda Dudley'a, uznali, że nie tylko Tomek jest już bardzo zmęczony, ale i oni sami nie czuli się na siłach do podjęcia na nowo niebezpiecznej przeprawy ze swoim okrętem. Udzielili więc chłopcu czołobitnie rady, aby nie przyjął tej nowej wizyty, na co Tomek zgodził się z ochotą, choć młoda lady Joanna spoglądała na niego z pewnym rozczarowaniem, gdy tak wspaniałego młodego kawalera odprawiono od drzwi.

Nastąpiła teraz chwila kłopotliwego milczenia, której Tomek nie umiał sobie wytłumaczyć.

Spojrzał na pana Hertforda, który dał mu znak, ale Tomek nie zrozumiał go. Zręczna Elżbieta dopomogła mu jednak, kłaniając się i mówiąc:

– Czy wasza książęca mość pozwoli się nam teraz oddalić?

Tomek odpowiedział:

– Niechaj się stanie, czego sobie życzycie, drogie księżniczki, aczkolwiek wolałbym spełnić każde inne wasze życzenie, niżeli wyrzec się tego

[1] Lord mayor – tytuł burmistrza Londynu i niektórych większych miast Anglii (przyp. tłum.).

blasku i radości, jakimi obdarza mnie wasza obecność. Żegnam was, moje panie, i polecam opiece boskiej!

Tomek musiał się uśmiechnąć w duchu na myśl:

– „Nie poszło to jednak na marne, że w myślach i książkach obcowałem stale z dziećmi królewskimi, dzięki czemu język mój przyswoił sobie nieco owych uprzejmych i kwiecistych wyrażeń, jakich się tutaj używa!”

Gdy dostojne panienki wyszły z komnaty, Tomek zwrócił się znużony do swoich opiekunów i zapytał:

– Czy pozwolicie mi, szlachetni lordowie, usunąć się teraz do jakiegoś ustronnego zakątka, gdzie mógłbym wypocząć?

Lord Hertford odparł:

– Wasza wysokość może rozkazywać, my musimy tylko słuchać. Spoczynek jest teraz oczywiście bardzo pożądany, gdyż czeka cię jeszcze jazda na bankiet miejski.

Dotknął dzwonka i natychmiast zjawił się strojny paź, któremu lord polecił wezwać pana Williama Herberta. Dostojnik ten nadszedł natychmiast i odprowadził Tomka do zacisznej komnaty. Pierwszym odruchem sięgnął Tomek po pełny kubek z wodą, ale sługa odziany w jedwabie i aksamity uprzedził go, uklęknął i podał mu kubek na złotej tacy.

Znużony więzień siadł teraz i chciał zdjąć buciki, prosząc lękliwym spojrzeniem o pozwolenie, ale ku wielkiemu jego zmieszaniu drugi, równie strojnie odziany służący, uklęknął przed nim i wyręczył go w tej czynności.

Po kilku jeszcze udaremnionych szybko próbach obsługiwania się samemu Tomek poddał się wreszcie z westchnieniem i pomyślał:

– „Do licha, niedługo będą chcieli jeszcze oddychać za mnie!”

Przebrany w pantofle i strój poranny mógł się Tomek wreszcie położyć, ale nie potrafił zasnąć, gdyż trapiły go liczne troski, a przy tym w pokoju było za wiele osób. Nie potrafił się pozbyć trosk, a nie wiedział też, jak się pozbyć ludzi ku ich i własnemu utrapieniu.

Po odejściu Tomka jego dwaj dostojni opiekunowie pozostali sami.

Przez pewien czas spoglądali przed siebie, w zamyśleniu potrząsając głowami, wreszcie pan St. John odezwał się pierwszy:

– Szczerze mówiąc, co sądzicie o tym?

– Szczerze mówiąc, myślę tak: król bliski jest zgonu; siostrzeniec mój jest obłąkany – i obłąkany wstąpi na tron, aby być obłąkanym królem. Niechaj Bóg strzeże Anglię, gdyż czekają ją ciężkie przejścia!

– Istotnie tak to wygląda. Ale... więc nie wątpicie... że...

Pan St. John zawahał się i nie dokończył. Zdawał sobie sprawę, że stąpa po niepewnym gruncie.

Pan Hertford stanął przed nim i spojrzał nań wzrokiem jasnym i uczciwym, mówiąc:

– Mówcie dalej – nikt was tu prócz mnie nie słyszy. Jakie macie wątpliwości?

– Przykro mi bardzo mówić o tych rzeczach, zwłaszcza wobec was, panie, którzy jesteście tak blisko z nim spokrewnieni. Wybaczcie mi, jeśli was w czym dotknę, ale czy nie wydaje wam się osobliwe, że obłęd ten tak zupełnie zmienił jego ruchy i zachowanie? – nie chcę przez to powiedzieć, by słowa jego i obejście były mniej wytworne, ale w rozmaitych drobiazgach różnią się one od jego dawnego zachowania. Czyż to nie zdumiewające, że obłęd ten zatarł w jego pamięci rysy ojca; że nie wie on już, jakie oznaki czci należą mu się od otoczenia; że choroba, pozostawiwszy mu pamięć łaciny, pozbawiła go znajomości języka greckiego i francuskiego? Nie gniewajcie się na mnie, drogi lordzie, ale raczej rozproszcie moje wątpliwości. Nie mogę zapomnieć, iż twierdził, jakoby nie był księciem, i dlatego...

– Zamilknijcie, drogi lordzie, popełniacie zdradę stanu! Czyście zapomnieli o rozkazie królewskim? Weźcie pod uwagę, że stałbym się wspólnikiem zbrodni, gdybym was słuchał dłużej.

St. John zbladł i odparł z pośpiechem:

– Zawiniłem, wyznaję. Nie zdradźcie mnie, okażcie mi tę łaskę, a ja nie będę już o tej sprawie mówił ani myślał. Nie bądźcie surowy wobec mnie, gdyż byłbym zgubiony.

– Dajmy temu pokój, panie. Jeżeli mi przyrzekniecie, że nie będziecie mówili więcej podobnych rzeczy ani wobec mnie, ani wobec kogokolwiek innego, będę uważał te słowa za niewypowiedziane. Ale niepotrzebnie trapicie się takimi wątpliwościami. Jest to syn mojej siostry; czyż to nie jego głos, jego twarz, jego postać, znana mi od jego lat niemowlęcych? Szaleństwo zdolne jest sprowadzać tak dziwaczne skutki, jakie zauważyliście u niego, i gorsze jeszcze. Przypomnijcie sobie barona Marley'a, który zapomniał w obłędzie, jak sam wygląda, choć przecież znał swoją twarz od lat przeszło sześćdziesięciu, który uważał się za kogoś innego, a nawet twierdził, że jest synem Marii Magdaleny i że ma głowę ze szkła hiszpańskiego; dlatego nie mógł ścierpieć, aby jej kto dotknął, obawiając się, że nieostrożna dłoń mogłaby ją stłuc. Porzućcie swe wątpliwości, kochany lordzie. On jest prawdziwym księciem – wiem to na pewno – a niezadługo będzie waszym królem; lepiej dla was, abyście o tym pamiętali i nad tym rozmyślali, niżeli nad swymi wątpliwościami.

Po dłuższej rozmowie, w czasie której pan St. John starał się w miarę możności naprawić poprzedni błąd, zapewniając, że przekonanie jego jest teraz niezłomne i nie może być zachwiane jakimikolwiek wątpliwościami, hrabia Hertford zwolnił swego towarzysza i usiadł, aby samemu czuwać nad księciem.

Po krótkim czasie zapadł w głębokie zamyślenie, ale im dłużej się zastanawiał, tym bardziej niezrozumiałe stawały się dlań ostatnie wydarzenia. Wreszcie wstał znowu i począł się przechadzać po komnacie, mrucząc do siebie:

– Szaleństwo, on musi być księciem! Czyż można uwierzyć, aby istniało tak zdumiewające podobieństwo między dwoma chłopcami, niespokrewnionymi ze sobą nawet? A gdyby nawet to było możliwe, czyż nie byłoby jeszcze bardziej zdumiewającym przypadkiem, że jeden z nich podstawiony został na miejsce drugiego? Nie, to przypuszczenie jest szaleństwem, szaleństwem, szaleństwem!

Po chwili ciągnął:

– Gdyby to był oszust, który by się sam podawał za księcia, można by to jeszcze uważać za możliwe; byłoby to przynajmniej naturalne. Ale gdzież na świecie jest taki oszust, który będąc uznanym za księcia przez króla, przez cały dwór, przez każdego, kto go ujrzał, zaprzeczyłby przysługującej mu godności i opierał się okazywanym mu hołdom? Nie! Na Boga, nie! To jest prawdziwy książę, choć obłąkany!

Rozdział VII

Pierwszy obiad królewski Tomka

Zaraz po pierwszej musiał się Tomek poddać ceremonii przebrania do obiadu. Ubrano go równie pięknie jak przed południem, ale zmieniono każdą część ubrania od kołnierza aż do pończoch. Potem poprowadzono go uroczyście do wielkiej, ozdobnej sali, w której nakryte było do stołu na jedną osobę.

Nakrycie stołowe było z masywnego złota, a tak pięknie wyrobione, że podnosiło to niezmiernie jego wartość, gdyż było ono dziełem Benvenuta[1].

Sala była do połowy wypełniona przez dostojników, którzy mieli usługiwać księciu. Kapelan odmówił modlitwę przed jedzeniem i Tomek chciał już zacząć jeść, gdyż głód dokuczał mu porządnie, gdy przeszkodził mu w tym hrabia Berkeley, który zawiązał mu serwetkę dokoła szyi; gdyż urząd zawiązywania serwetki księciu Walii był dziedzicznym przywilejem rodowym tego

---

[1] Benvenuto Cellini (1500-1571) – słynny florencki złotnik i rzeźbiarz.

dostojnika. Podczaszy[1] Tomka także stał już w pogotowiu, zapobiegając wszelkiemu usiłowaniu nalania sobie wina własnoręcznie. Podstoli[2] jego wysokości księcia Walii stał obok, aby na żądanie kosztować przed nim każdą podejrzaną potrawę, narażając się przez to na możliwość otrucia.

Z usług jego korzystano w owych czasach bardzo rzadko i znajdował się on w sali jadalnej jedynie przez tradycję; ale jeszcze kilka pokoleń wcześniej urząd podstolego nie należał ani do bezpiecznych, ani do zbyt pożądanych godności. Dziwne wydaje się, dlaczego nie używano do tego celu psów, ale ceremoniał dworski jest w ogóle niezrozumiały.

Dalej znajdował się na sali lord d'Arcy, pierwszy podkomorzy[3], aby oddawać jakieś posługi – jakie, tego już nie wiedziano; ale w każdym razie był. Był też i lord piwniczy, który stał za krzesłem Tomka i przypatrywał się ceremonii, którą kierowali lord wielki kuchmistrz oraz lord ochmistrz[4], znajdujący się także w pobliżu. Poza tym miał Tomek jeszcze trzystu osiemdziesięciu czterech służących; ale nie asystowali oni przy obiedzie, a zresztą Tomek wcale nie wiedział o ich istnieniu.

Wszystkim obecnym zapowiedziano zawczasu, iż nie wolno im zapominać, że książę jest chwilowo pomieszany, ani tym bardziej okazywać zdumienia na widok jego dziwactw. Te „dziwactwa" wyszły rychło na jaw, ale budziły one w widzach jedynie ubolewanie i współczucie, nie zaś ochotę do śmiechu. Przeciwnie, w wielkie zatroskanie wprawiał ich widok obłędu, który nawiedził ukochanego księcia.

Biedny Tomek sięgał w talerz palcami, ale nikt nie śmiał się z tego ani nie okazywał, że to zauważył. Z najwyższym podziwem i zdumieniem obserwował serwetkę z cienkiego i delikatnego płótna, po czym rzekł skromnie:

– Proszę bardzo, zabierzcie to, żebym tego przez nieostrożność nie pobrudził.

Dziedziczny zawiązywacz serwetki posłusznie spełnił jego rozkaz, nie sprzeciwiając się słowem lub gestem.

Tomek przyglądał się z zaciekawieniem rzepie i sałacie i zapytał, co to jest i czy można to jeść; gdyż jarzyny te od niedawna dopiero uprawiano w Anglii, dotychczas zaś sprowadzano je jako rzadkie smakołyki z Holandii*.

Na pytanie jego odpowiedziano poważnie i z szacunkiem. Gdy podano deser, Tomek napchał sobie kieszenie orzechami; nikt jednak nie okazywał,

---

[1] Podczaszy – urzędnik nadworny zarządzający piwnicami i zajmujący się podawaniem monarsze trunków.

[2] Podstoli – urzędnik nadworny odpowiedzialny za stół władcy.

[3] Podkomorzy – urzędnik zarządzający dworem panującego.

[4] Ochmistrz – urzędnik zarządzający dworem panującego, często opiekun jego dzieci.

że to zauważył lub widzi w tym coś niewłaściwego. Ale chłopiec wnet spostrzegł się sam i nie mógł ukryć swego zmieszania; była to bowiem jedyna czynność, którą podczas całego obiadu pozwolono mu spełnić własnoręcznie, nie wątpił więc, że był to postępek bardzo niestosowny i nieksiążęcy.

W tej chwili mięśnie jego nosa poczęły drgać, zbiegać się ku końcowi nosa i swędzieć go. Trwało to dość długo i Tomek wpadał w coraz większe zakłopotanie, nie wiedząc, co robić. Błagalnym wzrokiem spoglądał po kolei na otaczających go lordów, a łzy zabłysły mu w oczach. Panowie podbiegli do niego z przerażonymi minami, prosząc, aby się im zwierzył z powodu swego cierpienia. Wówczas Tomek rzekł z nieukrywaną trwogą:

– Wybaczcie mi, panowie, ale nos swędzi mnie bardzo. Jaki jest w takim wypadku zwyczaj na dworze? Ale błagam, pośpieszcie się z odpowiedzią, gdyż nie mogę wytrzymać dłużej.

Nikt się nie uśmiechnął; wszyscy popadli jednak w wielkie zmieszanie i spoglądali po sobie bezradnie. Wypadek taki widocznie się jeszcze w historii Anglii nie przydarzył, gdyż nikt nie umiał orzec, jak wyjść z tego kłopotliwego położenia. Mistrza ceremonii nie było na sali; nikt zaś z obecnych nie poważyłby się rozwiązać samodzielnie tak trudnego zagadnienia. Niestety, nie było jeszcze urzędu książęcego drapacza nosa.

Tymczasem łzy z oczu Tomka popłynęły gęściej i poczęły spływać po jego policzkach. Swędzący nos coraz natarczywiej domagał się ulgi. Wreszcie natura sama przełamała tamy etykiety: Tomek w duchu poprosił niebo o przebaczenie, jeżeli czyni źle, i sam podrapał się w nos, sprawiając przy tym niewymowną ulgę swemu zatroskanemu otoczeniu.

Po zakończonym posiłku zbliżył się do Tomka jeden z lordów, podając mu płaską miskę złotą wypełnioną wonną wodą różaną do obmycia ust i rąk, zaś dziedziczny zawiązywacz serwetki stanął w gotowości z ręcznikiem do otarcia rąk i twarzy.

Tomek patrzył przez chwilę zmieszany na miskę, po czym podniósł ją do ust i wypił łyk wody różanej. Szybko jednak oddał miskę usługującemu dostojnikowi, mówiąc:

– Nie, to mi nie smakuje, drogi panie: zapach ma wprawdzie piękny, ale smak nieco mdły.

Ten nowy dowód choroby umysłowej księcia wprawił wszystkich obecnych w wielkie przygnębienie; nikogo jednak nie pobudziło to bolesne wydarzenie do śmiechu.

Następne nieświadome wykroczenie przeciw etykiecie polegało na tym, że wstał od stołu właśnie w chwili, gdy kapelan stanął za jego krzesłem, wzniósł ręce, przymknął oczy i chciał rozpocząć modlitwę dziękczynną. Nikt jednak nie dał poznać po sobie, że zauważył ten niewłaściwy postępek księcia.

Na własne życzenie został teraz nasz dzielny przyjaciel odprowadzony do swego prywatnego gabinetu i pozostawiony samemu sobie.

Na drewnianych obiciach ściennych wisiały tu na hakach rozmaite części błyszczącej zbroi stalowej, pokryte od góry do dołu misternymi ozdobami złotymi.

Ten rynsztunek należał do prawdziwego księcia, który otrzymał go niedawno od królowej, pani Parr[1].

Tomek wdział nagolenniki i naramienniki, wystroił się w przybrany pióropuszem hełm i inne części zbroi, o ile je mógł bez pomocy włożyć. Przez chwilę miał zamiar zawołać kogoś, aby się móc ubrać w resztę zbroi, ale wtem przypomniały mu się orzechy, które schował podczas obiadu. Przyszło mu na myśl, jak to będzie miło zjeść je w samotności, nie będąc otoczonym chmarą dziedzicznych dostojników, którzy by mu się przy tym przyglądali i ciążyli mu swoją niepożądaną usłużnością.

Odwiesił więc poszczególne części zbroi na dawne miejsce i począł tłuc orzechy, czując się z całego serca szczęśliwym – po raz pierwszy od chwili, gdy Bóg, karząc go za złe uczynki, zamienił go w nieszczęsnego księcia.

Gdy się już orzechy wyczerpały, zauważył w szafce ściennej kilka pięknych książek, wśród których była też rozprawa o etykiecie obowiązującej na dworze angielskim.

Cenna to była zdobycz dla Tomka.

Rozłożył się więc na wspaniałej kanapie i z wielkim zapałem począł się uczyć.

Pozostawmy go tymczasem przy tym zajęciu.

Rozdział VIII

Zaginiona pieczęć państwowa

Około piątej po południu Henryk VIII obudził się niewypoczęty ze snu i szepnął do siebie półgłosem:

– Straszne sny, straszne sny! Koniec mój się zbliża, zjawy senne oznajmiają mi to, a zamierający puls potwierdza.

---

[1] Katarzyna Parr – szósta i ostatnia żona króla Henryka VIII, więc macocha księcia Edwarda, który był synem trzeciej żony króla, Joanny Seymour (przyp. tłum.).

Potem jednak w oczach jego zaigrał okrutny błysk i król mruknął:
– Ale zanim ja umrę, on musi zginąć pierwej.

Ponieważ otaczający go dworzanie spostrzegli, że król nie śpi, jeden z nich zapytał, czy zechce przyjąć lorda kanclerza, oczekującego w przedpokoju.

– Wprowadźcie go, wprowadźcie go! – zawołał król szybko.

Lord kanclerz wszedł i klękając obok łoża królewskiego, przemówił:
– Wydałem odpowiednie zarządzenia i zgodnie z wolą króla parowie monarchii zebrani są obecnie w swych strojach urzędowych w sali posiedzeń parlamentu, gdzie wydawszy wyrok śmierci na księcia Norfolka, oczekują w pokorze dalszych rozkazów waszej królewskiej mości w tej sprawie.

Okrutna radość promieniała z twarzy króla.

– Podnieście mnie! – zawołał. – We własnej osobie stanę przed parlamentem i własnoręcznie przypieczętuję wyrok, który mnie uwalnia od...

Głos odmówił mu posłuszeństwa; zarumienione policzki pokryły się trupią bladością; dworzanie oparli go znowu o poduszki i szybko podali krzepiące sole.

Oprzytomniawszy nieco, król rzekł zbolałym głosem:
– O, jakże pragnąłem tej szczęsnej chwili! A oto przychodzi ona za późno, nie będę mógł się nacieszyć do syta swoim tryumfem. Ale śpieszcie się, śpieszcie się! Niechaj inni dopełnią tej czynności, której mnie niesądzone jest dopełnić. Oddaję wielką pieczęć państwową komisji: wybierzcie lordów, którzy mają do niej należeć, i bierzcie się do roboty. Śpieszcie się, człowieku! Zanim słońce wzejdzie i zajdzie znowu, macie mi przynieść jego ściętą głowę, abym się mógł nacieszyć jej widokiem.

– Niechaj się stanie wedle rozkazu króla. Czy wasza królewska mość zechce zarządzić, aby mi wydano z powrotem pieczęć, bym mógł wykonać wasze rozkazy?

– Pieczęć? A któż ma pieczęć, jeżeli nie wy?

– Wasza królewska mość raczy sobie przypomnieć, żeście mi ją sami przed dwoma dniami odebrali, oświadczając, iż nie będzie więcej użyta, aż wasza ręka królewska przyłoży ją pod wyrokiem śmierci na księcia Norfolka.

– To prawda, przypominam sobie, że to zrobiłem... Ale co się stało z pieczęcią?... Jestem taki słaby... Pamięć często mnie teraz zawodzi... To dziwne, dziwne...

Słowa króla stawały się coraz cichsze i coraz bardziej niezrozumiałe, od czasu do czasu potrząsał siwą głową, starając się przypomnieć sobie, co uczynił z pieczęcią.

Wreszcie lord Hertford zebrał się na odwagę, ukląkł i pozwolił sobie wspomóc pamięć króla.

– Najjaśniejszy panie, czy wolno mi powiedzieć, że zarówno ja sam, jak wielu z obecnych przypominamy sobie, iż wasza królewska mość wręczył wielką pieczęć państwową księciu Walii, aby ją przechował, aż...

– Racja, słuszna racja! – przerwał mu król. – Przynieście ją! Prędko; czas ucieka!

Lord Hertford pobiegł do Tomka, ale po krótkiej chwili powrócił ze zmieszaną twarzą i pustymi rękoma, oznajmiając co następuje:

– Ubolewam bardzo, panie mój i królu, że muszę wam przynieść niepożądaną i smutną wieść, ale mrok, przesłaniający umysł księcia, nie rozwiał się jeszcze, i nie potrafi on przypomnieć sobie, że otrzymał pieczęć. Dlatego powracam szybko, aby przynieść tę wiadomość, sądzę bowiem, że zajęłoby to zbyt wiele drogocennego czasu i było zupełnie bezskuteczne, gdyby się chciało przeszukać olbrzymie szeregi komnat jego książęcej wysokości...

Głębokie westchnienie przerwało hrabiemu. Po chwili król rzekł posępnym głosem:

– Nie dręczcie tego biednego dziecka. Ręka Boska ciężko je dotknęła, a serce me pełne jest wielkiego współczucia i troski, że nie mogę wesprzeć jego życia swoim doświadczonym ramieniem i zapewnić mu w ten sposób spokoju.

Przymknął oczy, mówiąc półgłosem do siebie, potem zamilkł. Po pewnym czasie otworzył znowu oczy i rozejrzał się dokoła błędnym wzrokiem, aż spojrzenie jego padło na klęczącego jeszcze ciągle lorda kanclerza.

Rumieniec gniewu zapłonął na twarzy króla.

– Co, tyś jeszcze tutaj! Na Boga wszechmocnego, jeżeli nie przyśpieszysz stracenia tego zdrajcy, twoja mitra biskupia nie znajdzie jutro rano głowy, którą przywykła zdobić!

Kanclerz, drżąc ze strachu, bełkotał:

– Łaski, wasza królewska mość, łaski! Wszak czekam tylko na wielką pieczęć.

– Człowieku, czyś ty oszalał? Mała pieczęć, którą zabieram zwykle z sobą, gdy się udaję w podróż, leży w moim skarbcu. Jeżeli nie ma wielkiej pieczęci, musi mała wystarczyć. Czyś ty rozum stracił? Idź! Ale strzeż się – masz mi się nie pokazywać inaczej, jak przynosząc jego głowę!

Biedny kanclerz nie zwlekał ani chwili, lecz skorzystał ze sposobności, aby się usunąć z tak niebezpiecznego pobliża; nie zwlekała też komisja, udzielając wyrokowi niewolniczego parlamentu aprobaty królewskiej i zarządzając, aby zaraz nazajutrz rano stracono pierwszego para[1] Anglii, nieszczęsnego księcia Norfolka*.

---

[1] Par – członek brytyjskiej Izby Lordów, wyższej izby parlamentu brytyjskiego.

Rozdział IX

Parada na rzece

O dziewiątej wieczorem cała fasada pałacu skierowana ku Tamizie promieniała oślepiającym światłem.

Rzeka sama w kierunku miasta usiana była jak oko sięgało łodziami i wspaniałymi barkami, ozdobionymi szeregami barwnych latarni, wszystkie zaś łodzie kołysały się łagodnie na fali, tak iż tafla wodna podobna była do niezmierzonej łąki pokrytej połyskującymi kwiatami, chwiejącymi się łagodnie na wietrze.

Olbrzymi taras kamienny, którego stopnie spadały ku rzece, a który był dość wielki, aby pomieścić całą armię jakiegoś księstwa niemieckiego, przedstawiał wspaniały widok, gdyż zalegały go tłumy bogato odzianych dworzan, biegających skwapliwie tam i z powrotem.

Nagle rozległ się rozkaz i natychmiast, kto żył, zniknął ze stopni tarasu.

Dokoła zapanowała cisza oczekiwania. Jak daleko wzrok sięgał, widać było ludzi, którzy powstali w łodziach, przesłonili oczy dłońmi, aby ich nie oślepiał blask latarni, i nieruchomo wlepili wyczekujące spojrzenia w pałac królewski.

Obok tarasu przepłynął szereg czterdziestu czy pięćdziesięciu barek królewskich. Były one bogato złocone, a przody ich i tyły pokryte były artystycznymi rzeźbami. Niektóre obwieszone były chorągwiami i flagami; na innych powiewały herby haftowane na złotolitych materiach lub pięknych tkaninach; jeszcze inne miały flagi obwieszone niezliczonymi srebrnymi dzwoneczkami, które za najlżejszym podmuchem wiatru wydawały jasne, radosne dźwięki.

Niektóre łodzie ozdobione były jeszcze bogaciej, gdyż wiozły one dostojników z najbliższego otoczenia księcia; po bokach ich widniały szeregi tarcz, na których wspaniale wymalowane były herby właścicieli.

Każdą barkę państwową ciągnął specjalny holownik, w którym znajdował się nie tylko sternik, ale i oddział zbrojnych w połyskujących hełmach i puklerzach, jak również kapela muzykantów.

Jako straż przednia oczekiwanego pochodu ukazał się teraz w wielkiej bramie pałacowej oddział halabardników[1]. Ubrani byli w spodnie w czarne i brunatne pasy, aksamitne czapki, ozdobione po obu stronach srebrnymi ró-

---

[1] Halabardnik – strażnik miejski lub pałacowy uzbrojony w halabardę (por. przypis na str. 12).

żami i kaftany z brązowego i niebieskiego sukna, na których z przodu i z tyłu wyhaftowane były złotymi nićmi trzy pióra, herb księcia.

Drzewca ich halabard obciągnięte były karminowym aksamitem, przybitym złotymi gwoździkami, u góry zaś miały chwasty jako ozdobę.

Rozchodząc się w prawo i w lewo, żołnierze utworzyli dwa długie szpalery, sięgające od bramy zamkowej aż w dół do wybrzeża rzeki. Między tymi szpalerami służba ubrana w karmazynowo-złote liberie księcia rozciągnęła szeroki pasiasty dywan.

Teraz rozległ się z wnętrza zamku dźwięk trąb. Muzykanci na rzece odpowiedzieli na to wesołą przygrywką; dwaj odźwierni z białymi laskami w ręku wyszli krokiem wolnym i uroczystym przed wrota. Za nimi szedł urzędnik niosący berło miejskie; za nim drugi urzędnik z mieczem miejskim. Dalej następowali sierżanci gwardii miejskiej w pełnym uzbrojeniu, z odznakami na rękawach; następnie herold orderu Podwiązki[1] w swym przepisowym płaszczu; za nim kilku kawalerów orderu Łaźni[2], których rękawy obramione były białymi koronkami; za nimi ich giermkowie; potem sędziowie w szkarłatnych togach i beretach; potem lord kanclerz Anglii w płaszczu szkarłatnym, otwartym z przodu i podbitym popielicami; za nim deputacja radców miejskich w płaszczach szkarłatnych; potem zwierzchnicy rozmaitych stowarzyszeń miejskich w uroczystych strojach.

Teraz zstąpiło po schodach dwunastu panów francuskich wspaniale ubranych, w kaftanach z białego adamaszku wyszywanego złotem, krótkich płaszczach z czerwonego aksamitu podbitego fioletową taftą, i hauts-de-chausses[3] koloru krwistego. Należeli oni do świty ambasadora francuskiego, za nimi zaś szło dwunastu kawalerów ze świty posła hiszpańskiego ubranych w czarny aksamit bez żadnych ozdób. Dalej kroczyli przedstawiciele szlachty angielskiej ze swymi orszakami.

Wewnątrz zamku rozległy się znowu dźwięki trąb; wuj księcia, wsławiony później pod nazwiskiem księcia Somerset, wyszedł z bramy ubrany w czarny strój wyszywany złotem, na tym płaszcz z karmazynowego atłasu z wyhaftowanymi na srebrnej siatce złotymi kwiatami.

Odwrócił się, zdjął kapelusz z pióropuszem i ruszył znowu tyłem, wykonując za każdym krokiem głęboki ukłon. Rozległ się przeciągły głos trąb i okrzyk:

– Miejsce dla dostojnego i potężnego lorda Edwarda, księcia Walii!

---

[1] Order Podwiązki – najwyższy order angielski, ustanowiony przez króla Edwarda III w 1348 r. (przyp. tłum.).

[2] Order Łaźni – odznaczenie angielskie ustanowione rzekomo przez króla Henryka IV w 1399 r. (przyp. tłum.).

[3] Hauts-de-chausses – rodzaj krótkich spodni sięgających do kolan (przyp. tłum.).

Wysoko ma wałach zamku zalśniła długa smuga języków płomiennych i rozległ się ogłuszający grzmot wystrzałów; tłum zebrany na rzece wydał donośny okrzyk radości i Tomek Canty, do którego odnosiły się wszystkie te niepohamowane hołdy, ukazał się na tarasie, pochyliwszy lekko swą książęcą głowę.

Był olśniewająco ubrany, miał na sobie kaftan z białego atłasu, wyszywany na przodzie złotem, usiany diamentami i obramowany gronostajami. Na tym płaszcz z białej złotolitej tkaniny, podbity błękitnym atłasem, z wyhaftowanymi z wierzchu trzema piórami z pereł i drogocennych kamieni; płaszcz ten spięty był brylantową spinką. Na szyi jego wisiał order Podwiązki, a także różne ordery obcych państw; gdziekolwiek światło padło na niego, promienie odbijały się w drogocennych kamieniach, olśniewając wzrok.

O, Tomku Canty, zrodzony w nędzy, wychowany w brudzie i błąkający się w łachmanach po ulicach Londynu, cóż to za widowisko!

Rozdział X

Książę w tarapatach

Rozstaliśmy się z Janem Canty, gdy ciągnął księcia na dziedziniec domu na Offal Court, zaś rozochocony i hałasujący tłum gawiedzi biegł za nim.

Jeden tylko człowiek odważył się ująć za pojmanym chłopcem, ale na słowa jego nie zwrócono uwagi, nie dosłyszano ich nawet w powszechnej wrzawie.

Książę usiłował nadal uwolnić się i stawić opór brutalnemu traktowaniu go, aż wreszcie Jan Canty utracił resztkę posiadanej jeszcze cierpliwości i w nagłym przystępie wściekłości wzniósł nad głową chłopca dębowy kij.

Człowiek, który wstawił się przedtem za księciem, podbiegł teraz, aby powstrzymać rękę szaleńca; uderzenie trafiło w przegub litościwego obrońcy, zaś pijak zawołał:

– Po co się wtrącasz do nie swoich spraw? Masz za to zasłużoną nagrodę!

Kij spadł głośno na głowę obrońcy, usłyszano jęk, ciemna postać padła na ziemię, tłum przemknął obok niej i w następnej chwili leżała opuszczona, gdyż motłoch nie przerwał sobie w skutek tego wypadku zabawy.

Wkrótce potem znalazł się książę w mieszkaniu Jana Canty'ego, który zamknął drzwi, nie wpuszczając nikogo.

Przy słabym świetle łojówki wstawionej w butelkę dostrzegł zarysy brudnej izby i jej mieszkańców. Dwie dziewczyny i kobieta w średnim wieku siedziały w kącie skulone jak wylękłe zwierzęta, nawykłe do brutalności i lękające się, aby się ona znowu nie stała ich udziałem. Z innego kąta wypełzła chuda jędza z rozwichrzonymi włosami i złośliwie połyskującymi oczyma.

Jan Canty rzekł do niej:

– Uważaj! Pyszny kawał. Nie przerywaj mu tego żartu za wcześnie. Potem możesz go wytłuc do woli. – Chodź tu, chłopcze. Opowiedz nam teraz jeszcze raz swoje brednie, jeżeli ich dotychczas nie zapomniałeś. Więc jak się nazywasz? Kim jesteś?

Urażona godność pokryła znowu twarz księcia rumieńcem gniewu; spokojnie, ale z najwyższą odrazą spojrzał na pijaka i powiedział:

– Nie przystoi człowiekowi twego stanu wydawać mi rozkazów. Powiadam ci jednak, co już powiedziałem, jestem Edward, książę Walii i nikt inny.

Na tę oszałamiającą odpowiedź stara wiedźma stanęła jak skamieniała, nie wiedząc, co powiedzieć. Patrzyła na księcia z najwyższym zdumieniem, co tak rozweseliło jej pijanego syna, że wybuchnął nieposkromionym śmiechem.

Inne zupełnie wrażenie wywarły te słowa na matce i siostrach Tomka Canty. Trwoga ich, że chłopca czeka znowu bicie, ustąpiła teraz miejsca innemu lękowi. Ze smutnymi i przerażonymi twarzami podbiegły do niego wołając głośno:

– Ach, biedny Tomku, biedny chłopcze!

Matka padła przed księciem na kolana, położyła mu ręce na ramionach i poprzez wzbierające łzy patrzyła na niego błagalnie. Potem rzekła:

– O, mój biedny chłopcze! To ciągłe czytanie niedorzecznych książek winne jest wszystkiemu, ono cię wreszcie doprowadziło do utraty rozumu. Ach! dlaczegóż nie odrywałeś się nigdy od książek, chociaż cię tyle razy ostrzegałam? A teraz łamiesz serce swojej biednej matce.

Książę spojrzał na nią i rzekł uprzejmie:

– Syn twój jest zdrowy i nie stracił rozumu, dobra kobieto. Uspokój się: zaprowadź mnie do pałacu, gdzie on jest, a ojciec mój, król, odda ci go.

– Twój ojciec, król! O, moje dziecko! Nie wymawiaj takich słów, grożą ci one śmiercią, a wszystkim nam zgubą. Otrząśnij się z tego okropnego koszmaru. Wysil swoją chorą pamięć. Spójrz na mnie. Czyż nie jestem twoją matką, która cię na świat wydała, która cię tak kocha?

Książę potrząsnął głową i odpowiedział z ubolewaniem:

– Przykro mi bardzo, że muszę zranić twe serce, ale naprawdę nie widziałem cię jeszcze nigdy w życiu.

Kobieta padła na ziemię i znieruchomiała z przerażenia; zakrywszy twarz rękoma, poczęła łkać i płakać, że aż litość brała.

– Dalej, dalej z tą komedią! – szydził Canty. – Co to, Elzo, co to, Anno, nie wiecie jak się zachować? Siedzicie w obecności księcia? Na kolana, nędzarki, oddajcie mu należny hołd!

Przy tych słowach wybuchnął znowu niepowstrzymanym śmiechem.

Dziewczęta wstawiły się lękliwie za bratem.

– Pozwól mu się położyć spać, ojcze – prosiła Ania – spoczynek i sen uleczą go z tego obłędu; pozwól mu się położyć.

– Pozwól, ojcze – rzekła Elżunia – widzisz przecież, że jest bardziej niż kiedykolwiek zmęczony. Jutro będzie znowu zdrów i zajmie się pilnie żebraniem, żeby nie wracać z próżnymi rękoma do domu.

Uwaga ta ukróciła nagle wesołość ojca, który przypomniał sobie praktyczną stronę sprawy. Zwracając się gniewnie do księcia, Jan Canty rzekł:

– Jutro musimy zapłacić gospodarzowi dwa pensy za tę norę, słyszysz! Czynsz za pół roku! Jeżeli nie zapłacimy, wyrzuci nas. Pokaż, leniwcze, coś dziś użebrał.

Książę odparł jednak:

– Nie obrażaj mnie takimi pytaniami. Powtarzam ci jeszcze raz, że jestem synem królewskim.

Potężne uderzenie ciężkiej pięści Canty'ego, wymierzone w ramię księcia, rzuciło chłopca w objęcia matki Tomka, która przycisnęła go do piersi i osłoniła przed nawałą dalszych razów i szturchańców, biorąc je na siebie.

Wystraszone dziewczęta schroniły się do kąta, zaś babka nadbiegła, aby dopomóc synowi.

Książę wyrwał się z ramion pani Canty i zawołał:

– Nie pozwolę, abyś cierpiała przeze mnie, pani. Niechaj te bestie wywrą swą wściekłość na mnie samym.

Słowa te rozdrażniły bestie do tego stopnia, że teraz dopiero zabrały się naprawdę do dzieła, bijąc bez litości chłopca, a potem dziewczęta i matkę, które okazały współczucie katowanej ofierze.

– A teraz – rzekł Canty – do łóżek, wszyscy. Ten żart już mnie znudził.

Zgaszono światło i cała rodzina położyła się spać.

Gdy tylko głośne chrapanie oznajmiło, że pan domu i jego matka śpią, dziewczęta zakradły się ostrożnie do posłania księcia i czule nakryły go słomą i łachmanami. Matka prześlizgnęła się także do niego, pogłaskała go po głowie, płacząc i szepcząc mu przy tym do ucha słowa pociechy i współczucia. Schowała mu trochę jedzenia, ale ból pozbawił chłopca apetytu, przynajmniej na czarne kromki lichego chleba.

Był jednak bardzo wzruszony tym, że go tak dzielnie i ofiarnie broniła; podziękował jej za to wytwornymi, książęcymi słowami, prosząc, aby się położyła spać i zapomniała o swym strapieniu. Dodał przy tym, że jego królewski ojciec nie pozostawi jej wierności i oddania bez nagrody.

Ten nowy dowód jego obłąkania gorzko zabolał matkę, przycisnęła go znowu do serca, po czym zalana łzami powróciła na swoje posłanie.

Gdy tak leżała, rozmyślając o swoim nieszczęściu, przyszło jej na myśl, że w chłopcu tym, czy był zdrów, czy chory, było jednak coś, czego w Tomku Canty nigdy nie zauważyła. Nie umiała tego określić, nie umiała powiedzieć, na czym to polegało, ale bystre oko matczyne dostrzegło coś jednakże.

A gdyby ten chłopiec rzeczywiście nie był jej synem? Ach, to niemożliwe! Mimo całego lęku i strapienia omal się nie roześmiała na tę myśl.

Mimo wszystko nie mogła się jednak od tej myśli uwolnić; ścigała ona ją uparcie. Ścigała ją, dręczyła ją, czepiała się jej, nie dawała jej spokoju. Matka powiedziała sobie wreszcie, że nie zazna spokoju, jeżeli za pomocą jakiejś próby nie zdobędzie niechybnego dowodu, czy chłopiec ten jest, czy nie jest jej synem, i nie rozwieje w ten sposób dręczących ją nieustannie wątpliwości.

Łatwiej to było jednak postanowić niż wykonać.

Wymyślała w duchu jedną niezawodną próbę po drugiej, ale musiała zaniechać wszystkich, gdyż żadna nie wydawała się jej niezachwianie pewna i przekonywająca, a tylko bezwarunkowy dowód mógłby ją uspokoić.

Już się jej zdawało, że na próżno trapiła swą biedną głowę i że musi zaniechać tej sprawy.

Gdy tak rozważała tę przygnębiającą myśl, usłyszała równomierny oddech chłopca i domyśliła się, że malec usnął. A kiedy tak nadsłuchiwała, jednostajny oddech przerwany został stłumionym okrzykiem wydanym przez chłopca półgłosem, jak się to dzieje, gdy kogoś trapi zły sen.

Ten przypadek nasunął matce nową myśl, łączącą w sobie zalety wszystkich snutych dotychczas planów.

Drżąc z podniecenia, ale wystrzegając się najmniejszego szmeru, przystąpiła zaraz do wykonania swego zamiaru i zapaliła świecę, myśląc w duchu:

– „Jeżeli go tylko zobaczę we śnie, zaraz będę wiedziała. Od owego dnia, gdy jako mały smyk doznał tego wypadku, że proch wybuchł mu tuż przed oczyma, miał nawyknienie, iż ilekroć obudzono go nagle ze snu lub przerwano mu marzenia na jawie, mimo woli przesłaniał oczy ręką, jak to uczynił wówczas. Nie trzymał przy tym nigdy, jak inni ludzie, dłoni wewnętrznymi płaszczyznami ku oczom, ale zawsze na zewnątrz. Zauważyłam to setki razy – zawsze robi to w niezmienny sposób. Tak, teraz zdobędę pewność".

Przesłaniając świecę ręką, zakradła się znowu do śpiącego chłopca ostrożnie i obserwując go bacznie, pochyliła się nad nim, nie ważąc się niemal oddychać z wielkiego podniecenia.

Potem puściła nagle jaskrawy snop światła na jego oczy i zastukała kostkami palców w podłogę tuż przy jego uchu.

Śpiący otworzył natychmiast oczy, rozejrzał się lękliwie, ale nie wykonał żadnego ruchu rękoma.

Biedna kobieta zdumiała się i zasmuciła bardzo; udało się jej jednak ukryć swe wzruszenie i uśpić chłopca na nowo; potem popełzła z powrotem do swego kąta, rozmyślając z przygnębieniem o smutnym rezultacie swej próby.

Usiłowała wmówić w siebie, że to obłęd jest winien, iż Tomek nie wykonał swego zwykłego mimowolnego ruchu; ale nie przekonało to jej.

– „Nie – powiedziała sobie – ręce jego nie są obłąkane, niemożliwością jest, aby w tak krótkim czasie utraciły nabyte od tylu lat nawyknienie. O, jakiż to straszny dzień dla mnie!"

Mimo to nadzieja była równie uparta jak wpierw powątpiewanie; postanowiła nie zadowolić się wynikiem pierwszego doświadczenia, lecz spróbować jeszcze raz, tłumacząc sobie, że niepowodzenie to mogło być skutkiem przypadku tylko.

Kilka więc razy jeszcze, w dłuższych odstępach czasu, budziła chłopca raptownie ze snu, ale za każdym razem osiągała ten sam rezultat, co pierwotnie. Wreszcie legła sama spać, zaś przed zaśnięciem pomyślała:

– „Mimo wszystko nie mogę się go wyrzec – o nie, nie mogę, nie mogę – on musi być moim synem!"

Nie doznając już teraz przeszkód ze strony matki, a także nie odczuwając tak dotkliwie bólu, który zmniejszył się bardzo, książę zapadł w głęboki i pokrzepiający sen. Mijała godzina za godziną, a on spał jak zabity.

Tak minęło cztery czy pięć godzin. Książę ocknął się i na wpół jeszcze nieprzytomny ze snu zawołał półgłosem:

– Sir Williamie!

Po chwili znowu:

– Sir Williamie Herbert! Proszę posłuchać, jaki dziwny sen miałem tej nocy... Sir Williamie! Czy nie słyszycie? Wyobraźcie sobie, iż śniło mi się, że byłem żebrakiem i... Hej tam! Straż! Sir Williamie! Co? Nie ma nikogo ze służby w mojej sypialni? Czekajcie! To będzie surowo ukarane...

– Co ci się stało? – szepnął stłumiony głos obok niego. – Kogo wołasz?

– Sir Williama Herberta! Kim jesteś?

– Ja? Kimże by innym, jak nie twoją siostrą Anią? Ach, Tomku, myślałam, że to minęło! Ale ty ciągle jeszcze jesteś obłąkany, biedny chłopcze, ciągle jeszcze jesteś obłąkany. Obym cię była lepiej nie budziła wcale! A teraz muszę znowu patrzeć na to. Proszę cię jednak, hamuj się w odpowiedziach, bo ojciec gotów nas wszystkich zatłuc na śmierć!

Przerażony książę wyprostował się na posłaniu; poranione i bezwładne od razów członki przypomniały mu rychło miniony dzień; padł z powrotem na brudną słomę i zawołał z rozpaczą:

– Ach! Więc to nie był sen tylko!

Znowu opadły go ciężkie troski i strapienie, które sen usunął na chwilę; uświadomił sobie, że nie jest już pieszczonym księciem na zamku królewskim, księciem, na którego spoglądały oczy całego narodu, ale odzianym w łachmany żebrakiem, nędznym wyrzutkiem, uwięzionym w tej norze, nienadającej się nawet dla zwierząt, skazanym na towarzystwo żebraków i złodziejów.

Mimo swych zgryzot począł nadsłuchiwać donośnych głosów, które – jak mu się zdawało – zbliżały się szybko. W następnej chwili zapukano do drzwi.

Jan Canty obudził się i zawołał:

– Kto tam? Czego chcecie?

Jakiś głos zapytał zza drzwi:

– Czy wiesz, kogo trafił wczoraj twój kij?

– Nie. Nie wiem i nie obchodzi mnie to.

– Zaraz zmienisz zdanie. Jeżeli nie chcesz wisieć, bierz prędko nogi za pas. Ten człowiek umiera. To był ksiądz, ojciec Andrzej!

– Boże, zmiłuj się! – zawołał Canty.

Szybko obudził całą rodzinę i rozkazał ochrypłym głosem:

– Wstawać natychmiast! Uciekamy! Kto tu zostanie, tego czeka stryczek!

W przeciągu pięciu minut cała rodzina Cantych znalazła się na ulicy, pędząc co sił w nogach. Jan Canty chwycił księcia za ramię i biegł z nim przez ciemne uliczki, udzielając mu półgłosem wskazówek.

– Uważaj na swój język, wariacie, i nie zdradź nikomu naszego nazwiska! Przybiorę sobie inne, aby te psy sprawiedliwości zgubiły nasz ślad. Trzymaj język za zębami, radzę ci!

Potem dodał, zwracając się do swojej rodziny:

– Gdybyśmy się zgubili, niech każdy z osobna kieruje się w stronę mostu Londyńskiego; obok ostatniego płóciennika na moście czekajcie, aż się wszyscy zbiorą. Stamtąd wybierzemy się razem do Southwark.

W tej chwili rodzina Cantych wyszła nagle z ciemności na jasne miejsce, i to nie tylko na oświetlony plac, ale w tłum śpiewających, tańczących i krzyczących ludzi, którzy zalegali wybrzeże rzeki.

Jak okiem sięgnąć, w dół i w górę Tamizy płonęły ogniska; most Londyński był iluminowany; most Southwarski tak samo; cała rzeka błyszczała i promieniała od iskier i żaru kolorowych świateł, a wybuchające nieustannie rakiety mknęły po niebie długimi smugami, spadając potem deszczem jasnych iskier, rozjaśniających mroki nocy.

Wszędzie widać było grupki rozbawionych ludzi; zdawało się, że cały Londyn wyległ nad rzekę.

Jan Canty zaklął dziko i kazał zawrócić, ale było już za późno. Ciżba ludzka porwała już w swój wir zarówno jego, jak jego rodzinę, a w następnej chwili rozłączyła ich z sobą.

Księcia, którego nie zaliczamy do rodziny, Jan Canty trzymał ciągle jeszcze za ramię. Ale serce chłopca zabiło teraz z radosnego podniecenia na myśl o możliwości ucieczki.

Jakiś tęgi przewoźnik, któremu nadmiar spożytych napojów uderzył już do głowy, stanął staremu w drodze; Canty pragnąc się jak najszybciej przepchnąć przez tłum, szturchnął go. Woźnica chwycił wielką łapą ramię Canty'ego i zapytał:

– Dokąd ci tak spieszno, przyjacielu? Dlaczego kalasz swą duszę nieczystymi interesami, gdy wszyscy rzetelni i uczciwi obywatele świętują?

– Moje sprawy mnie tylko obchodzą, a nie ciebie! – odparł Canty brutalnie. – Zabieraj łapę i przepuść mnie!

– Jeśliś taki, to wiedz, że nie odejdziesz stąd, aż nie wypijesz za zdrowie księcia Walii – zawołał przewoźnik i stanowczo zastąpił mu drogę.

– No to dawajcie czarkę, ale prędko, prędko!

Tymczasem i inni z rozbawionego tłumu zainteresowali się wypadkiem i poczęli teraz wołać:

– Czarę miłości, czarę miłości! Niech ten brutal wypije czarę miłości, a jak nie, to damy go rybom na pożarcie.

Przyniesiono olbrzymią czarę miłości; przewoźnik chwycił lewą ręką jej ucho, drugą zaś wykonał ruch, jakby ujmował koniec serwetki, i w ten sposób podał Canty'emu czarę zgodnie z przyjętą tradycją. Według starego obyczaju Canty musiał teraz ująć lewą ręką drugie ucho czary, zaś prawą unieść pokrywę*. W ten sposób musiał na chwilę wypuścić ramię księcia z ręki. Chłopiec skorzystał z okazji, schylił się, nie tracąc czasu wpełznął między nogi stojących najbliżej i znikł w tłumie.

W następnej chwili odszukanie go w rozkołysanej ciżbie ludzkiej byłoby trudniejsze, niżeli wydobycie grosika rzuconego w fale Atlantyku.

Książę zrozumiał to w lot, zajął się więc zaraz własnymi sprawami, nie troszcząc się więcej o Jana Canty.

Zrozumiał także coś więcej jeszcze.

Mianowicie, że jakiś fałszywy książę Walii przewodniczył zamiast niego na bankiecie miejskim.

Wywnioskował z tego, że żebrak Tomek Canty skorzystał podstępnie z nadarzającej mu się okazji i stał się uzurpatorskim następcą jego stanowiska.

Pozostawało więc księciu jedno tylko wyjście – musiał się przepytać o drogę do Guildhallu[1], dać się tam poznać i zdemaskować nikczemnego oszusta.

Zadecydował w duchu, że pozostawi Tomkowi czas na przygotowanie się do oczekującej go śmierci, ale potem będzie musiał być powieszony, szarpany cęgami i ćwiartowany, jak tego w owym czasie wymagały prawa karzące w ten sposób zdradę stanu!

Rozdział XI

W ratuszu

Barka królewska ślizgała się majestatycznie po Tamizie, na czele lśniącej flotylli[2] równie wspaniałych statków, mijając mnóstwo oświetlonych łodzi.

Ze wszystkich stron brzmiała muzyka.

Wzdłuż wybrzeża płonęły ognie weselne, nad odległym miastem widniała również jasna łuna, bijąca od niezliczonych, niewidzialnych stąd ognisk.

Wysoko ponad miastem wznosiły się w powietrzu smukłe wieżyce gotyckie, ozdobione jasnymi lampionami; wyglądały one z daleka jak wysadzane klejnotami lance.

Nieustanne okrzyki, błyskawice i grzmoty wystrzałów witały z brzegów posuwającą się naprzód flotyllę.

Tomkowi Canty, wspartemu na jedwabnych poduszkach, wydawało się całe to widowisko i głośne okrzyki niepojętym i bezgranicznie wspaniałym cudem. Na towarzyszących mu dwóch młodych przyjaciółkach, księżniczce Elżbiecie i lady Joannie Gray wszystko to nie wywierało najmniejszego wrażenia.

Dojechawszy do Dowgate, wpłynęła flotylla na przejrzyste wody Walbrooku (którego łożysko zasypano już przeszło dwieście lat temu i zabudowano ulicami), kierując się ku Bucklersbury, mijając domy i przejeżdżając pod mostami jasno oświetlonymi i obsadzonymi gęsto przez ciekawskich; wreszcie przybyła do portu, na którego miejscu znajduje się dzisiaj Barge Yard, w samym środku dawnego Londynu.

Tomek opuścił barkę i wraz ze swą świtą ruszył przez Cheapside, kierując się przez Old Jewry i ulicę Basinghall ku Guildhallowi.

---

[1] Guildhall – siedziba londyńskich cechów rzemieślniczych i korporacji kupieckich, miejsce odbywania się uroczystości państwowych.

[2] Flotylla – większa grupa statków.

Lord mayor i ojcowie miasta, w szkarłatnych strojach galowych i złotych łańcuchach, przyjęli Tomka i towarzyszące mu księżniczki z należnymi oznakami czci, po czym poprowadzili ich do bogato zdobionego baldachimu; heroldowie kroczyli przed nimi, nawołując głośno i niosąc berło oraz miecz miasta. Panowie i panie, stanowiący orszak Tomka i młodych księżniczek, stanęli za ich krzesłami.

Przy niżej stojących stołach zasiedli dostojnicy dworu i inni goście wysokiego rodu, jak również magnaci miejscy; goście mieszczańscy zasiadali przy mniejszych stołach, zajmujących pokaźną część wielkiej sali.

Posągi olbrzymów Goga i Magoga[1], odwiecznych strażników miasta, spoglądały ze swych piedestałów na to widowisko, znane im dobrze od niepamiętnych już czasów.

Rozległy się sygnały trąb, potem donośne oznajmienie i na znajdującym się wysoko przy lewym murze sali rusztowaniu zjawił się tęgi ochmistrz w otoczeniu swoich sług, niosąc uroczyście iście królewski dymiący kawał pieczonej wołowiny.

Gdy odmówiono modlitwę, Tomek (odpowiednio pouczony) powstał – wraz z nim powstali wszyscy – i przepił do księżniczki Elżbiety z olbrzymiej złotej czary miłości; księżniczka Elżbieta podała czarę lady Joannie, ta zaś z kolei następnym gościom.

W ten sposób rozpoczął się bankiet.

O północy zabawa osiągnęła szczyt, a oczom widza przedstawiał się jeden z owych wspaniałych, barwnych widoków, tak ulubionych w owych czasach.

Stary dziejopis, który był świadkiem tego widowiska, tak je opisuje:

„Na środku sali zrobiono miejsce i ukazał się jakiś baron w towarzystwie hrabiego; obaj przebrani byli na turecki sposób w długie szaty z jedwabnego brokatu przetykanego złotem; na głowach mieli czapeczki z karmazynowego aksamitu ozdobione grubymi sznurami złotymi; u boku miał każdy z nich na wielkich złotych łańcuchach po dwie krzywe szable, zwane scimitarami. Potem zjawił się drugi baron z drugim hrabią w długich szatach z żółtego atłasu z poprzecznymi pasami z atłasu białego, zaś przez każdy pas biały biegł jeszcze pas z karmazynowego atłasu na modłę rosyjską; do tego mieli na głowach czapki z szarego futra. Każdy z nich niósł w ręku topór, buty zaś mieli z długimi, zakrzywionymi ku górze czubami. Po nich wszedł jeszcze jeden rycerz, potem lord admirał naczelny i pięciu szlachciców w kaftanach z karmazynowego aksamitu, wyciętych głęboko z przodu i z tyłu przy szyi

---

[1] Gog i Magog – według legendy brytyjskiej potomstwo rodu córek cesarza Dioklecjana; olbrzymy, które miały służyć w pałacu królewskim.

i spiętych na piersi srebrnymi łańcuchami. Na tym mieli krótkie płaszcze z karmazynowego atłasu, zaś na głowach kapelusze na modłę tancerzy ozdobione piórami bażantów. Ci szlachcice ubrani byli zwyczajem pruskim. Około stu ludzi ubranych na sposób mauretański w czerwony i zielony atłas, z twarzami czarnymi, niosło pochodnie. Rozpoczęła się mommarye, czyli maskarada. Potem nastąpił taniec przebranych minstreli, zaś panie i panowie tańczyli również z tak dzikim zapałem, że aż miło było patrzeć na to".

Podczas gdy Tomek przyglądał się ze swego wzniesienia temu „dzikiemu" tańcowi, zachwycony błyskotliwą grą barw, migoczących jak w kalejdoskopie, pochłonięty widokiem wirujących poniżej niego na sali postaci – przed ratuszem okryty łachmanami, ale prawdziwy książę Walii oznajmiał głośno, jaka mu się stała krzywda i jaki mu tytuł z prawa przynależy. Dobitnymi słowami piętnował oszusta i domagał się wpuszczenia do Guildhallu.

Otaczający go tłum, ubawiony bardzo tym wydarzeniem, cisnął się dokoła niego, wyciągając szyje, aby ujrzeć małego podżegacza. Potem począł go przedrzeźniać, szydzić z niego, aby podniecić go do coraz większej wściekłości i znaleźć w ten sposób okazję do nowej wesołości.

Na tę obelgę łzy napłynęły do oczu księcia: nie poddawał się jednak, lecz zachował wobec motłochu książęcą postawę. Kiedy rozległy się ponowne drwiny i zjadliwe słówka, książę zawołał:

– Powiadam wam jeszcze raz, wy psy nieokrzesane, że jestem księciem Walii! A choć jestem opuszczony i samotny, choć nikt nie wspomoże mnie w niedoli życzliwym słowem ani czynem, nie ustąpię jednak ze swego miejsca i będę walczył nadal o swoje stanowisko!

– Czy jesteś księciem, czy nie – to mi obojętne, ale że jesteś dzielnym chłopcem – to pewne, nie zabraknie ci więc przyjaciela! Oto staję u twego boku, aby tego dowieść, a wierz mi, że niełatwo znajdziesz wierniejszego przyjaciela niż Miles Hendon. Zamknij swe małe biedne usteczka, chłopcze, już ja pogadam z tą hołotą w jej własnym języku, który znam bardzo dobrze.

Zachowanie, postawa i strój mówiącego przypominały błędnego rycerza średniowiecznego. Był wysoki, chudy, muskularny. Kaftan jego i spodnie sporządzone z dobrego materiału były jednak spłowiałe i wytarte, złote wyszycia na kaftanie utraciły blask i sczerniały, zaś pióro na jego kapeluszu było zgniecione, wyłysiałe od wiatru i deszczu. U boku wisiał mu długi rapier[1] w zardzewiałej pochwie żelaznej; śmiała i wyzywająca postawa zdradzała człowieka nawykłego do życia wojennego i obozowego.

---

[1] Rapier – broń sieczna o długiej i wąskiej głowni.

Słowa dzielnego wojaka powitano głośnym, szyderczym śmiechem. Niektórzy wołali:

– Jeszcze jeden przebrany książę!

– Pilnuj swego języka, braciszku, widzisz jaki on niebezpieczny!

– Dalibóg, wygląda mi na to – patrzcie na jego zawadiackie spojrzenia!

– Zabierzcie mu chłopaka – wrzucić to szczenię do wody!

Jakaś ręka, posłuszna temu wezwaniu, sięgnęła już po księcia, ale równie szybko szpada nieznajomego opuściła pochwę, a napastnik padł złorzecząc na ziemię, uderzony płazem.

W następnej chwili rozległy się okrzyki:

– Zabić go, zabić tego psa!

Tłum otoczył wojaka, który schronił się pod mur i jak szalony wymachiwał dokoła bronią. Ranni padali na prawo i lewo, ale falujący tłum ludzki, nie zważając na to, parł naprzód, depcząc po tych, co padli, i z nieposkromioną wściekłością napierał na szermierza.

Chwile jego zdawały się policzone, a porażka nieunikniona, gdy nagle rozległy się dźwięki trąb i donośny głos zawołał:

– Miejsce dla gońca królewskiego!

Oddział jeźdźców wjechał teraz gwałtownym pędem w tłum, który rozstąpił się jak mógł najszybciej, uciekając na wszystkie strony. Nieznajomy obrońca pochwycił księcia na ręce i uniósł go z tłumu i z obrębu niebezpieczeństwa.

Powróćmy teraz do ratusza.

Gwar zabawy i radosne okrzyki zagłuszone zostały nagle doniosłym sygnałem trąb. Natychmiast zapadła głęboka cisza, uroczyste milczenie; potem rozległ się jedyny głos, głos herolda z zamku, i ogłosił wieść, której obecni wysłuchali, stojąc. Ostatnie z wymówionych uroczyście słów były:

– Król umarł!

Wszyscy członkowie licznego zebrania mimo woli pochylili nisko głowy na piersi i przez kilka minut trwali w głębokim milczeniu; potem obecni padli na kolana, wznieśli ręce ku Tomkowi i tak potężny okrzyk przemknął przez salę, iż zdało się, że mury zapadną się pod nim:

– Niech żyje król!

Wzrok biednego Tomka skierowany był na to smutne widowisko, zatrzymał się posępnie na klęczących obok niego księżniczkach, potem na hrabim Hertfordzie.

Nagle zbudziła się w nim podniecająca myśl i z oczyma błyszczącymi Tomek zapytał lorda Hertforda:

– Proszę mi odpowiedzieć szczerze, zgodnie z honorem i sumieniem. Gdybym wydał teraz rozkaz, który król tylko miał prawo i moc wydawać, czy wola moja byłaby wykonana i nikt nie przeciwstawiłby się jej?

– Nikt, o panie mój, nie poważyłby się oprzeć twojej woli. Twoja osoba reprezentuje najwyższą władzę Anglii. Jesteś królem – słowo twoje jest prawem.

Wówczas Tomek przemówił głosem mocnym i stanowczym, z niezwykłym u niego ożywieniem:

– W takim razie niechaj od dzisiejszego dnia prawo królewskie będzie prawem miłosierdzia, a nie prawem krwi! Powstańcie z kolan i pośpieszajcie wykonać moją wolę! Śpieszcie do Tower i powiedzcie, iż jest wolą króla, aby książę Norfolk nie umarł!*

Słowa jego podchwycono skwapliwie, podając je z ust do ust poprzez całą salę, a gdy Hertford wybiegł, aby spełnić rozkaz królewski, rozległ się drugi oszałamiający okrzyk:

– Skończyło się panowanie krwi! Niech żyje Edward, król angielski!

Rozdział XII

Książę i jego zbawca

Gdy tylko Miles Hendon i mały książę wydostali się z tłumu, skierowali się szybko przez tylne uliczki i wąskie zaułki ku rzece. Nie natrafiali teraz na żadne przeszkody i rychło stanęli na moście Londyńskim; wmieszali się w tłum, a Hendon silnie trzymał księcia – nie, teraz już króla – za ramię.

Wstrząsająca wieść rozniosła się już po mieście i chłopiec dowiedział się ze stu ust na raz:

– Król umarł!

Na tę wiadomość serce biednego, małego, bezdomnego chłopca skurczyło się boleśnie, a całe jego ciało zadrżało. Rozumiał doskonale rozmiar poniesionej straty i pełen był gorzkiego bólu, gdyż okrutny tyran, przed którym drżeli wszyscy, jego traktował zawsze z niezwykłą czułością.

Łzy nabiegły chłopcu do oczu, przesłaniając wszystko przed jego wzrokiem.

Czuł się teraz najnędzniejszą, najbardziej opuszczoną, najbezradniejszą istotą na świecie.

Nagle niby donośny grzmot zabrzmiał w powietrzu inny okrzyk:

– Niech żyje król Edward Szósty!

Wówczas oczy jego rozbłysły znowu, a serce zabiło dumą.

– „Ach – pomyślał – jak wspaniale i dziwnie brzmią te słowa – JESTEM KRÓLEM!”

Młody król i Miles Hendon przepychali się powoli przez zebrany na moście Londyńskim tłum.

Budowla ta, która liczyła już wówczas sześć stuleci, a zawsze była niezmiernie gwarnym i ludnym przejazdem, przedstawiała osobliwy widok. Po obu stronach mostu od jednego brzegu do drugiego stały gęsto tuż przy sobie kramy za kramami, sklepy za sklepami, zaś ponad nimi znajdowały się mieszkania. Most był niejako oddzielnym miastem. Posiadał własny zajazd, własne karczmy, piekarnie, sklepy galanteryjne, własny rynek, rzemieślników, a nawet własny kościół. Spoglądał on nawet poniekąd wyniośle na dwa miasta sąsiednie, które łączył – Londyn i Southwark – jak gdyby to były małe, nędzne zbiorowiska ludzkie. Most był rodzajem samodzielnej korporacji, miasteczkiem, składającym się co prawda z jednej tylko, wąskiej, choć bardzo długiej ulicy. Ludność jego nie o wiele była liczniejsza niż ludność przeciętnej wsi, każdy znał dobrze sąsiada, znał jego ojca i matkę, znał wszystkie sprawy rodzinne.

Miał most oczywiście i swoją arystokrację, stare piekarskie, rzeźnickie i inne rzemieślnicze rodziny, mieszkające od pięciuset czy sześciuset lat na tym samym miejscu i znające historię mostu od początku do końca, znające wszystkie owe osobliwe podania, jakie łączono z tym miejscem; mówili oni dialektem mostu; myśleli sposobem myślenia mostu; kłamali nawet na modłę mostu – rozwlekle, zuchwale, wyczerpująco. Stanowili zaskorupiałe, nieuświadomione, zadowolone z siebie społeczeństwo.

W domach na moście Londyńskim rodzili się, jako dzieci wychowywali się tam, dochodzili do sędziwego wieku, umierali, nie postawiwszy stopy w innej części miasta. Ludzie tacy wyobrażali sobie oczywiście, że strumień ludzki płynący przez most dzień i noc ze zmieszaną wrzawą głosów, wyciem i bekiem bydła, z głośnymi uderzeniami podków końskich, jest najważniejszą rzeczą na świecie, oni zaś są niejako posiadaczami tej cudownej rzeczy. I byli nimi poniekąd, gdyż mogli oglądać to nieustanne zjawisko ze swoich okien, a nieraz odnajmowali te okna za pieniądze lub dobre słowo, gdy przejazd powracającego z wojny króla lub bohatera ściągał na most większe niż zwykle tłumy.

Gdyż istotnie nie było w mieście miejsca, z którego by można oglądać wspaniały i długi pochód w całej jego okazałości lepiej niżeli z mostu Londyńskiego.

Życie w innych okolicach wydawało się mieszkańcom mostu bezgranicznie nudne i monotonne. Opowiadają o pewnym człowieku, który w siedemdziesiątym pierwszym roku życia przesiedlił się z mostu na ląd, ale nie zaznał tam spokoju, nie umiał zasnąć, cisza dręczyła go i napawała trwogą. Gdy już nie mógł dłużej wytrzymać, uciekł z powrotem do swego dawnego mieszkania. Wychudły i wynędzniały jak mara, zaznał dopiero tutaj dawnego spokojnego snu, dawnych miłych marzeń sennych, nawiedzających go nocą, gdy fale uderzały z siłą o most, a wozy przejeżdżały po nim z hukiem i wrzawą.

W owym okresie, o którym mówimy, most Londyński stanowił niejako „poglądową lekcję" historii Anglii dla zamieszkujących go dzieci – udzielały jej mianowicie białe, rozkładające się głowy słynnych ludzi tkwiące na żelaznych pikach przymocowanych do wrót.

Ale odbiegliśmy od tematu.

Hendon mieszkał w małym zajeździe na moście. Gdy zbliżał się właśnie z księciem do wrót, jakiś brutalny głos zawołał na chłopca:

– Aha, jesteś nareszcie! Teraz już mi się nie wymkniesz, zapewniam cię; pogruchoczę ci kości na miazgę, żebyś się nauczył posłuszeństwa i nie dawał mi znowu czekać na ciebie...

I Jan Canty wyciągnął rękę, aby pochwycić chłopca.

Ale Miles Hendon stanął między nimi i zawołał:

– Powoli, przyjacielu! Zdaje mi się, że niepotrzebnie okazujesz swoją brutalność. Co cię obchodzi ten chłopiec?

– Jeżeli twoją sprawą jest wtrącać się w cudze interesy, to mogę ci powiedzieć, że to mój syn!

– To kłamstwo! – wybuchnął mały król.

– Zuchwała odpowiedź, ale ja ci wierzę bez względu na to, czy twoja główka jest w porządku, czy nie. Gdyby jednak ten łajdak był nawet twoim ojcem, nie dopuszczę, aby cię dostał w swoją moc i mógł cię łajać i bić tak, jak ci groził – o ile oczywiście wolisz pozostać ze mną.

– Wolę, wolę – ja go nie znam, brzydzę się nim i wolałbym umrzeć, niżeli pójść z nim.

– W takim razie sprawa załatwiona, nie potrzebujesz mówić ani słowa więcej.

– Zobaczymy, czy załatwiona! – zawołał Jan Canty, starając się wyminąć Hendona, aby zawładnąć chłopcem – ja go zmuszę siłą...

– Tylko go tknij, łajdaku, a nadzieję cię jak gęś na rożen! – rzekł Hendon, zastępując mu drogę i kładąc dłoń na rękojeści.

Canty cofnął się.

– Uważaj – ciągnął Hendon – wziąłem tego chłopca pod swoją opiekę, gdy zgraja takich nikczemników jak ty chciała go skrzywdzić i byłaby go może uśmierciła; zdaje ci się może, że wydam go teraz na gorszy jeszcze los? Bo czy jesteś jego ojcem, czy nie – a szczerze mówiąc, uważam twoje słowa za kłamstwo – tak czy owak rychła i uczciwa śmierć byłaby dla tego malca lepsza niż życie z takim drabem jak ty. Więc wynoś się stąd, a żywo: nie lubię ja szermierki słowami, a nie jestem też z natury zbyt cierpliwy.

Jan Canty oddalił się, klnąc i złorzecząc, i po chwili znikł w tłumie.

Hendon wszedł teraz z przyjętym pod opiekę chłopcem na trzecie piętro do swojej izdebki, wydawszy najpierw polecenie, aby mu przyniesiono coś do jedzenia.

Pokoik był ubogi, umeblowanie jego stanowiło proste łóżko i kilka innych zniszczonych sprzętów, za całe oświetlenie służyła para niewielkich świeczek.

Mały król, wyczerpany zupełnie głodem i znużeniem, dowlókł się z trudnością do łóżka i padł na nie. Przez poważną część ubiegłej doby był na nogach, gdyż było już między drugą a trzecią nad ranem; przez cały ten czas nie jadł też nic.

Zasypiając, mruknął jeszcze na wpół przytomnie:

– Obudź mnie, gdy podadzą do stołu...

I zapadł natychmiast w głęboki sen.

Hendon mrugnął wesoło oczyma.

– Dalibóg, ten mały włóczęga z taką swobodą bierze moją kwaterę w posiadanie i przywłaszcza sobie moje łóżko, jakby mu się to z prawa należało; bez przeproszenia czy zapytania o pozwolenie, czy choćby jednego słówka usprawiedliwienia. Wygłaszając przedtem swoje obłędne przemówienie, nazwał się księciem Walii, a teraz dzielnie gra swoją rolę. Biedne maleństwo, na pewno brutalne traktowanie odebrało mu rozum! Ale wytrwam przy nim jako przyjaciel; uratowałem go, a serce siłą ciągnie mnie ku niemu, jestem więc przyjacielsko usposobiony do niego. Z jaką zuchowatością stał naprzeciw motłochu, nie dając się zbić z tropu drwinami! A jaką on ma regularną, delikatną i szlachetną twarzyczkę, zwłaszcza teraz, gdy sen spędził z niej troskę i zgryzotę! Będę go uczył, spróbuję uleczyć go z tego obłędu; tak, będę nad nim czuwał i strzegł go jak starszy brat strzeże młodszego, a kto by go tknął, kto by mu wyrządził najmniejszą krzywdę, może sobie zawczasu zamówić trumnę; bo choćby mnie za to czekał stos – nie ujdzie żywy, kto jemu coś złego uczyni!

Pochylił się nad chłopcem, obserwując go z żywym i współczującym zainteresowaniem; potem poklepał lekko policzek malca i wielką, opaloną dłonią odgarnął mu włosy z czoła. Lekkie drżenie przebiegło ciało chłopca.

Hendon mruknął do siebie:

– A to znowu prawdziwie męska nierozwaga, pozwolić mu tak leżeć bez nakrycia! Mógłby się na śmierć przeziębić. Ale co tu robić? Jeżeli go podniosę, żeby go wsunąć pod kołdrę, obudzi się, a sen jest mu bardzo potrzebny.

Rozejrzał się za jakimś innym przykryciem, a że nic nie znalazł, zdjął kaftan, otulił nim chłopca i rzekł z uśmiechem:

– Ja jestem przyzwyczajony do chłodu i lekkiego ubrania, wszystko mi jedno, czy mi zimno, czy ciepło.

Potem począł przechadzać się po izdebce, aby się nieco ruchem rozgrzać i ciągnął dalej swój monolog:

– Obłąkany duch podsuwa mu wyobrażenie, jakoby był księciem Walii; dziwna to rzecz, że mamy teraz jeszcze księcia Walii, podczas gdy ten, kto nim był dotychczas, już jest królem! Nie ulega wątpliwości, że w obłędzie swym będzie nadal utrzymywał, iż jest księciem Walii zamiast wywnioskować, że czas już zrezygnować z tego tytułu, a nazwać się królem... Jeżeli ojciec mój żyje jeszcze po tych siedmiu latach, podczas których błąkałem się po świecie i nic o nim nie słyszałem, przyjmie tego małego zucha życzliwie i z miłości do mnie zapewni mu u siebie schronienie. Starszy mój brat Artur także chętnie się na to zgodzi; mój młodszy brat Hugo – no, ale strzaskałbym mu łeb, gdyby on poważył się do tego wtrącić, ten obłudnik, ten nikczemnik! Tak, jedźmy więc do domu – i to jak najrychlej.

Wszedł służący z dymiącą strawą, ustawił półmiski na małym stoliku sosnowym, przysunął do niego dwa krzesła i wyszedł, gdyż tak skromni goście musieli sobie sami usługiwać. Głośne trzaśnięcie drzwiami za odchodzącym sługą obudziło chłopca, który wyprostował się szybko i wesoło rozejrzał dokoła; ale na twarzy jego ukazał się natychmiast wyraz smutku i młody król rzekł półgłosem z ciężkim westchnieniem:

– Ach, to był tylko sen, o ja nieszczęśliwy!

W tej chwili wzrok jego padł na kaftan Milesa Hendona – zrozumiał, jaką ofiarę poniósł dla niego Hendon, i rzekł łagodnie:

– Jesteś dla mnie dobry, bardzo dobry. Weź to i wdziej – mnie to już niepotrzebne.

Potem wstał, podszedł do umywalni w kącie i stanął przed nią, jakby czekając na coś.

– No, bierzmy się teraz energicznie do jedzenia, wszystko jest smaczne i świeżo przyrządzone, a posiłek i sen rychło przywrócą ci znowu siły, możesz być tego pewien.

Chłopiec nie odpowiedział, lecz spojrzał na wojaka wielkimi, zdumionymi oczyma, z lekkim wyrazem zniecierpliwienia. Hendon zapytał stropiony:

– Na co czekasz?

– Dobry panie, chciałbym się umyć.

– O, jeżeli o to tylko idzie! Nie potrzebujesz prosić Milesa Hendona o pozwolenie, jeżeli sobie czego życzysz. Czuj się zupełnie jak u siebie w domu, wszystko jest do twego rozporządzenia.

Ale chłopiec stał jeszcze ciągle bez ruchu; tupnął nawet kilka razy niecierpliwie nogą w podłogę. Hendon nie wiedział, co to ma znaczyć i zapytał zdumiony:

– Na Boga, czego ty jeszcze chcesz?

– Proszę cię, nalej mi wody i nie mów tak dużo.

Z trudnością pohamował Hendon wybuch śmiechu i pomyślał:

– „Na wszystkich świętych, to cudowne!"

Zerwał się jednak szybko i spełnił zuchwałe żądanie chłopca; stał jeszcze przy nim w zamyśleniu, gdy drugi rozkaz wyrwał go nagle z zadumy:

– A teraz ręcznik!

Wziął ręcznik, który wisiał tuż koło chłopca i podał mu go bez sprzeciwu. Potem sam umył sobie twarz, a gdy jeszcze był tym zajęty, chłopiec zasiadł już do stołu i począł jeść. Hendon pośpieszył się więc z myciem, przysunął sobie drugie krzesło i chciał właśnie usiąść, gdy chłopiec zawołał z najwyższym oburzeniem:

– Stój! Czy chcesz usiąść w obecności króla!

Okrzyk ten zupełnie stropił Hendona.

– Szaleństwo opętało go znowu – mruknął do siebie. – Wraz z wielką zmianą, jaka dokonała się w państwie, przybrał i on inną postać i wyobraża sobie teraz, że jest królem! Niech i tak będzie, nie mogę mu się sprzeciwiać – nie mam innego wyjścia – w przeciwnym razie gotów by mnie jeszcze wpakować do Tower!

Śmiejąc się w duchu z tej myśli, odsunął krzesło od stołu, stanął za krzesłem króla i począł mu usługiwać, o ile znał z obserwacji zwyczaje dworskie.

W miarę jedzenia surowość króla miękła nieco, a wraz z miłym uczuciem sytości poczuł chęć do pogawędki.

– Jeśli sobie dobrze przypominam – zaczął – nazwałeś się Milesem Hendonem?

– Tak jest, najjaśniejszy panie – odparł Miles. W duchu zaś pomyślał:

– „Jeżeli musiałem się zdecydować na potakiwanie temu biednemu chłopcu, w takim razie muszę też tytułować go najjaśniejszym panem i jego królewską mością, nie mogę stawać w pół drogi, muszę grać rolę swoją do końca, w przeciwnym razie zepsułbym całą grę i udaremnił dobry zamiar, jaki sobie przy tym postawiłem".

Król wypił drugą czarkę wina dla wzmocnienia się i rzekł:

– Pragnąłbym poznać cię bliżej. Opowiedz mi dzieje swego życia. Widzę, iż posiadasz męski, szlachetny charakter – czy pochodzisz ze szlacheckiego rodu?

– Należymy do szlachty, wasza królewska mość. Ojciec mój jest baronetem – właścicielem niewielkich dóbr lennych[1] – nazywa się sir Ryszard Hendon z Hendon Hall, w pobliżu Monk Holm w hrabstwie Kent.

---

[1] Hendon ma na myśli klasę baronetów, barones minores, w przeciwieństwie do mianowanych przez parlament baronów – nie zaś ustanowiony później stopień szlachecki (przyp. autora).

– Nie przypominam sobie tego nazwiska, ale proszę, opowiadaj mi dalej swoje dzieje.

– Nie są one zbyt interesujące, wasza królewska mość, może jednak zajmą was w ciągu pół godzinki, w braku lepszego tematu. Ojciec mój, sir Ryszard, jest człowiekiem bardzo bogatym i wspaniałomyślnym. Matkę straciłem wcześniej, gdy byłem jeszcze małym chłopcem. Mam dwóch braci: starszy, Artur, odziedziczył szlachetny charakter ojca; natomiast młodszy, Hugo, zawsze odznaczał się złośliwym usposobieniem i podstępnością węża. Takim był jako małe dziecko, takim był przed dziesięciu laty, gdy go widziałem po raz ostatni: nieposkromionym łotrem, mimo swych lat już dziewiętnastu. Ja miałem wówczas dwadzieścia lat, brat mój Artur dwadzieścia jeden. Poza tym nie było w domu naszym nikogo, prócz kuzynki, lady Edyty, która liczyła wówczas szesnaście wiosen i odznaczała się urodą, łagodnością i dobrocią; była ona córką hrabiego, ostatnią z rodu, a wraz z nią wygasał słynny z dawna tytuł; była zarazem dziedziczką wielkiego mienia. Ojciec mój był jej opiekunem. Kochałem ją, a ona mnie, ale w kołysce już przeznaczono ją na żonę dla mego brata Artura, zaś ojciec nigdy by nie dopuścił, aby umowa ta została zerwana. Ale Artur kochał inną dziewczynę i dodawał nam odwagi, kazał nam nie tracić nadziei, że cierpliwość i pomyślny los pozwolą nam kiedyś osiągnąć cel naszych pragnień. Hugo marzył o majątku Edyty, aczkolwiek twierdził, że kocha ją samą. Leżało jednak w naturze jego charakteru kłamać zawsze i we wszystkim. Wszelkie jednak podstępy jego były daremne, nic nie mogło złudzić dziewczęcia; tylko ojca mego potrafił podejść, poza tym każdy mógł go przejrzeć z łatwością. Ale ojciec kochał go najbardziej z nas trzech, wierzył mu i ufał we wszystkim, gdyż Hugo był najmłodszy i nikt go nie lubił. Jest to zazwyczaj dla ojca wystarczającym powodem, aby otoczyć dziecko szczególną miłością. Miał przy tym Hugo język obrotny i pochlebczy, był mistrzem w kłamstwie, toteż udało mu się z łatwością podejść ślepą miłość ojcowską. Ja byłem zapaleńcem, muszę to przyznać, i zachowywałem się jak szalony. Była to jednak wada sama przez się niewinna, która nie przynosiła nikomu szkody, krzywdy lub straty, chyba mnie samemu, która nie była też brutalna czy występna, ani nie narażała w niczym na szwank mego szlacheckiego urodzenia.

Ale brat mój Hugo, umiał wykorzystać moje zuchwałe figle dla swoich celów, a że widział, iż zdrowie Artura było niezbyt pewne, przyszło mu na myśl, że dobrze byłoby pozbyć się mnie na wypadek, gdyby pierworodny brat miał umrzeć... i... ale wybacz, panie, nie warto opowiadać ci tej całej historii. Krótko mówiąc, brat przedstawił wykroczenia moje w tak przesadnym świetle, że wydały się one występkami, zaś zdradzieckie swe dzieło ukoronował tym, iż odszukał w moim pokoju jedwabną drabinkę sznurową – którą tam

własnoręcznie podłożył – i przy pomocy tego dowodu, jak również świadectwa przekupionych sług i innych nikczemnych kłamców, zdołał przekonać ojca, że zamierzałem porwać lady Edytę i poślubić ją wbrew woli ojcowskiej.

Ojciec zadecydował, abym za karę został wygnany na trzy lata z domu rodzinnego i z Anglii. Uważa, że to dostateczny okres, abym się stał mężczyzną i dobrym żołnierzem, a także, abym się opamiętał. Przeżyłem ten okres próby w wojnach na kontynencie, a dostatecznie zakosztowałem przy tym ciężkich ciosów, niedostatku i zmiennego losu. Ale w ostatniej bitwie dostałem się do niewoli, zaś siedem lat, które minęły od owej chwili, spędziłem w lochu nieprzyjacielskim. Dzięki podstępowi i odwadze udało mi się wreszcie wydostać z niewoli, uciekłem więc natychmiast do kraju, dokąd przybyłem niedawno, bez pieniędzy i bez rzeczy, a co gorsza jeszcze, bez świadomości tego, co się podczas tych długich siedmiu lat działo w Hendon Hall i jak się wiedzie jego mieszkańcom. Oto moja historia, której wasza królewska mość raczyła łaskawie wysłuchać.

– Okrutnie z tobą postąpiono! – zawołał mały król z oczyma pałającymi. – Ale ja ci dopomogę w odzyskaniu należnych ci praw – na krzyż zbawiciela, dopomogę ci! Król przyrzekł ci to.

Chłopiec wzruszony opowiadaniem Milesa Hendona popadł teraz w ożywienie i opowiedział zdumionemu słuchaczowi swoje własne fatalne przygody.

Kiedy skończył, Miles pomyślał:

– „Jakąż siłę wyobraźni posiada ten chłopiec! Zaprawdę, niezwykły to umysł, gdyby nie to, nie potrafiłby – chory czy zdrów – wymyślić tak zdumiewającej historii jak bajka, którą mi przed chwilą opowiedział. Biedny, mały głuptasek! Nie zabraknie mu przyjaciela i schronienia, póki ja żyję. Nie opuszczę go nigdy, uczynię go swoim wychowankiem, swoim małym towarzyszem. I uleczę go – tak, musi być wesoły i zdrów, a wówczas stanie się sławnym człowiekiem, z którego będę mógł się czuć dumny. I powiem ludziom: patrzcie na mego wychowanka, którego przygarnąłem jako małego, obdartego ulicznika, ale widziałem, co w nim tkwi, wiedziałem, że stanie się on sławny; patrzcież, czy nie miałem wtedy racji?"

Król przerwał jego rozmyślania, mówiąc głosem uroczystym:

– Uratowałeś mnie przed hańbą i obelgami, może nawet przed śmiercią, wyświadczając w ten sposób niezmierną przysługę koronie. Taki czyn zasługuje na nagrodę. Proś o jaką chcesz łaskę, a jeśli będzie w mojej mocy królewskiej spełnić twoje życzenie, zostanie ono spełnione.

Ta niezwykła przemowa zbudziła Hendona z zamyślenia.

W pierwszej chwili zamierzał podziękować królowi i zakończyć sprawę, oświadczając, iż spełnił tylko swój obowiązek i nie wymaga nagrody, gdy nagle przyszła mu do głowy sprytna myśl, i poprosił o pozwolenie zastanowienia się chwilę nad wspaniałomyślną propozycją monarchy.

Król zgodził się na to z powagą i dodał, że w sprawie tak wielkiej wagi najlepiej nie śpieszyć się zbytnio z odpowiedzią. Miles zastanawiał się przez dłuższą chwilę, mówiąc do siebie w duchu:

– „Tak, w ten sposób muszę postąpić – inaczej tego nie osiągnę – a doświadczenie ostatniej godziny pouczyło mnie, jak niewygodne byłoby dla mnie, gdyby stan obecny trwał nadal. Tego zażądam! Jak to dobrze, że nie ominąłem tej sposobności".

Potem przyklęknął na jedno kolano i rzekł:

– Moja drobna przysługa była tylko spełnieniem obowiązku poddanego, nie zasługuje więc na nagrodę, jeśli jednak wasza królewska mość uważa mój czyn za godny nagrodzenia, pozwalam sobie wypowiedzieć najuniżeniej swoją prośbę. Jak ci wiadomo, najjaśniejszy panie, przed czterystu prawie laty powstał spór pomiędzy królem angielskim Janem a królem Francji. Postanowiono wówczas, że dwaj szermierze wstąpią w szranki, a walka ich jako sąd boży, jak to wówczas nazywano, rozstrzygnie spór. Zebrali się więc owi dwaj królowie, jak również król hiszpański, aby przyglądać się walce i zadecydować, kto zwyciężył. Rycerz francuski pierwszy wystąpił na boisko. Ale widok jego był tak przerażający, że żaden z naszych rycerzy angielskich nie poważył się zmierzyć z nim. Zdawało się więc, że ważny ten spór rozstrzygnięty zostanie na niekorzyść króla Anglii.

Otóż znajdował się w tym czasie w więzieniu Tower lord de Courcy, najdzielniejszy szermierz Anglii, pozbawiony wszelkich zaszczytów i posiadłości, wyczerpany długim więzieniem. Zwrócono się więc do niego. Rycerz ów zgodził się wystąpić do walki i przybył uzbrojony na plac boju. Zaledwie jednak Francuz ujrzał jego olbrzymią postać i usłyszał słynne jego imię, uciekł z placu, a tym samym król francuski przegrał sprawę.

Król Jan przywrócił panu de Courcy jego tytuły i skonfiskowane mienie i rzekł:

– „O cokolwiek poprosisz mnie w nagrodę za swój czyn, dam ci, choćbyś żądał połowy mego królestwa!"

Wówczas de Courcy przyklęknął, jak ja to teraz czynię i rzekł pokornie:

– „Więc spełnij, królu, tę prośbę moją: abyśmy ja i moi potomkowie mieli przywilej nakrywania głowy w obecności królów angielskich, póki istnieć będzie tron w Anglii".

Jak waszej królewskiej mości wiadomo, łaska ta została lordowi de Courcy przyznana, że zaś przez cały ciąg tych czterystu lat w rodzie tym nie zabrakło potomka męskiego, przeto i dziś jeszcze najstarszy w tej rodzinie ma prawo nosić kapelusz lub hełm w obecności waszej królewskiej mości, a nikt nie może mu tego zabronić, ani nawet oburzyć się na ten postępek, na jaki nie poważyłby się żaden z poddanych królewskich[1].

Przytoczyłem ten wypadek na poparcie swojej prośby. Błagam waszą królewską mość o okazanie mi swojej przychylności i łaski – która będzie dla mnie niezasłużoną nagrodą – i zezwolenie mi na jedną tylko rzecz: abyśmy ja i moi potomkowie mieli po wszystkie czasy przywilej siedzenia w obecności króla Anglii!

– Powstań, sir Milesie Hendon, pasuję cię na rycerza – rzekł król uroczyście, uderzając klęczącego Hendona po ramieniu jego własną szpadą – powstań i siadaj. Prośba twoja została spełniona. Póki istnieć będzie Anglia i trwać tron angielski, przywilej ten nie zostanie odjęty tobie ani twoim potomkom.

Król począł się przechadzać w zamyśleniu po izdebce, zaś Hendon siadł przy stole i pomyślał:

– „Szczęśliwy miałem pomysł, w samą porę mi się nadarzył, gdyż nogi porządnie mnie już bolą. Gdybym nie wpadł na tę myśl, musiałbym stać całymi tygodniami, ażby się mój biedny chłopiec wyleczył ze swojej choroby".

Po chwili dodał w myśli:

– „Więc jestem teraz rycerzem w Królestwie Cieniów i Marzeń! Dość osobliwa pozycja dla takiego materialisty jak ja. Ale nie będę się śmiał z tego – nie, broń Boże, gdyż rzeczy, które są dla mnie urojeniem, dla niego są rzeczywistością. A do pewnego stopnia nie jest to dla mnie kłamstwem, gdyż widzę w tym dowód jego szlachetnego i wdzięcznego serca".

Po ponownej pauzie dodał:

– „Ach, żeby mnie tylko nie tytułował w ten szumny sposób wobec obcych! Wielka by była sprzeczność między tak wytwornym tytułem, a mymi znoszonymi szatami! Ale co tam, niech mnie tytułuje jak chce, wszystko mi jedno".

---

[1] Lordowie Kingsale, potomkowie rodu de Courcy, korzystają dziś jeszcze z tego osobliwego przywileju (przyp. autora).

Rozdział XIII

Zniknięcie księcia

Dwaj towarzysze niedoli uczuli nagle senność. Król rzekł:

– Ściągnij ze mnie te łachmany!

I wskazał na swoje ubranie.

Hendon bez sprzeciwu pomógł mu się rozebrać, położył go do łóżka i otulił kołdrą, potem rozejrzał się pytająco po pokoju i pomyślał:

– „No, i położył się znowu do mojego łóżka, a co ja mam robić?"

Mały król dostrzegł jego pytające spojrzenie i rzekł swobodnie:

– Połóż się przy drzwiach i czuwaj nade mną.

W następnej chwili upragniony sen uwolnił go od wszelkich trosk.

– „Ten kochany smyk urodził się rzeczywiście na króla!" – pomyślał Hendon z podziwem. – „Cudownie gra swoją rolę".

Rozciągnął się z zadowoleniem na podłodze przy drzwiach i rzekł w duchu:

– „Przez te siedem lat bywało mi gorzej; byłbym niewdzięczny wobec Boga, gdybym teraz sarkał".

I zasnął, podczas gdy na dworze zaczynało już świtać.

Koło południa Hendon wstał i zmierzył sznurkiem swego śpiącego wychowanka. Gdy skończył, król obudził się ze skargą, że mu wojak przeszkadza, gdyż Miles uniósł trochę kołdrę – i zapytał, co to ma znaczyć.

– Już nie będę, panie – rzekł Hendon. – Muszę jeszcze załatwić pewien sprawunek, ale zaraz wrócę. Śpij dalej, musisz się dobrze wyspać, potrzeba ci wypoczynku. Pozwól, że cię nakryję i głowę także, tym szybciej się rozgrzejesz.

Zanim Hendon dokończył tego zdania, król zasnął już znowu.

Miles wyszedł bez szelestu, a po trzech kwadransach powrócił równie cicho, niosąc pod pachą kompletne, noszone już, ale dobrze jeszcze zachowane, czyste ubranie, które kupił od tandeciarza i które dostosowane było do pory roku.

Usiadł, raz jeszcze obejrzał swój nabytek i mruknął:

– Za większą sztukę złota mógłbym kupić coś lepszego, ale trzeba się stosować do swoich warunków, a kto ma pustą kieszeń, nie może być wybredny.

W miasteczku naszym żyła niegdyś
Młodziutka pani cudnych lic...

– Zdaje się, że się poruszył... Muszę śpiewać ciszej, żeby się chłopak dobrze wyspał przed długą podróżą, która nas czeka. A taki był biedaczysko zmęczony... Kaftan niczego sobie, kilka ściegów tu i tam, a będzie zupełnie w porządku. Spodnie jeszcze lepsze, ale też je trzeba trochę wyreperować... Buciki za to dobre i mocne, nóżki jego będą w nich miały ciepło i sucho – to dopiero będzie niespodzianka, bo on na pewno przez okrągły rok biegał boso, latem i zimą... Oby jedzenie było tak tanie jak nici, za szeląga dał mi kramarz tyle, że starczy pewnie na rok, a tę grubą igłę dodał mi zupełnie za darmo. Ale diablo trudna sprawa będzie z nawleczeniem!

To była prawda. Gdyż Hendon wykonywał tę czynność, jak wykonywali ją wszyscy mężczyźni i jak prawdopodobnie wykonywać ją będą do końca świata, mianowicie trzymał igłę nieruchomo i starał się wsunąć nitkę w jej ucho, akurat na odwrót niż to czynią kobiety. Nitka chybiała stale celu, to przechodziła na prawo od uszka, to na lewo, albo też rozdwajała się, ale Hendon wytrzymał tę próbę cierpliwości, którą znał doskonale z czasów swojego życia żołnierskiego. Nareszcie udało mu się dokonać trudnego dzieła; przełożył sobie kaftan przez kolano i zabrał się do cerowania.

– Gospodarzowi zapłaciłem już wszystko, co mu się należało – nawet za śniadanie, które zaraz dostaniemy – i pozostało mi jeszcze dość, żeby kupić parę osłów i pożywienia na drogę na trzy dni: potem będziemy mieli w Hendon Hall wszystkiego pod dostatkiem.

Kochała męża swe...

– Do licha! Wsadziłem sobie igłę pod paznokieć... Ale to nic – znam się już na tym – to się zawsze zdarza przy szyciu... Ach, jak dobrze będzie nam w domu, malcze, przyrzekam ci to! A kiedy się skończy twoja nędza, opuści cię i szaleństwo...

Kochała męża swego wiernie,
A inny pan...

– Jakie to piękne, eleganckie ściegi! – rzekł, podziwiając swoją robotę – takie są wielkie i majestatyczne, że na drobne ściegi jakiegoś tam krawca mogą spoglądać z góry niby na plebejuszów...

Kochała męża swego wiernie,
A inny pan miłował ją...

– Tak, teraz gotowe. Niemała robota, a przecież dość szybko ukończona. Ale teraz muszę go obudzić i ubrać, naleję mu wody, podam miskę, a potem udamy się na targ bydlęcy do Southwark i... proszę cię, wstań dostojny panie! – nie odpowiada – wstańże, dostojny panie! – muszę niestety uchybić jego czcigodnej osobie i potrząsnąć go za ramię, jeżeli wołanie go nie budzi. Co to!?

Podniósł kołdrę – chłopca nie było pod nią!

Hendon rozejrzał się dokoła w niemym zdumieniu i teraz dopiero spostrzegł, że nie było też łachmanów chłopca. Wściekły począł biegać tam i sam po pokoju, wołając gospodarza. W tej chwili zjawił się służący z zamówionym śniadaniem.

– Wytłumacz mi to, diable nasienie, a jak nie, to nadeszła twoja ostatnia godzina! – zawołał wojak, wpadając na służącego, który z przerażenia stanął jak wryty. – Gdzie chłopak?

Służący udzielił mu, jąkając się i zacinając, żądanego wyjaśnienia:

– Zaledwie wielmożny pan wyszedł z domu, przybiegł jakiś wyrostek i powiedział, że wielmożny pan życzy sobie, aby ten chłopiec, który śpi na górze, przyszedł zaraz na koniec mostu, od strony Southwarku. Zaprowadziłem go na górę; kiedy wszedł do izby, obudził chłopca i opowiedział mu o poleceniu; mały bardzo się rozgniewał, że go obudzono „tak wcześnie", jak powiedział, ale ubrał się zaraz i poszedł z nieznajomym chłopakiem, uważał tylko, że byłoby bardziej właściwie, gdyby wielmożny pan sam przyszedł po niego, zamiast kogoś przysyłać – a potem...

– A potem jesteś bałwanem! – bałwanem, z którego każdy może zakpić – bałwanem, godnym szubienicy! Ale może się jeszcze nic złego nie stało. Może ten wyrostek nie miał nic złego na myśli. Nakryj tymczasem do stołu. Stój! A jak się to stało, że kołdra ułożona była w ten sposób, jakby chłopiec leżał jeszcze w łóżku – czy to tylko przypadek?

– Nie wiem, wielmożny panie. Widziałem, że posłaniec kręcił się koło łóżka, ale nie wiem nic.

– Do stu tysięcy diabłów! Zrobił to, żeby mnie wprowadzić w błąd – to przecież jasne jak dzień, że im zależało na czasie. Uważaj! Czy ten chłopak, przysłany tutaj, był sam?

– Zupełnie sam, wielmożny panie.

– Jesteś pewien?

– Zupełnie pewien, wielmożny panie.

– Wysil pamięć – przypomnij sobie – nie śpiesz się, człowieku.

Po długim namyśle służący rzekł:

– Kiedy przyszedł, był zupełnie sam, ale przypominam sobie teraz, że kiedy dwaj chłopcy zmieszali się z tłumem na moście, jakiś wysoki drab o podejrzanym wyglądzie wybiegł zza domu i właśnie w chwili, gdy podszedł do nich...

– Co dalej? Gadajże, co dalej! – zawołał Hendon, przerywając mu niecierpliwie.

– Właśnie w tej chwili znikli w tłumie, więc dalej nic nie wiem. Gospodarz zawołał mnie, był na mnie wściekły, bo zapomniałem o pieczeni, którą zamówił pan rejent, a kiedy go chciałem przekonać, że winić za to mnie to tyleż, co oskarżać nowo narodzone dziecię...

– Wynoś mi się sprzed oczu, bałwanie! Gadulstwo twoje doprowadza mnie do obłędu! Stój! Dokąd się tak śpieszysz? Nie możesz ustać chwili na miejscu? Czy poszli w stronę Southwarku?

– Tak jest, wielmożny panie – i jak powiadam, co do pieczeni, jestem niewinny jak nowo narodzone dziecię, a gospodarz...

– Jeszcze gadasz! Będziesz ty cicho? Wynoś mi się, póki cię nie udusiłem!

Służący uciekł szybko. Hendon pobiegł za nim i przegonił go na schodach, gdyż biegł, przeskakując po dwa stopnie na raz.

– To pewnie ten łotr – myślał – który podawał się za jego ojca. Więc straciłem cię, mój biedny, mały, szalony królu, a kochałem cię już tak serdecznie, że boli mnie to bardzo! Nie! Na wszystkie świętości, nie straciłem ciebie! Nie straciłem i przeszukam choćby cały kraj, a muszę cię znaleźć. Biedne dziecko, tam na górze stoi twoje śniadanie – i moje, ale mnie już głód przeszedł – więc niech je szczury zjedzą – prędzej, prędzej! To teraz dla nas najważniejsze!

Przepychając się przez tłum na moście, powtarzał sobie raz po raz, jak gdyby myśl ta była dla niego szczególnie pocieszająca:

– „Sarkał, ale poszedł – poszedł, gdyż myślał, że to Miles Hendon go wzywa. Kochany malec – dla kogo innego nigdy by tego nie zrobił, jestem pewien”.

Rozdział XIV

„Le roi est mort – vive le roi!”[1]

O świcie tegoż dnia Tomek Canty obudził się z niespokojnego snu, otworzył oczy i ujrzał, że dokoła panowała jeszcze ciemność. Leżał przez pewien czas spokojnie, usiłując zebrać pomieszane wrażenia i wspomnienia, aby wyrobić sobie o nich jakiś sąd, potem rzekł półgłosem, uradowany:

– Wiem już wszystko, wiem już wszystko! Dzięki Bogu, obudziłem się nareszcie, nie mam się już czego obawiać! Witaj, radości! Znikajcie, smutki!

---

[1] „Le roi est mort...” (franc.) – „Król umarł – niech żyje król!”. Okrzyk, którym w dawnej Francji, przyjmowano wiadomość o śmierci króla, a tym samym witano jego następcę.

Hej, Aniu, Elżuniu! wyłaźcie ze słomy, muszę wam opowiedzieć najgłupszy sen, jaki duchy nocy kiedykolwiek zesłały na jakieś dziecko!... Hej, Aniu, prędzej! Elżuniu!...

Ciemna postać stanęła przy nim, a uniżony głos rzekł:

– Jestem na twoje rozkazy, panie!

– Rozkazy?... O, biada mi, poznaję ten głos! Mów – kim jestem?

– Ty? Wczoraj jeszcze byłeś księciem Walii, dziś jesteś moim najdostojniejszym panem, Edwardem, królem Anglii.

Tomek ukrył twarz w poduszkach i jęknął:

– Ach, więc to nie był sen! Połóżcie się z powrotem, zacny panie – pozostawcie mnie z mymi zgryzotami.

Zasnął znowu i po chwili miał uszczęśliwiający go sen. Śniło mu się, że jest lato, a on bawi się zupełnie sam na pięknej łące, zwanej Goodman's Fields, gdy nagle staje przed nim maleńki karzełek z długą, czerwoną brodą i garbem.

– Kop w ziemi koło tego pnia – powiada do niego karzełek.

Tomek zaczyna kopać i znajduje dwanaście nowiutkich pensów – co za cudowny skarb! Ale to nie wszystko, gdyż karzełek powiada teraz:

– Znam cię. Jesteś poczciwym chłopcem, chcę coś zrobić dla ciebie. Skończyła się twoja nędza, czekają cię teraz dobre czasy. Co siedem dni kop w tym miejscu, a zawsze znajdziesz taki sam skarb: dwanaście nowiutkich pensów. Ale pamiętaj – zachowaj to w tajemnicy.

Potem karzełek znika, a Tomek biegnie ze swoim skarbem na Offal Court, mówiąc do siebie w duchu:

– Co wieczór będę dawał ojcu jednego pensa; pomyśli, że go użebrałem, będzie zadowolony i nie będzie mnie więcej bił. Jednego pensa dam co tydzień dobremu księdzu, który mnie uczy; pozostałe cztery pensy będą dla matki, Ani i Elżuni. Nie będziemy więc już znosili głodu, nie będziemy chodzili w łachmanach i nie będziemy się musieli lękać bicia.

We śnie zbliża się do nędznego mieszkania rodziców; bez tchu biegnie ku matce, rzuca jej na kolana cztery świecące monety i woła:

– To wszystko dla ciebie! Wszystko, wszyściutko, co do grosza! Dla ciebie i dla Ani, i dla Elżuni – to uczciwie zdobyte pieniądze, niewyżebrane ani ukradzione!

Szczęśliwa i zaskoczona tym matka przyciska go do serca i mówi:

– Późno już – czy wasza królewska mość raczy wstać?

Ach! nie była to odpowiedź, na którą czekał chłopiec. Radosny sen rozwiał się.

Tomek otworzył oczy – bogato odziany lord pierwszy szambelan klęczał obok jego łoża. Wesoły wyraz, jaki sen pozostawił na twarzy Tomka, znikł; biedny chłopiec wiedział, że jest znowu więźniem i królem.

Pokój pełen był dworzan, odzianych w purpurowe płaszcze – kolor żałoby – i dostojników wysokiego rodu, którzy mieli usługiwać swemu panu. Tomek wyprostował się na łóżku i obserwował wytworne towarzystwo przez szparę w ciężkich firankach jedwabnych.

Rozpoczęła się doniosła ceremonia ubierania. W trakcie tego dostojnicy przyklękali jeden po drugim i składali Tomkowi hołd, wyrażając zarazem swoje ubolewanie z powodu olbrzymiej straty, jaką poniósł młody król.

Najpierw wręczono koszulę pełniącemu służbę lordowi wielkiemu koniuszemu, który podał ją lordowi wielkiemu łowczemu, ten wręczył ją drugiemu szambelanowi, ów naczelnemu leśniczemu lasów windsorskich, ten trzeciemu kamerdynerowi, ten kanclerzowi królewskiemu księstwa Lancaster, ten mistrzowi garderoby, ten zbrojniczemu z Norroy, ten naczelnikowi więzienia Tower, ten burgrabiemu pałacu królewskiego, ten dziedzicznemu wielkiemu stolnikowi, ten lordowi najwyższemu admirałowi Anglii, ten arcybiskupowi z Canterbury, aż wreszcie znalazła się w ręku lorda pierwszego szambelana, który wdział ją na Tomka.

Dobremu zdumionemu Tomkowi przypomniało to wędrówkę wiader z wodą podczas gaszenia pożaru.

Ponieważ każda część garderoby z osobna musiała odbywać tę powolną i uroczystą drogę, Tomkowi rychło znudziło się ubieranie, tak mu się znudziło, że uczuł żywą radość, gdy wreszcie jedwabne spodnie rozpoczęły wędrówkę przez długi szereg dłoni, i Tomek zrozumiał, że ceremonia zbliża się nareszcie ku końcowi.

Ale za wcześnie się radował.

Lord pierwszy szambelan wziął spodnie do ręki i chciał je już włożyć na nogi Tomka, gdy twarz jego pokryła się nagle purpurą i szybko oddał spodnie z powrotem arcybiskupowi Canterbury, zwracając mu na coś uwagę przerażonym spojrzeniem i cichym szeptem:

– Spójrzcie, panie.

Arcybiskup zbladł, poczerwieniał i oddał spodnie lordowi najwyższemu admirałowi Anglii, szepcząc także:

– Spójrzcie, panie!

Lord admirał oddał je z kolei dziedzicznemu wielkiemu stolnikowi, ledwo zdoławszy szepnąć:

– Spójrzcie, panie!

I spodnie powędrowały z powrotem, do burgrabiego, do naczelnika więzienia Tower, do zbrojniczego z Norroy, do mistrza garderoby, do kanclerza Lancaster, do trzeciego kamerdynera, do leśniczego lasów windsorskich, do drugiego szambelana, do lorda wielkiego łowczego, a ciągle towarzyszył im szept:

– Patrzcie! Patrzcie!

Aż wreszcie znalazły się spodnie w rękach pełniącego służbę lorda wielkiego koniuszego, który przez chwilę badał z twarzą śmiertelnie pobladłą przyczynę ogólnego przerażenia, a wreszcie zawołał głosem ochrypłym:

– Wielki Boże, bądź mi miłościw! Przy podwiązce brak sprzączki! Wtrącić do Tower naczelnego nadzorcę spodni królewskich!

Po czym padł bezsilnie w ramiona wielkiego łowczego. Dopiero gdy przyniesiono nowe, zupełnie nienaganne spodnie, odzyskał przytomność.

Ale wszystko ma swój koniec i Tomek mógł wreszcie wstać. Odpowiedni dworzanin nalał mu wody, inny pomagał przy myciu, trzeci dostojnik trzymał ręcznik, aż Tomek przebrnął szczęśliwie proces mycia się i był gotów o tyle, że mógł przyjąć usługi fryzjera królewskiego. Gdy wyszedł z rąk tego artysty, wyglądał uroczo, a piękny był jak dziewczynka, ubrany w purpurowe spodnie, purpurowy płaszcz, nawet pióra przy czapce purpurowe.

Następnie udał się w uroczystym pochodzie do komnaty śniadaniowej, mijając cały zebrany dwór, który cofał się z obu stron, padając kornie na kolana.

Po śniadaniu ruszył – poprzedzany przez wysokich dostojników i otoczony gwardią przyboczną, składającą się z pięćdziesięciu szlachciców, uzbrojonych w pozłacane toporki – do sali tronowej, gdzie miał się zajmować sprawami państwowymi.

„Wuj" jego, hrabia Hertford, stanął obok tronu, aby wspierać umysł młodego króla swoją światłą radą.

Znakomici mężowie, których zmarły król uczynił wykonawcami swojej woli, zjawili się teraz, aby prosić Tomka o zgodę na rozmaite ich postanowienia. Czynili to raczej dla formy, choć w pewnej mierze i z konieczności, gdyż niezamianowany był jeszcze protektor[1].

Arcybiskup Canterbury zdał sprawozdanie z postanowień Rady Wykonawców Testamentu w sprawie pogrzebu zmarłego króla, po czym odczytał ich listę; byli to: arcybiskup Canterbury, lord kanclerz Anglii, lord William St. John, lord Jan Russel, hrabia Edward Hertford, wicehrabia Jan Lisle, biskup Cuthbert z Durhamu...

Ale Tomek nie słuchał już; jedno z postanowień testamentu zajęło zupełnie jego uwagę. Zwrócił się teraz do hrabiego Hertforda i zapytał go szeptem:

– Na jaki dzień wyznaczono pogrzeb?

– Na szesnasty przyszłego miesiąca, najjaśniejszy panie.

– To niedorzeczne. Czyż zwłoki nie zepsują się do tego czasu?

---

[1] Protektor – opiekun nieletniego króla sprawujący władzę w jego imieniu (przyp. tłum.).

Biedny chłopiec nie orientował się zupełnie w zwyczajach dworskich. Dawniej, w Offal Court, widział zawsze, jak śpieszono się z pochowaniem zmarłych i jak ich bez zbytniego ceremoniału grzebano.

Ale lord Hertford w kilku słowach rozwiał jego obawy.

Jeden z sekretarzy stanu odczytał decyzję Rady Stanu, wyznaczającą przyjęcie posłów zagranicznych na następny dzień o godzinie jedenastej, i poprosił o zgodę króla na to zarządzenie.

Tomek spojrzał pytająco na Hertforda, który szepnął mu:

– Niech wasza królewska mość udzieli zezwolenia. Przyjdą oni, aby w imieniu swych monarchów wyrazić ubolewanie z powodu dotkliwej straty, jaką poniosła wasza królewska mość i cała Anglia.

Tomek zrobił, co mu kazano.

Inny sekretarz odczytał sprawozdanie z wydatków na utrzymanie dworu, które wyniosły w ciągu ostatnich sześciu miesięcy 28000 funtów szterlingów. Na dźwięk tej sumy Tomkowi zakręciło się w głowie. Ale zrobiło mu się zupełnie niedobrze, gdy usłyszał, że z tego 20000 funtów nie jest jeszcze zapłacone. Podobnie z zapartym tchem wysłuchał wiadomości, że kasy państwowe są puste, zaś tysiąc dwieście osób ze służby znajduje się w kłopotliwym położeniu z powodu zalegających płac.

Przerażony Tomek wybuchnął:

– Zejdziemy na psy, to jasne. Najlepiej byłoby, gdybyśmy wynajęli mniejszy dom i odprawili służbę; zwłaszcza, że panowie ci są zupełnie niepotrzebni i powodują tylko stratę czasu. Usługi ich są tylko ciężarem, aż się człowiek musi wstydzić, że się go traktuje jak lalkę, niemającą ani rąk, ani własnego rozumu, żeby sobie radzić. Przypominam sobie pewien mały domek za rynkiem rybnym, koło Billingsgate...

Silne szturchnięcie w ramię przerwało nierozważne przemówienie Tomka i spowodowało, że policzki jego pokryły się rumieńcem, ale na twarzach otaczających go dostojników nie widać było zdziwienia ani zgorszenia tym dziwnym wybrykiem.

Potem zabrał znowu głos sekretarz, oznajmiając, że ponieważ zmarły król wyraził w testamencie ostatnią swą wolę, aby obdarzyć hrabiego Hertforda tytułem książęcym, brata jego, sir Tomasza Seymoura mianować parem, zaś syna Hertforda podnieść do godności hrabiowskiej, poza tym zaś nadać szeregowi innych dostojników wyższe tytuły, przeto Rada Stanu postanowiła wyznaczyć na dzień 16 lutego posiedzenie, na którym tytuły te mają być potwierdzone.

Ponieważ jednak zmarły król nie pozostawił na piśmie żadnych poleceń co do posiadłości, jakie służyć mają do utwierdzenia powyższych dostojeństw, atoli Rada Stanu znała osobiste życzenie króla w tym względzie, przeto uznała za wskazane nadać Seymourowi włości o dochodzie 500 funtów szterlingów, synowi Hertforda włości o dochodzie 800 funtów, a nadto „włości z 300 funtami dochodu z pierwszego biskupstwa, jakie się zwolni" – jeżeli na to obecnie panujący król przyzwoli.

Tomek chciał znowu wypowiedzieć swoje zdanie, że godzi się pospłacać najpierw długi zmarłego króla, zamiast trwonić w ten sposób pieniądze, ale przezorny Hertford w porę pociągnął go za rękaw i zapobiegł nowej nierozważnej przemowie; udzielił więc Tomek bez sprzeciwu swego królewskiego zezwolenia, choć trapił go przy tym wielki niepokój wewnętrzny.

A kiedy się tak zastanawiał, z jak wielką łatwością spełnia teraz tak doniosłe i wspaniałe czyny, przyszła mu nagle do głowy szczęśliwa myśl: dlaczego nie miałby i matki swojej zamianować księżną Offal Courtu i przydzielić jej włości? Ale smutna myśl rozwiała wnet ten piękny plan: przecież był królem tylko z imienia, ci siwi mężowie stanu i wytworni dworzanie byli jego panami, a dla nich matka jego była tylko wytworem jego chorej wyobraźni; pozostaliby głusi na jego propozycję, a co najwyżej zawołaliby lekarza przybocznego.

Nudne to zajęcie wlokło się powoli.

Odczytywano podania, obwieszczenia, sprawozdania i wszelkiego rodzaju długie, zawiłe i nudne dokumenty, dotyczące spraw państwowych, aż wreszcie Tomek westchnął w duchu i pomyślał:

– „Cóż ja zawiniłem, że Pan Bóg zabronił mi swobodnego ruchu na świeżym powietrzu, zabawy na łące, i uczynił mnie na moje nieszczęście królem?"

Biedna jego główka opadła znużona i senna na ramię, co powstrzymało bieg spraw państwowych, gdyż zabrakło najwyższego zezwolenia, owego tak ważnego składnika rządu. Głęboka cisza zapanowała dokoła drzemiącego chłopca, zaś doświadczeni mężowie stanu musieli przerwać obrady.

Przed południem miał Tomek miłą chwilę, gdyż za zezwoleniem swoich opiekunów, Hertforda i St. Johna, mógł przyjąć księżniczki Elżbietę i Joannę Gray, choć wesołość dziewcząt stłumiona była przez ciężki cios, jaki dotknął dom królewski.

Pod koniec tej miłej wizyty jego „starsza siostra" – znana później w historii pod mianem „krwawej Marii" – zimno i uroczyście złożyła mu należny hołd, zaś wizyta jej miała w oczach Tomka jedyną tylko zaletę, że była krótka.

Potem pozostał przez parę chwil sam; następnie wprowadzono do niego zgrabnego, dwunastoletniego może chłopca, ubranego z wyjątkiem białej kryzy przy szyi i dłoniach w zupełną czerń – czarny był kaftan, czarne spodnie, czarne pończochy. Na znak żałoby nosił tylko na ramieniu purpurową opaskę.

Chłopiec zbliżył się do Tomka lękliwie, pochyliwszy odkrytą głowę, i padł przed nim na kolana. Tomek siedział w milczeniu, obserwując go ze zdumieniem. Wreszcie rzekł:

– Wstań, chłopcze. Kim jesteś? Czego pragniesz?

Chłopiec powstał i z żywą swobodą, ale smutnym wyrazem twarzy odpowiedział:

– Wasza królewska mość zapewne mnie sobie nie przypomina. Jestem twoim chłopcem do bicia.

– Moim chłopcem do bicia?

– Tak, dostojny panie. Jestem Humphrey – Humphrey Marlow.

Tomkowi przyszło na myśl, że opiekunowie jego powinni go przygotować do tej trudnej sprawy. Popadł w wielkie zakłopotanie. Co robić? Powiedzieć, że zna chłopca, a potem zdradzać się przy każdej odpowiedzi, że nigdy go jeszcze nie widział, nigdy nie słyszał o nim nawet? To była rzecz niełatwa.

Ale nagle przyszła mu zbawcza myśl: takie wypadki jak obecny będą się przecież teraz częściej zdarzały, gdy sprawy państwowe nieraz nie dozwalają hrabiemu Hertfordowi i lordowi St. John na przebywanie z nim, ponieważ i oni należeli do wykonawców testamentu króla. Musiał więc Tomek wymyślić sobie inny plan, jak się w takich razach zachowywać. Tak, to był mądry pomysł, trzeba było zaraz wypróbować go na tym chłopcu i przekonać się, jak daleko można się w ten sposób posunąć.

Potarł więc w zamyśleniu czoło i rzekł:

– Mam teraz wrażenie, jakbym sobie ciebie przypominał – ale umysł mój jest jeszcze niestety zamroczony i niejasny...

– Ach, mój biedny panie! – zawołał chłopiec do bicia ze współczuciem.

W duchu zaś pomyślał:

– „Rzeczywiście zachowuje się zupełnie tak, jak mówiono – stracił rozum! Jakże mogłem zapomnieć o tym! Przecież mi zapowiadano, żebym nie dał nic poznać po sobie, gdybym zauważył, że coś z nim jest nie w porządku".

– Dziwna to rzecz, jakie figle płata mi ostatnio moja pamięć – ciągnął tymczasem Tomek. – Ale nie zwracaj na to uwagi... jest mi coraz lepiej, a gdy mi dać najmniejszy choćby punkt zaczepienia, zaraz przypominam sobie osoby i wydarzenia, które mi wyszły z pamięci. (I nie tylko te, ale takie, o których nigdy nie wiedziałem – jak się ten chłopiec zaraz dowie). Czego żądasz ode mnie, mów!

– Sprawa ta sama przez się nie jest ważna, królu mój, ale za twoim pozwoleniem opowiem, o co idzie. Przed dwoma dniami wasza królewska mość raczyła zrobić trzy błędy w ćwiczeniu greckim – podczas lekcji przedobiedniej – wszak przypominasz sobie to jeszcze?

– Ta-ak... już mi coś świta. (Nie jest to karygodne kłamstwo, bo gdybym miał w ogóle lekcję greckiego, popełniłbym nie trzy, ale czterdzieści błędów). Tak, przypominam sobie teraz – mów dalej.

– Nauczyciel, który rozgniewał się bardzo o to niedbalstwo i nieuwagę, jak to nazwał, powiedział, że zbije mnie za to mocno... i...

– Ciebie zbije? – zawołał Tomek zdumiony, zapominając o postanowieniu powściągliwości w słowach. – Dlaczegoż miałby zbić ciebie za błędy, które ja popełniłem?

– Ach, wasza wysokość zapomina znowu. Przecież zawsze mnie biją, gdy ty popełnisz błędy.

– Prawda, prawda – zapomniałem. Czuwasz nad mymi ćwiczeniami, a gdy popełniam błędy, nauczyciel uważa, że zaniedbałeś swoje obowiązki... i...

– O, panie mój, co mówisz? Ja, najnędzniejszy z twych sług, miałbym przeglądać twoje ćwiczenia?

– Więc jaka jest twoja wina? Co to za zagadki? Czy to ja oszalałem, czy ty? Wytłumacz się jaśniej, mów śmiało.

– Ależ, wasza królewska mość, sprawa jest przecież bardzo prosta... Nikt nie śmie dotknąć świętej osoby księcia Walii; toteż gdy on popełni jakieś przewinienie, ja dostaję cięgi i jest to słuszne i sprawiedliwe, gdyż na tym polega mój urząd, tym zarabiam na utrzymanie*.

Tomek spojrzał stropiony na stojącego przed nim chłopca i pomyślał:

– „Zaprawdę, osobliwa rzecz – niezwykle dziwne i niebywale rzemiosło. Dziwię się, że nie najęto jeszcze kogoś, kto by się za mnie czesał i ubierał – ach, jak by to było wspaniale! – gdyby mnie uwolnili od tego obowiązku, chętnie odbierałbym zasłużone cięgi i dziękowałbym za to Bogu!"

Potem dodał głośno:

– Zostałeś więc obity, biedny chłopcze, jak ci nauczyciel zapowiedział?

– Nie, najjaśniejszy panie, kara moja była wyznaczona na dzisiaj, a ze względu na żałobę, jaka na nas spadła, może mogłaby mi być odpuszczona; nie jestem tego pewien, więc przyszedłem, aby ci przypomnieć przyrzeczenie, które raczyłeś mi dać przedwczoraj, że się za mną wstawisz przed...

– Przed nauczycielem? Żeby ci darował cięgi?

– Ach, widzę, że sobie przypomniałeś!

– Jak widzisz, pamięć moja polepsza się. Bądź spokojny – grzbiet twój będzie oszczędzony – już ja się o to postaram.

– O, dzięki, łaskawy panie! – zawołał chłopiec, padając na kolana. – Może za długo zajmowałem cię swymi sprawami, a jednak...

Ponieważ Humphrey zawahał się, Tomek zachęcił go do mówienia, oświadczając, że jest w łaskawym usposobieniu.

– W takim razie ośmielę się wypowiedzieć to, co mi leży na sercu. Teraz, gdy nie jesteś już księciem Walii, lecz królem, nikt nie może ci rozkazywać. Łatwo się więc domyślić, że nie będziesz chciał dręczyć się dłużej lekcjami, lecz będziesz wolał zająć się czymś milszym. A wtedy ja będę zgubiony, a wraz ze mną moje siostry, sieroty!

– Zgubiony? Dlaczego?

– Grzbiet mój jest moim żywicielem, o dostojny władco! Jeżeli stracę ten zarobek, umrę z głodu! Gdybyś ty przestał się uczyć, ja jako chłopiec do bicia będę zbyteczny. Błagam cię, nie wypędzaj mnie!

Tomek był wzruszony tą szczerą rozpaczą. Z prawdziwie królewską wspaniałomyślnością rzekł:

– Nie martw się, chłopcze. Będziesz pełnił swój urząd nadal, pozostanie on dziedziczny w twojej rodzinie.

Po czym dotknął ramienia chłopca płazem szpady i rzekł:

– Powstań, Humphrey'u Marlow, mianuję cię dziedzicznym „arcychłopcem do bicia" dworu królewskiego w Anglii! Wyzbądź się troski – zabiorę się znowu do książek i tyle będę popełniał błędów, że słusznie należeć ci się będzie potrójna płaca, tak wiele pracy nastręczać ci będzie twój urząd.

Uszczęśliwiony Humphrey zawołał z wdzięcznością:

– Dzięki ci, o mój szlachetny panie, twoja nadmierna łaska przewyższa najśmielsze moje nadzieje. Uszczęśliwiłeś mnie na całe życie, uszczęśliwiłeś cały ród Marlowów.

Tomek był dość mądry, aby zrozumieć, że chłopiec ten może być dla niego bardzo pożyteczny. Zachęcał więc Humphrey'a do mówienia i nie miał powodów żałować swego planu. Ze swej strony chłopiec do bicia był rad, że może się nieco przyczynić do rychłego uzdrowienia króla; gdy bowiem przypominał Tomkowi szereg wypadków i zdarzeń, jakie rozegrały się w komnacie szkolnej księcia lub gdziekolwiek w pałacu, spostrzegł, że jeśli Tomek napomknął potem o nich w rozmowie, „pamiętał" wszystko doskonale.

Po upływie godziny umysł Tomka wzbogacił się wieloma cennymi wiadomościami o osobach i wydarzeniach dworu. Postanowił więc w przyszłości czerpać stale z tego źródła i zamierzał w tym celu wydać zarządzenie, aby dopuszczano do niego Humphrey'a o każdej porze, gdy nie przyjmował innych osób.

Zaledwie Humphrey wyszedł, zjawił się lord Hertford, aby znowu dręczyć Tomka.

Oznajmił on, że lordowie z Rady Stanu obawiają się nadmiernego rozpowszechnienia się przesadnych wieści o stanie zdrowia króla, mogących się przedostać do ludu, uznali więc za rozumne i wskazane, by król począł już za kilka dni jadać obiady publiczne: zdrowa cera jego twarzy, mocny krok w połączeniu ze starannie przestrzeganym swobodnym zachowaniem się i pełną wdzięku żywością niewątpliwie rozwieją wtedy z łatwością ogólne obawy – jeśli opinia publiczna istotnie jest zaniepokojona – a rozwieją je skuteczniej niż jakikolwiek inny środek, jaki by można zastosować.

Następnie hrabia począł zręcznie przygotowywać Tomka do tych uroczystych wystąpień publicznych, przemawiając do niego ciągle w taki sposób, jakby mu tylko przypominał rzeczy dobrze znane. Ku wielkiemu zadowoleniu Hertforda okazało się, że Tomkowi nie trzeba było wiele pomocy pod tym względem; wyciągnął on bowiem korzyści ze słów Humphrey'a, który wspomniał mu, że niedługo będzie musiał jadać publicznie; wiadomość ta była już na dworze rozpowszechniona. Tego jednak nie dał Tomek poznać po sobie.

Widząc, że pamięć króla tak się poprawiła, hrabia wystawił go jakby przypadkowo na kilka prób, chcąc się przekonać, jak daleko posunęło się już wyzdrowienie. Wyniki okazały się pod pewnymi względami wspaniałe – dotyczyło to mianowicie tych spraw, o których wspominał Humphrey – i hrabia był niezmiernie zadowolony i pełen jak najlepszych nadziei. A ufność ta tak w nim wzrosła, że nagle rzekł zachęcającym tonem:

– Teraz jestem pewien, że gdyby najjaśniejszy pan zechciał jeszcze odrobinę wysilić pamięć, zdołałby rozwiązać trapiącą nas zagadkę zniknięcia wielkiej pieczęci państwowej. Brak jej miał wczoraj olbrzymie znaczenie. Dzisiaj, co prawda, nie gra to już takiej roli, gdyż wraz ze śmiercią naszego dostojnego pana pieczęć ta przestaje być w użyciu. Czy wasza królewska mość raczy sobie przypomnieć miejsce jej przechowania?

Tomek był znowu bezradny – nie wiedział w ogóle, co to jest wielka pieczęć państwowa. Po chwili milczenia podniósł na hrabiego wzrok i zapytał niewinnie:

– Jak ona wygląda, panie?

Hrabia wzdrygnął się i pomyślał:

– „Ach, znowu go rozum opuścił! Źle zrobiłem, zmuszając go do takiego wysiłku pamięci".

Po czym zręcznie skierował rozmowę na inne tory z zamiarem wypędzenia nieszczęsnej pieczęci państwowej z pamięci Tomka – co mu się aż nazbyt łatwo udało.

Rozdział XV

Tomek jako król

Nazajutrz zjawili się posłowie zagraniczni ze swymi wspaniałymi świtami i Tomek przyjął ich z godnością wzbudzającą szacunek.

Początkowo przepych widowiska radował jego wzrok i podniecał wyobraźnię, ale audiencja była długa i monotonna, przemówienia wszystkie jednakowe, rychło więc zadowolenie ustąpiło miejsca znudzeniu i Tomek rad był uciec stąd jak najdalej.

Przez cały czas musiał powtarzać słowa, które podpowiadał mu Hertford, i czynił wszelkie wysiłki, aby dobrze wykonać swoje zadanie, ale w sprawach tych był zupełnym nowicjuszem i czuł się zbyt nieswojo, aby móc osiągnąć coś więcej ponad przeciętne powodzenie. Wyglądał wprawdzie zupełnie jak król, ale nie czuł się bynajmniej po królewsku i rad był z całego serca, gdy się ceremonia nareszcie skończyła.

Poważna część dnia została „strwoniona" – jak to Tomek w duchu określał – na sprawy, które należały do jego urzędu, jako króla. Nawet dwie godziny, przeznaczone na wypoczynek i przyjemności, wydawały się tylko brzemieniem, tak skrępowany czuł się przez zakazy i przestrzeganie obyczajów dworskich. Potem jednak spędził bez przeszkód godzinkę ze swoim chłopcem do bicia, a czas ten wydał mu się bardzo miły, gdyż dał mu zarówno możność swobodnej rozmowy, jak i wiele cennych wiadomości.

Trzeci dzień królowania Tomka Canty podobny był zupełnie do dwóch poprzedzających, z tą jedynie różnicą, że czuł się on teraz nieco swobodniejszy; nie był już tak skrępowany jak początkowo i z wolna przyzwyczajał się do swego otoczenia i warunków; ciężar swoich pęt odczuwał już tylko chwilami, nie bez ustanku, i zauważył, że obecność i oznaki czci ze strony wysokich dostojników nie napawały go już lękiem, nie wprawiały w zakłopotanie, przeciwnie, że zakłopotanie to z każdą chwilą malało.

Powitałby nawet czwarty dzień bez specjalnych obaw, gdyby go nie trapiła jedna sprawa: że odtąd miał jadać obiady publicznie. Zapowiedziano wprawdzie na ten dzień i inne ważne wydarzenia: Tomek miał przewodniczyć na posiedzeniu i wydać zarządzenia oraz wyłożyć zasady, jakimi zamierza się kierować w polityce wobec szeregu wielkich państw; przy tej sposobności miano też mianować Hertforda oficjalnie lordem protektorem*; wiele innych jeszcze ważnych spraw miało być załatwionych, ale wszystko to wydawało się Tomkowi drobnostką wobec oczekującej go próby, jaką było samodzielne jedzenie obiadu przed ciekawie skierowanymi na niego oczyma tłumu, wobec tysięcy warg, które szeptać będą uwagi o jego zachowaniu się, o jego pomyłkach, gdyby mu się przydarzyło popełniać pomyłki.

Ale obawy Tomka nie mogły powstrzymać zbliżającego się czwartego dnia. Biedny Tomek był tak przygnębiony i roztargniony, nie umiał wprost opanować swego ponurego nastroju. Codzienne ceremonie poranne nużyły go i męczyły, a uczucie, że jest więźniem, owładnęło nim z nową mocą.

Późno po południu znajdował się w wielkiej sali audiencyjnej, rozmawiając z hrabią Hertfordem i oczekując z goryczą chwili, gdy będzie musiał przyjąć wielką liczbę dostojników i wysokich urzędników dworskich.

Tomek podszedł do okna, przyglądając się z zaciekawieniem ruchowi na szerokiej drodze, biegnącej tuż za murami pałacu; patrzał na to życie z gorącą tęsknotą, by móc samemu bez przeszkód wmieszać się w nie, gdy nagle ujrzał bezładny tłum mężczyzn, kobiet i dzieci z najniższych warstw ludności, krzyczących i radujących się.

– Jakżebym chciał wiedzieć, co się tam dzieje! – zawołał z zaciekawieniem, zwykłym w takich wypadkach u chłopców w jego wieku.

– Jesteś królem! – rzekł hrabia z uroczystym ukłonem. – Czy rozkażesz wydać odpowiednie zarządzenia?

– O, proszę bardzo, tak! – zawołał Tomek uradowany i pomyślał z niejakim zadowoleniem:

– „Być królem to jednak nie zawsze takie przykre, czasami ma się z tego i przyjemności".

Hrabia zawołał pazia i posłał go do naczelnika straży z rozkazem:

– Zatrzymać tłum i zbadać, jaka jest przyczyna zbiegowiska. Z rozkazu króla!

W kilka sekund później gwardia królewska zakuta w lśniące zbroje wyruszyła za wrota, zagrodziła tłumowi drogę i zatarasowała przejście. Wysłaniec powrócił i zameldował, że tłum idzie za mężczyzną, kobietą i dziewczynką, prowadzonymi na plac kaźni, gdzie mają być straceni za zbrodnię wykroczenia przeciw spokojowi i godności kraju.

Śmierć – i to śmierć gwałtowna – czekała tych nieszczęśliwych! Myśl ta zraniła serce Tomka. Współczucie owładnęło nim z taką siłą, że zagłuszyło głos rozsądku. Nie zastanawiał się nad tym, czy wykroczyli oni przeciw prawom, ani jaką krzywdę wyrządzili innym; widział przed sobą tylko szubienicę i straszny los, grożący skazanym. Litość nad tymi nieszczęśliwymi istotami sprawiła nawet, iż zapomniał, że był przecież tylko cieniem króla, a nie monarchą. Zanim sobie to zdążył uświadomić, już wydał rozkaz:

– Sprowadzić ich tutaj!

Potem zaczerwienił się, słowa przeproszenia cisnęły się już na jego wargi, spostrzegł jednak, że rozkaz jego nie zdziwił ani hrabiego, ani pazia, powstrzymał się więc od wypowiedzenia tego, co miał na myśli.

Paź, jakby uważając to wszystko za rzecz zupełnie naturalną, ukłonił się głęboko i tyłem wyszedł z komnaty, aby zakomunikować rozkaz królewski.

Tomek uczuł dumę i ponownie przekonał się, jak miło jest być królem. Pomyślał sobie:

– „Zaprawdę jest to zupełnie tak, jak sobie wyobrażałem, czytając książki starego księdza, jak sobie wyobrażałem siebie w roli księcia wydającego wszystkim rozkazy i prawa. A kiedy mówiłem: Uczyń tak! – nikt nie śmiał się sprzeciwić mojej woli".

Tymczasem otwarto szeroko podwoje; wywoływano jeden po drugim brzmiące tytuły, po czym zjawiali się ich właściciele, tak że wkrótce sala była do połowy zapełniona wytwornymi, bogato odzianymi panami.

Ale Tomek nie zwracał niemal uwagi na ich obecność, gdyż myśli jego były wyłącznie pochłonięte tamtą sprawą. Z roztargnioną miną zasiadł na tronie i skierował wzrok ku drzwiom, nie ukrywając wcale swej niecierpliwości.

Ponieważ obecni spostrzegli to, nie ważyli się przerywać mu, lecz rozmawiali szeptem o sprawach publicznych i dworskich.

Po krótkim czasie rozległy się miarowe kroki żołnierzy, po czym ukazali się skazańcy w towarzystwie pomocnika szeryfa[1] i oddziału straży. Urzędnik przyklęknął przed Tomkiem, po czym usunął się na bok. Troje skazańców uklękło także, trwając bez przerwy w tej pozycji, podczas gdy straż ustawiła się za krzesłem Tomka.

Tomek z uwagą przypatrywał się przestępcom. Ubranie i zachowanie mężczyzny wzbudziło w nim jakieś wspomnienie.

– „Zdaje mi się, jakbym już kiedyś widział tego skazańca... Ale gdzie i kiedy, nie mogę sobie przypomnieć" – pomyślał Tomek.

Skazaniec podniósł nagle oczy i spojrzał na niego, ale równie szybko spuścił powieki, nie mogąc znieść oszałamiającego widoku majestatu królewskiego.

Przy tym ruchu Tomek ujrzał całą jego twarz, a krótka ta chwila wystarczyła mu.

Powiedział sobie:

– „Teraz wiem już na pewno. To ten nieznajomy, który wydobył małego Idziego Witta z Tamizy i uratował mu życie w mroźny, wietrzny dzień Nowego Roku. Był to dzielny, odważny czyn; szkoda, że wpadł on potem w występek i doszedł aż do tego stanu... Pamiętam jeszcze doskonale dzień i godzinę tego wydarzenia, gdyż w godzinę później, dokładnie o jedenastej,

---

[1] Szeryf – w Anglii i w Ameryce wyższy urzędnik miejski, spełniający obowiązki sądownicze i policyjne w obwodzie swego hrabstwa, powiatu lub okręgu (przyp. tłum.).

dostałem od babki Canty takie lanie, jakiego jeszcze nigdy przedtem nie dostałem, tak że wszystkie poprzednie cięgi wydały mi się w porównaniu z tym pieszczotą".

Tomek rozkazał teraz, aby wyprowadzono na chwilę kobietę i dziewczynkę, po czym zwrócił się do pomocnika szeryfa z zapytaniem:

– Dobry panie, jakie jest przewinienie tego człowieka?

Pomocnik szeryfa przyklęknął i rzekł:

– Za pozwoleniem waszej królewskiej mości: pozbawił on jednego z twych poddanych życia, zadawszy mu truciznę.

Współczucie Tomka dla biednego skazańca i jego podziw dla dzielnego człowieka, który uratował jego towarzysza zabaw od śmierci, doznały ciężkiego zawodu.

– Czy dowiedziono mu tego czynu? – zapytał.

– Najzupełniej, najjaśniejszy panie.

Tomek westchnął i rzekł:

– Więc odprowadźcie go, gdyż zasłużył na śmierć. A szkoda, miał takie dzielne serce... to jest... to jest... chciałem powiedzieć, że wygląda tak, jakby miał dzielne serce!

W tej chwili więzień zdobył się na odwagę, z rozpaczą załamał ręce i zdławionym głosem, urywanymi słowami począł błagać „króla":

– O, panie mój i królu, jeżeli możesz uczuć litość nad człowiekiem zgubionym, ujmij się za mną! Jestem niewinny! Nie ma przeciw mnie żadnych poszlak, a zarzucana mi wina nie jest w najmniejszym stopniu dowiedziona – ale nie o tym chciałem mówić; wyrok na mnie został wydany i nie może już być zmieniony; ale w tej ciężkiej niedoli ośmielam się błagać cię o jedną łaskę, gdyż los mój jest cięższy, niżeli człowiek znieść potrafi. O jedną łaskę, o jedną łaskę błagam cię, panie mój i królu! Okaż mi swe miłosierdzie królewskie i rozkaż, aby mnie powieszono!

Tomek spojrzał na niego stropiony. Nie była to prośba, której się spodziewał.

– Na Boga, dziwna by to była łaska! Czyż nie jesteś już skazany na szubienicę?

– Nie, mój najdostojniejszy panie! Jestem skazany na ugotowanie żywcem*!

Przerażony tak okrutnym rodzajem kary Tomek drgnął i omal nie zerwał się z tronu. Kiedy ochłonął nieco, zawołał:

– Prośba twoja jest spełniona, nieszczęśliwcze! A choćbyś stu ludzi pozbawił życia, nie umrzesz taką śmiercią.

Więzień pochylił głowę do ziemi, wyrażając gwałtownie swoją wdzięczność i kończąc:

– Gdyby ci się kiedykolwiek wydarzyło jakie nieszczęście – od czego chroń cię Boże! – oby Stwórca wspomniał wówczas twoje miłosierdzie wobec mnie i policzył ci je za zasługę.

Tomek zwrócił się do hrabiego Hertforda i zapytał:

– Czy istotnie tak okrutny wyrok mógłby być wykonany, panie?

– Jest to ustawowa kara dla trucicieli, miłościwy panie. W Niemczech fałszerze pieniędzy gotowani są w oliwie, i to nie jak u nas, gdzie się przestępcę wrzuca wprost do kotła, ale spuszczani na linie stopniowo do wrzącej oliwy, najpierw stopy, potem łydki, potem...

– Zamilknij, hrabio, nie mogę tego słuchać! – zawołał Tomek, zakrywając oczy ręką, jakby chciał się obronić przed tym ohydnym obrazem. – Proszę waszą lordowską mość o zarządzenie, aby to straszne prawo zostało zniesione – o, niechaj już nigdy żaden nieszczęśnik nie umiera w takich mękach!

Twarz hrabiego wyrażała najżywsze zadowolenie, gdyż był on człowiekiem łagodnym i wyrozumiałym, co się w jego stanie rzadko zdarzało w owych okrutnych czasach.

– Słowa waszej królewskiej mości unieważniają już to prawo. Historia poczyta ten czyn za największą zasługę waszego domu królewskiego.

Pomocnik szeryfa miał właśnie odprowadzić skazańca, gdy Tomek dał mu znak, aby się jeszcze wstrzymał z tym, i zwrócił się do urzędnika z pytaniem:

– Mój panie, chciałbym się zapoznać bliżej z wyrokiem na tego nieszczęśnika. Człowiek ten twierdzi, że wina nie została mu niezbicie dowiedziona. Co wiesz o tym?

– Za pozwoleniem waszej królewskiej mości, ośmielam się wyjaśnić, iż śledztwo ustaliło, że skazaniec wszedł do domu we wsi Islington, w którym leżał chory człowiek – trzech świadków stwierdza zgodnie, że działo się to punktualne o godzinie dziesiątej rano, dwaj inni powiadają, że było to nieco później. Chory był w tym czasie zupełnie sam i spał, zaś człowiek ten zaraz wyszedł z domu i ruszył dalej. W godzinę później chory wyzionął ducha wśród straszliwych kurczów i boleści.

– Czy widział ktoś, że człowiek ten dał mu truciznę? Czy znaleziono truciznę?

– Tegc nie widziano, panie mój.

– Skąd wiadomo, że chory został otruty?

– Lekarze powiadają, najjaśniejszy panie, że tylko trucizna mogła spowodować tego rodzaju śmierć.

Było to niezmiernie ważkie świadectwo w owych czasach łatwowierności.

Tomek zdawał sobie sprawę z druzgocącej mocy tego dowodu i rzekł:

– Lekarze muszą to wiedzieć najlepiej – na pewno więc mają rację. W takim razie sprawa tego biedaka stoi bardzo kiepsko.

– To jeszcze nie wszystko, wasza królewska mość; mamy jeszcze silniejsze dowody. Wiele osób zeznało, że pewna czarownica, która od owego dnia znikła z wioski bez śladu, tak że nikt nie wie, gdzie się znajduje, zwierzyła się im w tajemnicy, iż pewien chory umrze od trucizny – co więcej, że truciznę da mu obcy mężczyzna – że ten obcy mężczyzna ma brunatne włosy i ubrany jest w zniszczoną, prostą odzież, co zgadza się zupełnie z wyglądem skazanego. Niech wasza królewska mość raczy wziąć to pod uwagę, zwłaszcza że okoliczność ta została zawczasu przepowiedziana!

W owych zabobonnych czasach dowód taki był wystarczającym powodem do skazania. Tomek uważał więc sprawę za straconą; jeśli się w ogóle dawało wiarę zeznaniom świadków, tedy wina skazanego była udowodniona. Mimo to dał więźniowi jeszcze jedną sposobność ratunku.

– Jeśli możesz przytoczyć coś na swoją obronę, mów!

– Nic, co by mi mogło pomóc, królu. Jestem niewinny, ale nie mogę tego dowieść. Nie mam potężnych przyjaciół i dlatego nie potrafię udowodnić, że owego dnia nie byłem wcale w Islington, lecz w czasie, gdy według nich miałem popełnić zbrodnię, znajdowałem się w innej zupełnie miejscowości, w Wapping Old Stairs; tak, o królu, i co więcej, w owej godzinie, gdy według nich miałem zabić człowieka, ja uratowałem życie ludzkie. Pewien tonący chłopiec...

– Stój! Szeryfie, jakiego dnia miało być popełnione morderstwo?

– Około godziny dziesiątej w dzień Nowego Roku, najjaśniejszy panie...

– Wypuścić więźnia na wolność – król rozkazuje!

Tomek zaczerwienił się znowu, spostrzegłszy swą niekrólewską popędliwość, i chcąc usprawiedliwić swoje wykroczenie, dodał:

– Oburza mnie, że człowiek może być skazany na śmierć z powodu tak głupiego i niewystarczającego świadectwa!

Szmer podziwu rozległ się dokoła. Podziw ten nie dotyczył wyroku, jaki Tomek wydał, gdyż niewielu z obecnych zgodziłoby się na to, że słuszne i wskazane ma być ułaskawienie człowieka skazanego za trucicielstwo; nie, podziw ten odnosił się do rozumu i przytomności umysłu, jakie Tomek okazał przy tej okazji. Wielu dostojników szeptało cicho:

– Ten król nie jest szalony – on ma zmysły w porządku.

– Jak rozumnie stawiał pytania i jak stanowczo i szybko powziął decyzję, co zresztą zawsze było dla niego charakterystyczne!

– Bogu niech będą dzięki, że choroba jego minęła! To nie żaden niedołęga, to król. Zachował się z taką samą zupełnie godnością jak jego zmarły ojciec.

Z tych szeptów rozlegających się dokoła docierało też coś niecoś do uszu Tomka. Wywarło to na nim niezwykle miłe wrażenie, czuł się teraz pewniejszy siebie i swobodniejszy.

Ale silniejsza jeszcze od tych miłych wrażeń i podniet była jego młodzieńcza ciekawość; zapragnął dowiedzieć się, jakie to karygodne przestępstwo popełniła skazana kobieta i jej córeczka; na jego rozkaz wprowadzono na salę te dwie zatrwożone i łkające istoty.

– Co one uczyniły? – zapytał Tomek pomocnika szeryfa.

– Wasza królewska mość, tym dwóm kobietom dowiedziono niezbicie bardzo ciężką zbrodnię, za którą sędziowie skazali je na szubienicę; zaprzedały one duszę diabłu.

Tomek wzdrygnął się. Ludzie dopuszczający się tego występku byli – jak go uczono – godni najwyższej pogardy i wstrętu. Mimo to nie mógł sobie odmówić tej przyjemności, by zaspokoić swoją ciekawość. Zapytał więc:

– Kiedy i gdzie to się stało?

– O północy, w miesiącu grudniu, w zapadłej kapliczce.

Tomek wzdrygnął się znowu.

– Kto był przy tym?

– Tylko one dwie, wasza królewska mość – i tamten.

– Czy przyznały się do winy?

– Nie, wasza królewska mość, zapierają się.

– Jak im tego dowiedziono?

– Wielu świadków widziało je, jak się tam zakradały; wzbudziło to podejrzenia, zaś straszliwe wypadki rychło ich prawdziwość potwierdziły. W szczególności udowodniono, że dzięki mocy, jaką przez to osiągnęły, spowodowały one straszliwy burzę, która spustoszyła całą okolicę. Prawie pięćdziesięciu świadków zeznaje o tej burzy, a można by ich mieć tysiąc, gdyż wszyscy pamiętają jeszcze tę klęskę, od której wszyscy ucierpieli.

– To kiepska sprawa.

Tomek zastanowił się przez chwilę nad tym strasznym występkiem, po czym zapytał:

– Czy ta kobieta doznała także szkód od burzy?

Kilku siwowłosych dygnitarzy z otoczenia króla skinęło z zadowoleniem głowami, słysząc to mądre pytanie, zaś pomocnik szeryfa odparł z prostotą:

– Oczywiście, wasza królewska mość, co ją zupełnie słusznie spotkało, jak powiadają wszyscy. Dom jej został zmieniony przez wicher, tak że pozostała bez dachu nad głową.

– Zdaje mi się, że drogo zapłaciła za władzę szkodzenia sobie samej. Gdyby ją to kosztowało choćby grosz tylko, już byłaby oszukana; jeśli zaś zapłaciła za to zbawieniem własnej duszy i zbawieniem duszy swego dziecka, to dowód, że jest obłąkana; jeśli zaś jest obłąkana, nie wie, co czyni, a więc nie może popełniać grzechu.

Siwowłosi dostojnicy znowu pochylili głowy z uznaniem, dziwiąc się mądrości Tomka, zaś któryś szepnął:

– Jeżeli prawdą jest nawet, co mówią pogłoski, że król jest szalony, to jest to szaleństwo, które by się zdało niejednemu z ludzi, jakich znam, i pragnę tylko, aby ten rodzaj szaleństwa rozpowszechnił się jak najbardziej.

– Ile lat ma ta dziewczynka? – zapytał Tomek.

– Dziewięć, panie.

– Czy prawa Anglii pozwalają dzieciom w tym wieku sprzedawać się i zawierać w tej sprawie umowy? – zapytał Tomek jednego z uczonych pracowników.

– Według naszych praw dziecko nie może zawierać prawomocnych umów ani przedsiębrać czynności prawnych, gdyż niedojrzały jego umysł niezdolny jest przeciwstawić się potężniejszemu rozumowi i chciwości człowieka dorosłego. Diabeł może dziecko kupić, jeżeli chce i jeżeli dziecko się zgadza; jednakże żaden Anglik nie może takiej umowy zawrzeć, gdyż byłaby ona nieważna.

– Wydaje mi się niesprawiedliwe, niegodne i niechrześcijańskie, że prawo angielskie daje diabłu przywileje, których pozbawia Anglika! – zawołał Tomek ze szczerym oburzeniem.

Ten nowy pogląd wywołał u wielu dostojników uśmiech, inni zaś postanowili sobie zapamiętać zdanie króla, aby je przy sposobności przytoczyć jako dowód jego powracającego zdrowia duchowego.

Kobieta przestała łkać i przysłuchiwała się słowom Tomka ze wzrastającym napięciem i nadzieją. Tomek spostrzegł to, a jego żywe już współczucie dla nieszczęśliwej wzrosło jeszcze na ten widok.

– W jaki sposób wywołała ona burzę?

– Zdejmując pończochę*, wasza królewska mość.

Odpowiedź ta wprawiła Tomka w najwyższe zdumienie; nie mogąc już pohamować swej ciekawości, zawołał:

– To zdumiewające! Czy to zawsze wywołuje taki skutek?

– Tak, panie, jeżeli kobieta chce tego i wymawia odpowiednie zaklęcie – głośno lub w myśli choćby!

Tomek zwrócił się do kobiety i zawołał popędliwie:

– Pokaż mi swoją moc – chcę widzieć burzę!

Wielu z otaczających pobladło, zaś wszyscy radzi by byli w tej chwili uciec z zamku jak najdalej, ale Tomek nie zauważył tego. Myśl jego skierowana była wyłącznie na upragnioną burzę. Spostrzegłszy strwożone, obłąkane spojrzenie kobiety, zawołał szybko:

– Nie lękaj się! Ujdzie ci to bezkarnie. Co więcej – przywrócę ci wolność – nikt nie będzie ci mógł uczynić nic złego. Tylko pokaż mi swoją moc.

– O, panie mój i królu, ja tego nie potrafię, oskarżono mnie fałszywie.

– Trwoga nie pozwala ci usłuchać mego rozkazu. Ale nie bój się, nic złego nie czeka cię za to. Wywołaj mi burzę – może to być nawet zupełnie maleńka burza – przeciwnie, nie wymagam wcale wielkiej, która by wyrządziła szkody, wolę małą burzę – jeżeli to uczynisz, daruję ci życie, daruję życie tobie i twemu dziecku, będziecie mogły odejść bez przeszkód, dam wam na to swój list królewski, a nikt w całym kraju nie będzie śmiał uczynić wam krzywdy.

Kobieta rzuciła się na ziemię, zapewniając ze łzami, że nie posiada mocy do spełnienia takiego czynu; gdyby tę moc miała, chętnie uczyniłaby to, aby uratować życie swemu dziecku, sama gotowa by nawet zginąć, byleby tylko przez posłuszeństwo wobec rozkazu króla osiągnąć łaskę dla swojej córeczki.

Tomek upierał się nadal przy swoim, ale kobieta zapewniała go uporczywie, że mocy żądanej nie posiada. Wreszcie Tomek rzekł:

– Sądzę, że ta kobieta mówi prawdę. Gdyby moja matka znajdowała się na jej miejscu i posiadała władzę diabelską, nie wahałaby się ani chwili i natychmiast wywołałaby burzę, ba, spustoszyłaby cały kraj, gdyby mogła w ten sposób uratować moje zagrożone życie. Każda matka uczyniłaby to samo, gdyż wszystkie matki są pod tym względem jednakowe. Jesteś wolna, dobra kobieto, jesteś wolna wraz ze swoją córeczką, gdyż przekonałem się o waszej niewinności.

Po krótkiej pauzie Tomek dodał:

– A teraz – gdy nie masz się już czego obawiać, gdyż zostałaś ułaskawiona – zdejm pończochy! Jeżeli zdołasz wywołać burzę, obsypię cię bogactwem!

Uratowana od śmierci kobieta poczęła gorliwie dziękować „królowi" i chętnie spełniła jego żądanie, zdejmując pończochy, na co Tomek patrzył w najwyższym napięciu, nieco zmieszany. Dworzanie nie taili swego zakłopotania i niezadowolenia.

Kiedy kobieta była już bosa, zdjęła także pończochy swojej córeczce, a z gorliwości jej widać było, że chętnie odwdzięczyłaby się królowi za jego wspaniałomyślność nie tylko burzą, ale nawet trzęsieniem ziemi. Ale wszelkie jej wysiłki pozostały bez skutku.

Wreszcie Tomek rzekł z westchnieniem:

– Tak, dobra kobieto, nie męcz się dłużej, twoja siła widocznie cię opuściła. Odejdź w pokoju. Ale gdyby moc twoja miała powrócić, nie zapomnij o mnie i przyjdź wywołać mi burzę.

Rozdział XVI

Uroczysty obiad

Zbliżała się pora obiadowa – ale, co dziwne, Tomek nie był zbytnio zaniepokojony; odczuwał już tylko lekkie zakłopotanie, ale nie trwogę. Przeżycia pory przedobiedniej uczyniły go pewniejszym siebie. Podczas tych czterech dni wżył się on w nowe warunki bardziej niż dorosły w ciągu miesiąca. Łatwość, z jaką dziecko dostosowuje się do okoliczności, znalazła w tym wypadku wspaniałe potwierdzenie.

Podczas gdy Tomek przebierany jest do uroczystego obiadu, wejdźmy do wielkiej sali bankietowej i przyjrzyjmy się przygotowaniom.

Jest to olbrzymia komnata o złoconych kolumnach i filarach. Sufit i ściany pokryte są malowidłami. Przy drzwiach stoją nieruchomo żołnierze z gwardii przybocznej we wspaniałych, malowniczych strojach, z halabardami w ręku. Wysoko na galerii siedzą grajkowie oraz stłoczeni obywatele ze swymi żonami, wszyscy bogato ubrani. Pośrodku sali znajduje się na podwyższeniu stół dla Tomka.

Posłuchajmy teraz, co mówi dziejopis:

„Na salę wchodzi dworzanin z berłem, za nim zaś drugi, który niesie obrus. Przyklęknąwszy trzy razy, dwaj ci dworzanie uroczyście nakrywają stół obrusem, znowu przyklękają kilka razy i wychodzą. Potem zjawiają się dwaj inni, znowu pierwszy niesie berło, zaś drugi solniczkę, talerz i chleb. Przyklęknąwszy jak ich poprzednicy, ustawiają te przedmioty na stole, po czym z takim samym ceremoniałem wychodzą. Wreszcie zjawiają się dwaj wysocy dostojnicy, bogato odziani, z których jeden niesie nóż; przyklęknąwszy trzy razy, panowie ci zbliżają się z wdziękiem i godnością do stołu i pocierają go chlebem i solą z taką czcią, jakby sam król znajdował się przy tym”[1].

Na tym kończą się uroczyste przygotowania. Teraz rozlega się z daleka przez długi korytarz dźwięk trąb i stłumiony okrzyk:

– Miejsce dla króla! Miejsce dla najdostojniejszego majestatu królewskiego!

Okrzyki te powtarzają się raz po raz, zbliżając się coraz bardziej, aż wreszcie tuż przed nami rozlega się dźwięk trąb i rozkaz:

– Miejsce dla króla!

W następnej chwili ukazuje się wspaniały pochód, wchodzący miarowym krokiem, parami, na salę. Ale niechaj dalej opowiada dziejopis:

---

[1] Cyt. za: Leigh Hunt, „Miasto” („The Town”), str. 408, opowiadanie starego podróżnika (przyp. autora).

„Na przedzie idzie szlachta, baronowie, hrabiowie, kawalerowie orderu Podwiązki, wszyscy bogato ubrani i z gołymi głowami; za nimi kanclerz, który kroczy między dwoma rycerzami, z których jeden niesie berło królewskie, drugi miecz państwowy w czerwonej pochwie, ozdobionej złotymi liliami; miecz ten skierowany jest ostrzem ku górze. Potem idzie sam król, witany za zjawieniem się serdecznym hejnałem dwunastu trąb i tyluż bębnów, podczas gdy publiczność zebrana na galerii woła:

– Boże, zachowaj króla!

Za nim nadchodzą pełniący przy nim służbę dworzanie, zaś z prawej i lewej strony kroczy jego gwardia honorowa, składająca się z pięćdziesięciu szlachciców uzbrojonych w pozłacane toporki".

Wszystko to wyglądało bardzo pięknie i podniośle, toteż serce Tomka uderzało z radosną dumą, a oko jego połyskiwało. Poruszał się z niezwykłym wdziękiem, co mu się tym bardziej udawało, że starał się odegrać swoją rolę jak najlepiej, zaś myśl jego w jak najmilszy sposób zajęta była piękną muzyką i wspaniałym widokiem; toteż nietrudno mu było poruszać się swobodnie w pięknych, dobrze skrojonych szatach, do których się już przyzwyczaił i o których nie potrzebował już ciągle myśleć.

Tomek zwracał też pilną uwagę na udzielone mu wskazówki; dziękował za oznaki czci lekkim skinieniem głowy odzianej w kapelusz z piórami i łaskawymi słowami:

– Dziękuję ci, mój narodzie!

Bez najmniejszego zakłopotania siadł przy stole, nie zdejmując kapelusza. Gdyż jeść z nakrytą głową był to przywilej królewski, a zarazem obyczaj wspólny królom i ludziom z gatunku Cantych – jedyny to był wspólny grunt, na którym się spotykali, a pod tym względem żadna ze stron nie przewyższała drugiej, gdyż obie czyniły to od niepamiętnych czasów.

Pochód rozproszył się, a jego uczestnicy skupili się w grupki, stojąc z odkrytymi głowami za Tomkiem.

Teraz weszli na salę wśród ogłuszających dźwięków muzyki gwardziści przyboczni, „najroślejsi i najokazalsi ludzie w Anglii, wybierani specjalnie do tej służby". Ale pozwólmy znowu mówić naszemu dziejopisowi:

„Gwardziści weszli na salę odziani w szkarłat i złoto, ze złotymi różami na grzbiecie; wchodzili oni i wychodzili, przynosząc potrawy w srebrnych naczyniach. Półmiski te przyjmował jeden z dostojników, który ustawiał je na stole w takiej kolejności jak je wniesiono, zaś drugi dostojnik, mający za obowiązek kosztowanie potraw, dawał każdemu z gwardzistów do spróbowania nieco jedzenia z półmiska, który wniósł, z obawy, że w jedzeniu mogłaby być trucizna".

Tomek jadł z apetytem, choć wiedział, że setki oczu obserwowały każdy kęs, który brał do ust, i przyglądały mu się z taką uwagą, jakby potrawy te były z materiału wybuchowego, który mógł go każdej chwili rozszarpać na tysiące kawałków.

Uważał pilnie, aby nie popełnić jakiejś niezręczności, zwłaszcza zaś, aby sobie samemu nie usługiwać, lecz za każdym razem czekał, aż odpowiedni urzędnik przyklęknie i wykona posługę.

Toteż udało mu się przebrnąć obiad bez zarzutu i osiągnąć niewątpliwy, wielki triumf.

Gdy obiad skończył się wreszcie i Tomek oddalił się pośrodku swego wspaniałego orszaku, przy dźwiękach trąb i bębnów oraz głośnych okrzykach tłumu, pomyślał, że jeżeli obiad publiczny nie przedstawia większej trudności, gotów jest przechodzić tę próbę bodaj kilka razy dziennie, byle się móc za tę cenę uwolnić od uciążliwszych obowiązków królewskiego urzędu.

Rozdział XVII

Fu-Fu Pierwszy

Miles Hendon biegł ku southwarckiemu końcowi mostu, rozglądając się na wszystkie strony za tymi, których szukał. Ale poszukiwania jego były daremne. Udało mu się wprawdzie przez dopytywanie się iść przez pewien czas za ich śladem, ale potem ślad ten urwał się nagle i Hendon nie wiedział, co począć.

Mimo to przez cały dzień nie ustawał w poszukiwaniach. Wieczór zastał go wyczerpanym, wygłodzonym i tak samo dalekim od celu poszukiwań jak na początku. Posilił się jedzeniem w gospodzie Tabard i legł spać z mocnym postanowieniem wyruszenia z domu nazajutrz wczesnym rankiem i rozpoczęcia ponownych poszukiwań w mieście.

Rozmyślając w łóżku nadal o swoich planach, doszedł do następującego przeświadczenia:

Chłopiec, jeżeli tylko zdoła, będzie się starał uciec od draba, który podaje się za jego ojca. Czy powróci w tym wypadku do Londynu, do swego dawnego otoczenia? Nie, nie uczyni tego, choćby z obawy, aby mu się znowu nie dostać w ręce. Więc cóż zrobi? Ponieważ do chwili poznania Milesa Hendona nie miał przyjaciela ani obrońcy, będzie się starał odszukać go, bacząc jednak, aby nie być zmuszonym wracać w tym celu do Londynu i wystawiać się na niebezpieczeństwo. Będzie się więc starał dotrzeć do Hendon Hall, tak, z pewnością to zrobi, zwłaszcza że wiedział, iż Hendon był także w drodze do domu, mógł się więc spodziewać, że go tam zastanie.

Tak, teraz wiedział już Hendon, co ma czynić: nie powinien tracić czasu w Southwarku, lecz ruszyć przez Kent do Monk Holm, szukać chłopca w lasach okolicznych i wypytywać o niego po gościńcach.

Ale powróćmy teraz do małego zaginionego króla.

Człowiek, którego służący z gospody ujrzał w pobliżu wyrostka i króla, gdy „zamierzał podejść" do nich, nie podszedł, jak się służącemu zdawało, lecz ruszył za nimi w pewnej odległości. Nie mówił ani słowa. Lewa ręka jego wisiała na temblaku, zaś na lewym oku miał wielki, zielony plaster; wlókł za sobą jedną nogę i pomagał sobie w chodzeniu kijem dębowym.

Wyrostek poprowadził króla zaułkami przez cały Southwark, aż wyszli na gościniec. Teraz król stracił już cierpliwość. Zatrzymał się i oświadczył, że pozostanie tutaj, niech Hendon przyjdzie do niego, nie jego sprawą jest szukać Hendona. Nie pozwoli nigdy na takie zuchwalstwo; pozostanie teraz tu, gdzie jest.

Wyrostek rzekł na to:

– Chcesz tu zostać, kiedy przyjaciel twój leży tam ranny za lasem? Rób, jak uważasz za stosowne!

Król zmienił natychmiast ton i zawołał:

– Ranny? Kto się poważył napaść go? Ale o tym później: teraz naprzód, naprzód! Prędzej, prędzej! Czy masz nogi z ołowiu? Ranny, powiadasz? Choćby ten, kto go zranił, był synem książęcym, nie daruję mu tego przestępstwa!

Znajdowali się jeszcze w sporej odległości od lasu, ale szybko posuwali się naprzód. Przewodnik rozglądał się bacznie dokoła, dostrzegł tkwiącą w ziemi gałązkę, do której przywiązana była mała szmatka, wszedł w tym miejscu w las i znalazł ścieżkę znaczoną od czasu do czasu w podobny sposób: widać było, że wiedzie ona prosto do celu. Wreszcie doszli do polany, na której widać było zwęglone zgliszcza spalonej zagrody, zaś obok nich stała na wpół zawalona, zgniła stodoła.

Nigdzie nie widać było śladu życia; dokoła panowała zupełna cisza.

Przewodnik wszedł do stodoły, król stąpał za nim. W stodole nie było nikogo. Król spojrzał na chłopaka zdziwiony i zapytał podejrzliwie:

– Gdzie on jest?

Szyderczy śmiech był odpowiedzią.

Król zapalił się dzikim gniewem, chwycił polano i chciał zaatakować swego przewodnika, gdy ponownie nad uchem jego rozlegl się szyderczy śmiech. Tym razem pochodził on od owego kulawego włóczęgi, który szedł cały czas w pewnej odległości za nimi.

Król odwrócił się do niego gniewnie i zapytał:

– Kto jesteś? Czego chcesz tutaj?

– Daj pokój tym głupstwom – odpowiedział przybyły – i zachowuj się spokojnie. Przebranie moje nie jest tak doskonałe, żebyś miał własnego ojca nie poznać!

– Nie jesteś moim ojcem. Nie znam cię. Jestem królem. Jeżeli uwięziłeś mego sługę, prowadź mnie do niego albo pożałujesz swego czynu.

Jan Canty odpowiedział na to głosem surowym i stanowczym:

– To zupełnie jasne, że zwariowałeś i dlatego nie będę cię bił, ale jeżeli będziesz nadal mówił w ten sposób, zmusisz mnie do tego. Przechwałki twoje są teraz nieszkodliwe, gdyż w tym miejscu nie ma uszu, które by się tym głupstwom przysłuchiwały. Ale musisz się nauczyć trzymać język za zębami, żebyś nie sprowadził na nas nieszczęścia, gdy się znajdziemy gdzie indziej. Zabiłem ojca Andrzeja i nie mogę wracać do domu, ani ja, ani ty; zresztą jesteś mi potrzebny. Z ważnych przyczyn przybrałem też inne nazwisko; nazywam się teraz Hobbs – Jan Hobbs; tobie na imię Kuba – zapamiętaj to sobie dobrze. A teraz gadaj. Gdzie twoja matka? Gdzie twoje siostry? Nie przyszły na umówione miejsce – czy wiesz, gdzie one są?

Król odpowiedział posępnie:

– Nie przypominaj mi tak smutnych rzeczy. Moja matka nie żyje; moje siostry są w pałacu.

Wyrostek roześmiał się znowu głośno i król chciał się już na niego rzucić, gdy Canty – a raczej Hobbs, jak się teraz nazywał – powstrzymał go, zwracając się do chłopaka:

– Zostaw go w spokoju, Hugo, nie drażnij go; biedaczysko stracił rozum, a ty go jeszcze bardziej wyprowadzasz z równowagi swymi drwinami. Siadaj tam, Kuba i uspokój się; zaraz ci dam coś zjeść.

Hobbs i Hugo poczęli rozmawiać z sobą półgłosem, zaś król oddalił się, jak mógł najbardziej, od tych wstrętnych dla niego postaci. Wyszukał sobie ciemne miejsce w najdalszym kącie stodoły, gdzie ubite klepisko pokryte było na stopę wysokości słomą. Położył się tam, nakrył się słomą zamiast kołdry i oddał się rozmyślaniom.

Wiele go trosk trapiło. Wszystkie jednak kłopoty usuwał w cień ból z powodu wielkiej straty, jaką poniósł, straty ojca. We wszystkich ludziach imię Henryka VIII budziło tylko grozę; widziano w nim potwora, którego oddech przynosił nieszczęście, z którego ręki płynęły tylko tortury i śmierć. Ale w tym chłopcu imię ojca budziło jedynie łagodne wspomnienia, zaś twarz, która żyła jeszcze w jego wyobraźni, miała rysy miłe i dobrotliwe. Przywołał na pamięć długi szereg serdecznych rozmów z ojcem i z rozkoszą oddał się tym wspomnieniom. Zaś gorące jego łzy świadczyły, jak głęboki i szczery był ból, który go przenikał. Tymczasem nadeszła pora południowa i wyczerpany zgryzotami chłopiec zapadł w głęboki, pokrzepiający sen.

Po długim czasie – nie umiałby określić jak długo to trwało – popadł znowu w stan półjawy, a gdy tak leżał jeszcze z przymkniętymi oczyma, odzyskując świadomość miejsca, w którym się znajdował i wydarzeń, jakie mu się przytrafiły, usłyszał cichy szmer: był to plusk deszczu uderzającego o dach. Ogarnęło go miłe uczucie bezpieczeństwa, ale wnet zostało ono niemile przerwane, gdyż w następnej chwili dzikie okrzyki i brutalny śmiech wypełniły stodołę.

Przeraziło go to do tego stopnia, że wysunął głowę spod słomy, aby zbadać przyczynę wrzawy. Oczom jego ukazał się niesamowity widok.

Na drugim końcu stodoły płonęło na ziemi wielkie ognisko, zaś dokoła niego, w fantastycznym oświetleniu czerwonego żaru, siedziała i leżała pstra, obdarta, brudna zgraja mężczyzn i kobiet, spotykanych tylko w historiach zbójeckich albo strasznych snach. Byli tam wielcy, silni mężczyźni, opaleni od długiego przebywania na powietrzu, z długimi, potarganymi włosami, odziani w malownicze łachmany; byli dalej równie obdarci młodzieńcy o surowych, okrutnych rysach twarzy; byli ślepi żebracy z zalepionymi plastrami lub przewiązanymi oczyma, kaleki z kulami lub szczudłami, nędzarze o ropiejących wrzodach zaledwie przewiązanych; jakiś przekupień z twarzą rzezimieszka, który miał jeszcze na grzbiecie ciężką pakę; jakiś szlifierz, blacharz, fryzjer, wszyscy ze swymi narzędziami.

Wśród kobiet młode jeszcze były dziewczęta, inne były dorosłe, jeszcze inne wyglądały jak stare, pomarszczone czarownice, a wszystkie zachowywały się głośno, bezczelnie, kłótliwie, wszystkie były brudne i obdarte. Poza tym znajdowało się w tym tłumie kilkoro zaniedbanych dzieci i dwa wychudłe psy ze sznurami na szyi, należące do jakiegoś ślepca.

Była noc. Banda ukończyła właśnie wieczerzę i zaczynała pijatykę. Czarka z wódką krążyła dokoła.

Potem rozległy się okrzyki:

– Śpiewać! Śpiewać! Nietoperz i Ryszard Kulas niech zaśpiewają!

Jeden ze ślepców wstał, zerwał plastry, które zakrywały zupełnie zdrowe oko i zdjął szyld blaszany, którego napis polecał jego kalectwo miłosierdziu przechodniów. „Kulas” odłożył także kulę i stanął na dwóch zdrowych nogach, obok rzekomego ślepca. Po czym obaj zaśpiewali piosenkę złodziejską, zaś pod koniec każdej strofki wszyscy pozostali przyśpiewywali głośnym chórem. Przy ostatniej strofce wesołość pijacka dosięgła szczytu i wszyscy chórem powtórzyli strofkę tak przeraźliwymi głosami, że od wycia zadrżały ściany i pułap szopy[1].

---

[1] W oryginale przytoczono w tym miejscu strofkę angielskiej piosenki złodziejskiej, nienadającej się do przekładu i zaczerpniętej – jak podaje autor w przypisku – z dzieła „Włóczęga angielski” („The English Rogue”), Londyn, 1665 (przyp. tłum.).

Potem zaczęła się rozmowa, ale nie w gwarze złodziejskiej, gdyż dialektem tym rozmawiali zazwyczaj wówczas tylko, gdy się obawiali, że ich ktoś podsłuchuje.

Z rozmowy można było się domyślić, że „Jan Hobbs" nie był w bandzie nowicjuszem, lecz już dawniej miał z nią rozgałęzione stosunki. Pytano go, jak mu się od tego czasu powodziło, a gdy się dowiedziano, że popełnił „przypadkowo" morderstwo, wyrażono mu uznanie, które wzrosło jeszcze, gdy oznajmił, że zabitym był ksiądz.

Wówczas wszyscy przepili do niego.

Starzy znajomi witali go radośnie, nowi czuli się dumni, że zawarli z nim znajomość. Zapytywano, dlaczego się tak długo nie pokazywał.

Hobbs odpowiedział:

– W Londynie jest lepiej niż na wsi i bezpieczniej dla człowieka naszego zawodu, zwłaszcza od czasu, jak obostrzono prawa i wykonuje się je tak surowo. Gdyby mi się nie przydarzył ten przypadek, zostałbym tam. Wolałbym siedzieć w domu, a nie puszczać się na wieś – ale ten przypadek zmusił mnie do tego.

Zapytał potem, ilu członków liczy teraz banda. Herszt, zwany „Kogutem", odpowiedział:

– Dwadzieścia pięć sztuk dzielnych owczych skór, doliniarzy, pilników, gaduł i mruków, wliczając w to panienki, baby i inną żeńską zwierzynę[1]. Większość jest tutaj, reszta wyruszyła już na wschód. My także wyruszamy jutro.

– Nie widzę w szlachetnym towarzystwie Guza. Gdzież on się podziewa?

– Biedaczysko wącha teraz siarkę, co pewnie nos jego znosi bez wielkiej przyjemności. Zeszłego lata padł w jakiejś bijatyce.

– Szkoda chłopca! Guz był spryciarzem i zuchem.

– To prawda. Czarna Elza, jego narzeczona, jest jeszcze z nami, ale poszła już z innymi na wschód. Ładna dziewczyna i zachowuje się jak należy; nie upija się nigdy więcej jak cztery razy na tydzień.

– Tak, zawsze taka była; pamiętam ją dobrze; dzielna dziewczyna, za to jej matka była do niczego: zła i kłótliwa jędza, ale rozumu miała więcej niż inni ludzie.

– Dlatego ją właśnie straciliśmy. Umiała wróżyć z ręki i w ogóle przepowiadać przyszłość, co sprowadziło na nią sławę czarownicy; spalono ją na wolnym ogniu. Serce mi się krajało, gdy widziałem, jak dzielnie umierała.

---

[1] Angielskie terminy złodziejskie na oznaczenie rozmaitych gatunków złodziejów, żebraków i włóczęgów oraz ich towarzyszek (przyp. autora).

Aż do ostatniej chwili przeklinała i złorzeczyła ludziom, którzy gapili się dokoła, choć płomienie dotykały już jej twarzy, przyswędziły włosy i wytryskały językami dokoła jej głowy; przeklinała, powiedziałem? Ale jak przeklinała! Choćbym żył jeszcze tysiąc lat, czegoś podobnego już nie usłyszę. Dalibóg, ta sztuka zeszła z nią do grobu. To, co się dzisiaj słyszy, to tylko nędzne naśladownictwo, bez siły, bez życia!

„Kogut" westchnął, a obecni westchnęli wraz z nim. Na chwilę całą bandę ogarnął nastrój przygnębienia, gdyż najzatwardzialsi nawet złoczyńcy jak ci, którzy tu byli zebrani, nie są zupełnie niewrażliwi na uczucia sympatii i potrafią niekiedy odczuwać stratę albo, jak w tym wypadku, żal po straconym na wszystkie czasy talencie.

Ale mocna „kolejka" przywróciła znowu humor towarzystwu.

– Czy jeszcze komu z naszych powiodło się nieszczególnie? – zapytał Hobbs.

– I jak jeszcze. Zwłaszcza nowicjuszom – biednym wieśniakom, którzy stracili pracę i chleb, gdy im odebrano zagrody i zamieniono je w owcze pastwiska. Wzięli się więc do żebractwa, za co chłostano ich do krwi, obnażywszy ich po pas i przywiązawszy do wozu. Stawiano ich potem pod pręgierz i rzucano w nich kamieniami. Jeżeli powracali do żebractwa, powtarzano chłostę i obcinano im jedno ucho. A jeżeli znowu żebrali – bo cóż mieli nieszczęśliwi począć? – wypalano im rozżarzonym żelazem piętno na policzku i sprzedawano w niewolę, jeżeli uciekali, ścigano ich, a gdy ich złapano, szli na szubienicę. Powszednia to historia. Niektórym z nas lepiej się powiodło. Pokażcie no, Yokel, Burns i Hodge – jak was ozdobiono!

Trzej zagadnięci wyszli naprzód, odgarnęli łachmany i pokazali obnażone plecy pokryte pręgami po chłoście; jeden z nich odgarnął włosy: brakowało mu lewego ucha; drugi miał ucho okaleczone, a na grzbiecie wypaloną literę V. Trzeci rzekł:

– Nazywam się Yokel, byłem zamożnym wieśniakiem, miałem kochającą żonę i dzieci – czym dzisiaj jestem, widzicie sami. Żona moja i dzieci nie żyją; spodziewam się, że są w niebie, może... może gdzie indziej... ale dzięki wszechmocnemu Bogu, że nie w Anglii! Moja dobra, pilna stara matka zarabiała na chleb, pielęgnując chorych; jedna z powierzonych jej opiece kobiet umarła, lekarz nie wiedział na co, więc spalono moją matkę jako czarownicę, a dzieci me stały przy stosie, biadając i lamentując. Stało się to zgodnie z prawem angielskim – wychylcie wszyscy swoje kubki! – wszyscy razem, a wesoło! – pijmy na cześć prawa angielskiego, które wyzwoliło matkę mą z tego piekła angielskiego! Dziękuję wam, towarzysze, za wasze współczucie. Żebraliśmy, chodząc od domu do domu – ja, moja żona i nasze biedne maleństwa – ale być głodnym to w Anglii zbrodnia, więc też wygnano nas chłostą z trzech miast. Wypijmy wszyscy na cześć litościwych praw angielskich! – gdyż uderzenia rózg rychło wyzwoliły moją biedną Marysię i dopomogły jej przenieść się na tamten świat. Leży teraz w ziemi, wolna od wszelkiej niedoli. A gdy mnie tak pędzono z miasta do miasta, dzieci moje poumierały w drodze. Wypijcie jeszcze raz na wspomnienie tych biednych robaczków, które nikomu nie uczyniły nigdy nic złego. Kiedy znów począłem żebrać, aby zdobyć kawałek chleba, dostałem się pod pręgierz i straciłem ucho – patrzcie, oto, co z niego pozostało; żebrałem dalej, a oto resztka drugiego ucha, która będzie mi to zawsze przypominała. Ale musiałem przecież żebrać nadal, więc zostałem sprzedany w niewolę, gdybyście zmyli brud z mojej twarzy, ujrzelibyście na niej wypalone rozżarzonym żelazem czerwone S![1] NIEWOLNIK! Czy rozumiecie to słowo? Angielski NIEWOLNIK! – oto kto stoi przed wami. Uciekłem od swego pana, a gdy mnie złapią – przekleństwo niebios niechaj spadnie na kraj, w którym rządzą takie prawa! – zostanę powieszony!*

Nagle zabrzmiał w ciemności świeży głosik:

– Nie będziesz powieszony! Od dzisiejszego dnia to okrutne prawo przestaje istnieć!

Wszyscy odwrócili się w stronę, skąd dochodził głos i ujrzeli fantastyczną postać małego króla, wynurzającą się z cienia.

Kiedy chłopiec stanął w kręgu światła i widać go było dokładnie, wszyscy zawołali jeden przez drugiego:

– Kto to jest? Co to jest? Czego ten smyk tu chce?

Chłopiec stał spokojnie przed chmarą zdumionych i skierowanych na niego pytająco oczu i odpowiedział z monarszą godnością:

– Jestem Edward, król Anglii.

W odpowiedzi zabrzmiał huragan głośnego śmiechu, po części jako szyderstwo, po części jako wyraz uznania dla dobrego żartu. Król oburzył się i zawołał rozgniewany:

– Niewdzięczni włóczędzy! Więc to jest wasza podzięka za łaskawy dar królewski, który wam przyobiecałem?

W tym tonie przemawiał jeszcze dłużej, żywymi gestami okazując swe niezadowolenie, ale słowa jego zagłuszył nowy wybuch głośnego śmiechu i szydercze okrzyki.

Na próżno usiłował „Jan Hobbs" przekrzyczeć gromadę; wreszcie usłyszano jego słowa:

– Chłopcy, to mój syn, obłąkany, wariat, niespełna rozumu – nie zwracajcie na niego uwagi – wyobraża sobie, że jest królem.

---

[1] Pierwsza litera angielskiego wyrazu „slave", co znaczy „niewolnik" (przyp. tłum.).

– I jestem nim – rzekł Edward, zwracając się do niego – a ty dowiesz się o tym za niedługo na swoje nieszczęście. Przyznałeś się przed chwilą do morderstwa – będziesz wisiał za to.

– Ty mnie wydasz? Ty? Niech cię dostanę w swoje ręce...

– Cicho tam! – rozkazał barczysty herszt, wysuwając się naprzód i rzucił Hobbsa pięścią na ziemię, w porę jeszcze ratując króla – czy nie masz szacunku ani dla króla, ani dla „Koguta"? Jeżeli jeszcze raz zachowasz się w ten sposób w mojej obecności, powieszę cię własnymi rękoma.

Potem zwrócił się do małego króla i rzekł:

– Nie groź swoim towarzyszom, chłopcze, trzymaj język za zębami i nigdy nie mów o nich nic złego. Bądź sobie królem, jeśli ci to sprawia przyjemność, ale nie sprowadzaj na nikogo nieszczęścia. Nie używaj nigdy więcej tytułu, który wymieniłeś przed chwilą – to jest zdrada stanu. Myśmy wszyscy nicponie, każdy z nas nieraz wykroczył przeciw prawom, ale tacy nikczemni nie jesteśmy, abyśmy popełnili zdradę wobec swego króla. Dla niego każde z naszych serc bije gorąco i wiernie. Przekonaj się, czy to prawda. No, chłopcy, wszyscy razem: Niech żyje Edward, król angielski!

– NIECH ŻYJE EDWARD, KRÓL ANGIELSKI!

Okrzyk ten z taką siłą padł z ust wszystkich włóczęgów, że ściany zmurszałej stodoły zatrzęsły się. Twarz małego króla zajaśniała radością: pochylił lekko głowę i rzekł poważnie, z zupełną swobodą:

– Dziękuję ci, mój dobry narodzie.

Ta niespodziana odpowiedź wywołała w całym towarzystwie nieposkromioną burzę śmiechu.

Gdy znowu uciszyło się nieco, „Kogut" rzekł stanowczo, ale z pewną dozą dobroduszności:

– Daj temu pokój, mój chłopcze, ani to mądre, ani ładne. Słuchaj sobie swojej manii, jeżeli musisz, ale wybierz sobie inny tytuł.

Jakiś blacharz zaproponował:

– Fu-Fu Pierwszy, król żebraków!

Tytuł ten zyskał ogólne uznanie i wszyscy wykrzyknęli na całe gardło:

– Niech żyje Fu-Fu Pierwszy, król żebraków!

Darli się przy tym, gwizdali, ryczeli jak opętani.

– Złożyć mu hołd i ukoronować go!

– Ubrać go po królewsku!

– Dać mu berło!

– Posadzić go na tronie!

Okrzyki padały ze wszystkich stron! I zanim mała, biedna ofiara zdążyła się spostrzec, co się z nią dzieje, włożono chłopcu na głowę cynowy garnek zamiast korony, odziano go w podarty koc zamiast płaszcza królewskiego, posadzono go na beczce jak na tronie i wetknięto mu w rękę stalowy pręt blacharza zamiast berła.

Potem wszyscy uklękli dokoła niego i zasypali go drwiącymi błaganiami, wycierając obłudnie oczy brudnymi rękawami i fartuchami.

– Bądź nam miłościwy, o łaskawy królu!

– Nie zdepcz nas, biednych robaków, swoją dostojną stopą, o wielki władco!

– Zlituj się nad swoim nędznym niewolnikiem, racz go obdarzyć swym łaskawym kopnięciem!

– Rozraduj nasze twarze, ogrzej nas promieniami swej łaski, o światłe słońce naszych oczu!

– Uświęć tę ziemię, dotykając jej końcem stopy, a kto będzie potem żarł tę ziemię, będzie się czuł uszlachcony!

– Pluń na nas, monarcho, aby wnuki nasze mogły się jeszcze szczycić z dumą tymi względami królewskimi!

Ale blacharz przewyższył tego wieczora wszystkich swymi dowcipnymi pomysłami. Przyklęknąwszy na ziemi, udał, że chce ucałować stopy króla, ten jednak kopnął go ze wstrętem. Blacharz począł obchodzić wszystkich dokoła, prosząc o szmatkę, aby móc sobie przewiązać miejsce, którego dotknęła stopa króla, gdyż musi ustrzec to miejsce na swej twarzy od dotknięcia brutalnego powietrza, a zrobi majątek, pokazując je publicznie na gościńcach za sto szylingów od osoby. Zachowywał się przy tym tak komicznie, że wzbudził podziw i dumę w całej bandzie.

Łzy wstydu i oburzenia napłynęły do oczu małego króla, który pomyślał w duchu:

– „Gdybym im wyrządził największą krzywdę, nie mogliby postąpić ze mną okrutniej – a przecież obiecałem im tylko łaskę – i oto jak mi za nią dziękują!”

Rozdział XVIII

Książę wśród włóczęgów

Wczesnym rankiem banda włóczęgów zerwała się ze snu i natychmiast ruszyła w drogę. Chmury snuły się po niebie, ziemia była wilgotna, a powietrze chłodne jak zimą. Humor opuścił towarzystwo; jedni byli skwaszeni i milczący, inni rozdrażnieni i zgryźliwi, nikt nie był w dobrym nastroju, wszystkich dręczyło pragnienie.

Herszt wydał kilka krótkich rozkazów, oddając „Kubę" pod opiekę Hugona, zaś Janowi Canty, zabraniając zupełnie wtrącać się do chłopca; ostrzegł też Hugona, aby się z nim nie obchodził surowo.

Po pewnym czasie pogoda poprawiła się i chmury przerzedziły się nieco. Włóczędzy nie marzli już, co wpłynęło na poprawę ich humoru. Poweselelі rychło i poczęli przekomarzać się ze sobą i kpinkować z ludźmi spotykanymi po drodze. Dowodziło to, że zbudziła się w nich na nowo radość życia i pragnienie jego rozkoszy. Lęk, jaki wzniecała wędrowna hałastra, przejawiał się w tym, że przechodnie na gościńcu schodzili włóczęgom z drogi i znosili ich bezczelne żarty, nie odpowiadając na nie. Rozzuchwaleni przestępcy zdzierali z płotów wywieszoną do suszenia bieliznę i robili to pod okiem właścicieli, którzy nie oponowali nawet, radzi, że włóczędzy zadowalali się tym.

Po pewnym czasie dotarli do niewielkiej zagrody chłopskiej i rozgospodarowali się w niej jak w domu, a strwożony wieśniak wraz ze swą rodziną musiał im usługiwać do śniadania, wywlekając wszystkie posiadane zapasy żywności. Szczypali w policzki gospodynię i jej córki, podające im do stołu, szydzili z nich, pozwalali sobie na brutalne dowcipy i śmiali się głośno. Za wieśniakiem i jego synami rzucali kośćmi i resztkami jedzenia, a gdy im się udawało trafić do celu, wybuchali niepowstrzymanym śmiechem. Gdy jedna z córek nie pozwoliła na żarty, za karę wysmarowali jej głowę masłem.

Opuszczając wreszcie zagrodę, włóczędzy zapowiedzieli gospodarzowi, że gdyby się poskarżył przed władzami, wrócą i podpalą jego dom.

Koło południa banda zmęczona długim i uciążliwym marszem rozłożyła się za żywopłotem w pobliżu wielkiej wsi. Przez godzinę wypoczywano, po czym wszyscy rozpierzchli się, aby wejść do wsi różnymi drogami i w pojedynkę uprawiać swój proceder.

„Kubę" przydzielono Hugonowi. Przez pewien czas włóczyli się tam i sam, a Hugo polował na sposobność ściągnięcia czegoś, gdy jednak nie mógł nic odpowiedniego znaleźć, rzekł:

– Nic tu nie ma do zwędzenia; biedne to miejsce. Musimy więc żebrać.

– My? To sobie pyszne! Ty możesz uprawiać swoje rzemiosło – godne jest ciebie. Ale ja żebrać nie będę.

– Nie będziesz żebrać? – zawołał Hugo i spojrzał zdumiony na króla. – Od kiedyż to odprzysiągłeś się od żebractwa?

– Co przez to rozumiesz?

– Co rozumiem? No, przecież przez całe życie żebrałeś na ulicach Londynu?

– Ja? Oszalałeś?

– Zaoszczędź sobie takich komplementów – mógłbyś ich pożałować. Ojciec twój mówił także, że zawsze żebrałeś. Może kłamał? Będziesz pewnie chciał twierdzić, że kłamał – zadrwił Hugo.

– Ten, kogo ty nazwałeś moim ojcem? Tak, kłamał.

– No, chłopcze, nie udawaj wobec mnie wariata; jest to może zabawne dla ciebie, ale niezbyt bezpieczne. Gdybym mu to powtórzył, oberwałbyś zdrowo.

– Możesz sobie zaoszczędzić trudu. Sam mu to powiem.

– Podoba mi się twoja odwaga, ale nie podziwiam twego rozumu. Dość się i tak obrywa cięgów w życiu, nie potrzeba ich jeszcze ściągać na siebie dobrowolnie. Ale dość o tym; ja wierzę twemu ojcu. Nie wątpię, że potrafi on kłamać; nie wątpię, że kłamał nieraz, gdy trzeba było, boć i najlepszy z nas kłamie, gdy trzeba, ale w tym wypadku nie miał potrzeby. Mądry człowiek nie kłamie bez wyraźnej konieczności. Ale chodźmy, jeżeli nie jesteś w odpowiednim humorze do żebrania, to cóż poczniemy z sobą? Zakradniemy się do jakiej kuchni?

Król odpowiedział niecierpliwie:

– Daj pokój z tymi głupstwami – denerwujesz mnie już!

Hugo rozgniewał się i rzekł:

– Słuchaj no, bratku; nie chcesz żebrać, nie chcesz kraść; wolna wola. Ale ja ci powiem, co musisz robić. Musisz być moją przynętą, kiedy ja będę żebrał, i radzę ci, nie waż mi się sprzeciwiać!

Król chciał właśnie odmówić i temu żądaniu, gdy Hugo przerwał mu szybko:

– Cicho! Oto nadchodzi jakiś jegomość z dobroduszną twarzą. Będę teraz udawał, że mam drgawki. Kiedy nieznajomy zbliży się do mnie, padnij na kolana i zacznij wyć, jakby cię diabeł opętał; a jęcz ciągle i wołaj: „O, panie, spójrzcie na mego biednego chorego brata, jesteśmy sierotami; na miłość Boga, zechciejcie zwrócić łaskawe oczy na tego chorego, opuszczonego biedaka; dajcie nam, biednym sierotom, chociaż jeden grosik ze swego bogactwa, ciężko dotknęła nas ręka boska, bliski jest już nasz kres!” – i tak masz wołać i skarżyć się, nie ustając ani na chwilę, aż wreszcie sięgnie do sakiewki. Gdybyś tego nie zrobił, źle będzie z tobą!

I Hugo począł wić się i jęczeć, wywracać oczy, zataczać się na nogach, a gdy nieznajomy był już blisko, padł nagle z głośnym okrzykiem na ziemię, rzucając się i miotając po piasku jak w śmiertelnych konwulsjach.

– Ach, Boże, ach Boże! – zawołał wrażliwy przechodzień. – O biedaku, o biedaku, jak straszne są twoje cierpienia! Czekaj, zaraz cię podniosę.

– O, szlachetny panie, nie dotykajcie mnie! Niech was Bóg wynagrodzi za wasze miłosierdzie, ale doznaję straszliwych bólów, gdy się mnie dotyka. Ten oto brat może waszej miłości powiedzieć jak okropne znoszę cierpienia, gdy przyjdzie na mnie taki atak. Jednego pensa, szlachetny panie, jednego pensa na chleb – a potem pozostawcie mnie memu nieszczęściu.

– Jednego pensa! Dam ci trzy, biedny młodzieńcze – rzekł staruszek, szukając szybko w kieszeni przyrzeczonych pieniędzy. – Weź to, nieszczęśliwcze, z całego serca ci daję. Chodź tu, mały, pomóż mi zanieść twego brata do tego domu, gdzie...

– Nie jestem jego bratem – odpowiedział król.

– Co? Nie jesteś jego bratem?

– O, hańba mu! – zawołał Hugo, zgrzytając zębami. – Zapiera się rodzonego brata, który już jedną nogą stoi w grobie!

– Chłopcze, istotnie twarde masz serce, jeżeli to jest twój brat. Wstydź się! Przecież on nie może ruszyć ręką ani nogą. Jeżeli jak powiadasz, nie jest twoim bratem, to kimże jest?

– Żebrakiem i złodziejem! Wziął od was pieniądze, a przy sposobności opróżnił wam kieszenie. Jeśli chcecie, żeby stanął na nogach, podnieście tylko kij, a resztę pozostawcie Opatrzności.

Ale Hugo nie czekał już na cud; w tej samej chwili zerwał się z ziemi i pomknął jak wicher, zaś nieznajomy puścił się za nim z kijem w ręku, wyklinając, co się zowie.

Podziękowawszy niebu za swe ocalenie, puścił się król w przeciwnym kierunku i nie zwolnił kroku, aż znalazł się poza obrębem niebezpieczeństwa. Skierował się pierwszą lepszą ścieżką, jaka mu się nadarzyła, i wkrótce pozostawił wieś za sobą.

Przez wiele godzin biegł jak mógł najszybciej, oglądając się od czasu do czasu z trwogą poza siebie, aby się przekonać, czy go nie ścigano, ale obawa ta ustąpiła rychło miejsca uczuciu bezpieczeństwa.

Teraz jednak uczuł głód i wyczerpanie. Skierował się więc ku najbliższej zagrodzie; zanim jednak powiedział cokolwiek, uprzedzono go i odprawiono szorstko. Łachmany jego budziły nieufność.

Oburzony i dotknięty ruszył chłopiec dalej, postanawiając nie narażać się więcej na takie traktowanie. Ale głód silniejszy jest od dumy i gdy zapadł wieczór, mały król ponowił próbę przy innej chacie. Tutaj powiodło mu się jeszcze gorzej; wypędzono go wyzwiskami i zagrożono mu więzieniem, jeżeli się natychmiast nie wyniesie.

Zapadła noc pochmurna i wietrzna, a biedny monarcha mimo okaleczonych nóg wlókł się dalej powoli. Musiał zresztą być ciągle w ruchu, gdyż ilekroć chciał wypocząć przez chwilę, chłód przenikał go aż do szpiku kości.

Wszystko, co widział i czuł, idąc tak wśród uroczystej ciszy i głębokiego mroku nocy, było dlań nowe i dziwne. Od czasu do czasu słyszał z dala głosy; zbliżały się one do niego, potem milkły w nocnej ciszy, nie widział jednak ludzi, lecz tylko ciemne, bezkształtne zarysy, toteż wszystko to wydawało mu się niesamowicie upiorne i napawało go mimowolną trwogą.

Chwilami dostrzegał też migoczące światełka, ale musiały one znajdować się bardzo daleko, gdyż połyskiwały jakby z innego świata. Dzwonki owiec dźwięczały niewyraźnie i cicho, a wiatr niósł mu naprzeciw stłumione pobekiwanie stad niby skargliwe głosy. Niekiedy dochodziło go też na rozległym polu albo w lesie szczekanie psa. Ale wszystkie te dźwięki były dalekie i mały król miał wrażenie, że całe życie ludzkie usunęło się od niego w dal, że znalazł się samotny i opuszczony wśród niezmierzonego pustkowia.

Wlókł się jednak naprzód, poddając się nowemu dla niego uczuciu zgrozy; niekiedy drętwiał ze strachu, słysząc szelest suchych liści na gałęziach, brzmiący jak szept głosu ludzkiego.

Nagle ujrzał tuż przed sobą migoczący promyk światła, pochodzący od blaszanej latarni. Cofnął się w cień i rozejrzał się dokoła. Latarnia stała w otwartych wrotach stodoły. Król przeczekał znowu chwilę – było cicho, nic się nie poruszało. Od stania w miejscu chłód począł mu znowu dokuczać, a gościnnie otwarte wrota wyglądały tak kusząco, że zebrał się wreszcie na odwagę i postanowił spróbować wejść w nie. Cicho i szybko wślizgnął się do stodoły; w chwili, gdy przekroczył próg, usłyszał za sobą głosy. Ukrył się za stojącą opodal beczką i przykucnął w oczekiwaniu.

Weszli dwaj parobcy, którzy wnieśli latarnię i poczęli się krzątać po stodole, rozmawiając z sobą. Kiedy tak chodzili dokoła z latarnią, król rozejrzał się po stodole i spostrzegł, że w drugim końcu znajduje się obszerna przegroda. Postanowił przedostać się tam, gdy tylko pozostanie sam. Niedaleko stamtąd odkrył też kilka koców i postanowił wypożyczyć kilka z nich na użytek korony angielskiej na jedną noc.

Po pewnym czasie parobcy ukończyli swoją robotę i wyszli z latarnią, zaryglowawszy drzwi. Zmarznięty król jak mógł najszybciej w ciemnościach namacał koce, wziął kilka z nich i po omacku dotarł do przegrody. Z dwóch koców sporządził sobie posłanie, pozostałymi dwoma nakrył się.

Czuł się teraz po królewsku, chociaż koce były stare i cienkie i nie grzały dostatecznie; czuć je też było końmi tak silnie, że z ledwością mógł ten zapach wytrzymać.

Chociaż zgłodniały i przemarznięty jeszcze, uczuł jednak król tak silne zmęczenie i senność, że natychmiast popadł w stan półprzytomności. Ale w chwili, gdy miał już zasnąć, poczuł, że go coś dotknęło! Zbudził się natychmiast, ale strach odjął mu dech. Z przerażenia pod wpływem tajemniczego dotknięcia w ciemności serce jego przestało bić. Przez długi czas leżał nieruchomo i cicho, nadsłuchując i nie ważąc się niemal oddychać. Ale nic się nie poruszyło, nigdzie nie słychać było najmniejszego dźwięku. Nadsłuchiwał, czekając – jak mu się zdawało – przez bardzo długi czas, lecz nic się nie poruszyło. Ale gdy miał już zasnąć ponownie, poczuł nagle znowu to tajemnicze dotknięcie! Coś przeraźliwego było w tym lekkim dotknięciu przez jakiś niewidzialny i niedosłyszalny przedmiot i chłopiec znieruchomiał z trwogi.

Co miał począć? Oto było pytanie, na które nie znajdował odpowiedzi. Czy miał opuścić to ciepłe schronienie, aby uciec przed niewyjaśnioną grozą? Ale dokąd uciec? Ze stodoły nie mógł się wydostać, a na myśl, by w ciemnościach posuwać się na oślep tu i ówdzie, zamknięty w tych czterech ścianach, na myśl, że tajemniczy upiór może pójdzie za nim, aby go znowu dotknąć lekko w policzek czy w ramię, na tę myśl ogarniało go przerażenie.

Ale czyż lepiej było pozostać na miejscu i znosić nadal tę trwogę śmiertelną? Nie! Więc cóż miał począć? Ach, jedno tylko było wyjście; zdawał sobie z tego jasno sprawę. Trzeba było wyciągnąć rękę i zbadać, co to było!

Łatwo to było pomyśleć, ale trudno zdecydować się, a jeszcze trudniej wykonać postanowienie. Trzy razy wyciągnął odrobinę rękę w ciemności, bardzo ostrożnie, ale za każdym razem cofał ją z głębokim westchnieniem, nie dlatego, że znalazł coś, ale że sądził, iż w następnej chwili będzie musiał dotknąć tajemniczego przedmiotu. Za czwartym jednak razem ręka jego, wysunięta odrobinę dalej, dotknęła czegoś miękkiego i ciepłego. Zlodowaciał ze strachu, przekonany, iż przedmiot, którego dotknął, musi być trupem kogoś niedawno zmarłego i dlatego jest jeszcze ciepły. Wolałby umrzeć raczej, niż dotknąć go po raz drugi. Zdawało mu się to jednak dlatego tylko, że nie znał potęgi ciekawości ludzkiej. Toteż po niedługim czasie wyciągnął znowu drżącą rękę, chociaż uważał to za głupie i właściwie nie chciał tego zrobić – jednak wyciągnął po omacku rękę. Nagle dotknął kłębka włosów. Drgnął, ale ręka mimo woli sunęła dalej za tymi włosami i natrafiła na coś, co sprawiało w dotknięciu wrażenie ciepłego sznura; poszła za tym sznurem i natrafiła na... niewinne cielę! Gdyż sznur nie był wcale sznurem, lecz ogonem cielęcia.

Król zawstydził się bardzo, że tak się przestraszył śpiącego cielątka. Ale wstyd jego był nie na miejscu, gdyż najadł się strachu nie z powodu cielęcia, ale z powodu czegoś straszliwego i nieznanego, co w wyobraźni widział zamiast cielęcia, zaś każdy inny chłopiec na jego miejscu w tych zabobonnych czasach byłby tak samo przerażony.

Król ucieszył się niezmiernie, że tajemnicza istota okazała się tylko cielaczkiem, zwłaszcza zaś ucieszyło go pozyskane towarzystwo cielęcia; czuł się bowiem tak samotny i opuszczony, że nawet obecność skromnego zwierzątka była mu miła. Zresztą bliźni tak z nim okrutnie postąpili i tyle mu wyrządzili krzywd, że uczuł ulgę, znalazłszy się teraz w towarzystwie istoty łagodnej i dobrej, choć pozbawionej wybitnych zalet. Postanowił więc, nie bacząc na jakiekolwiek różnice stanu i urodzenia, zawrzeć z cielątkiem przyjaźń.

Gdy je tak głaskał po ciepłym, miękkim grzbiecie – gdyż cielę leżało bardzo blisko niego – przyszło mu na myśl, że może mieć pożytek ze zwierzątka. Szybko zmienił swoje leże i uścielił sobie posłanie tuż przy cielątku, potem przytulił się do jego grzbietu, naciągnął koce na siebie i swego nowego przyjaciela i po chwili było mu tak ciepło i miło jak niegdyś w puchowym łożu w pałacu Westminsterskim.

Radośniejsze myśli zawładnęły jego główką, a życie wydało mu się znowu weselsze. Był teraz wolny od więzów, które chciał mu nałożyć rzekomy ojciec – przestępca; uciekł od bandy brutalnych i okrutnych włóczęgów; nie czuł już zimna; znalazł dach nad głową – słowem, czuł się szczęśliwy.

Wiatr hulał po polu; uderzał niekiedy gwałtownie, i wówczas stara stodoła drżała; niekiedy gdy wiatr stawał się słabszy, pod pokryciem dachu rozlegały się tylko jego poświsty i wycie, ale dla króla, który spoczywał teraz bezpieczny i rozgrzany, brzmiało to jak muzyka. Wiatr mógł sobie dąć i wyć, mógł walić we wrota i wstrząsać słupami, mógł gwizdać i zawodzić – króla nic to nie obchodziło, przeciwnie, było mu to nawet miłe. Tym mocniej tulił się do swego ciepłego towarzysza z uczuciem największej rozkoszy, aż wreszcie w błogim szczęściu zapadł w głęboki sen absolutnego spokoju i radości. W dali wyły psy i rozlegało się smętne porykiwanie bydła; wichura szalała, miotając potoki deszczu na dach, ale jego królewska mość król angielski spał spokojnie, a wraz z nim spało cielątko, gdyż było to spokojne stworzenie, które niełatwo dałoby się wytrącić z równowagi, czy to przez wichurę, czy przez swego królewskiego towarzysza snu.

Rozdział XIX

Książę wśród wieśniaków

Gdy król zbudził się wczesnym rankiem, spostrzegł, że niemądry, ale sprytny szczur podkradł się do niego w nocy i ulokował się na jego piersi. Gdy się teraz król poruszył, szczur uciekł. Chłopiec uśmiechnął się i rzekł:

– Głuptasku, czego się boisz? Jest mi tak samo źle jak tobie. Źle by to o mnie świadczyło, gdybym prześladował bezbronnych, ja, który sam jestem przecież bezbronny. Jestem ci zresztą wdzięczny za dobrą przepowiednię, jeżeli król upadł tak dalece, że szczury obierają sobie legowisko na jego piersi, oznacza to bezwarunkowo, iż w losie jego musi nastąpić zmiana, bo przecież nic gorszego już nastąpić nie może.

Wstał i wyszedł z przegrody, gdy nagle usłyszał z zewnątrz głosy dziecięce. Wrota stodoły otworzyły się i weszły dwie małe dziewczynki. Gdy ujrzały chłopca, przestały rozmawiać i śmiać się; zatrzymały się zmieszane, spojrzały na niego zaciekawione, potem poszeptały z sobą, zbliżyły się nieco bardziej, zatrzymały się znowu i znowu poczęły go oglądać, szepcząc coś jedna do drugiej. Po pewnym czasie nabrały o tyle odwagi, że poczęły wygłaszać swoje spostrzeżenia głośno.

– Ładną ma twarz.

A druga dodała:

– I śliczne włosy.

– Ale ubrany jest źle.

– I wygląda, jakby był głodny.

Potem zbliżyły się jeszcze bardziej, oglądając go ukradkowo z ukosa, jakby to było nieznane i dziwne zwierzątko. Spoglądały na niego lękliwie i z wahaniem, jakby się obawiały, że mógłby je ugryźć. Wreszcie stanęły tuż przed nim, trzymając się za ręce jakby dla obrony, i długo spoglądały nań w zdumieniu swymi niewinnymi oczętami; potem jedna z nich zebrała się na odwagę i zapytała:

– Kim jesteś, chłopcze?

– Jestem królem – brzmiała spokojna odpowiedź.

Dziewczynki drgnęły, oczy ich rozwarły się jeszcze szerzej; przez pół minuty spoglądały po sobie bez słowa. Wreszcie jednak ciekawość zwyciężyła milczenie:

– Królem? Jakim królem?

– Królem Anglii.

Dziewczynki spojrzały jedna na drugą – potem na niego – potem znowu jedna na drugą – stropione i zmieszane – wreszcie jedna rzekła:

– Czy słyszałaś, Małgosiu? On mówi, że jest królem. Czy to może być prawda?

– Jakby to mogła nie być prawda, Polciu? Nie powiedziałby przecież kłamstwa. Bo widzisz, Polciu, gdyby to nie była prawda, to byłoby na pewno kłamstwo. Wierz mi! Wszystko, co nie jest prawdą, jest kłamstwem – wiesz przecież o tym.

Przeciw takiemu dowodowi nic nie można było powiedzieć; wątpliwości Polci nie mogły mu się oprzeć. Po chwili zastanowienia zwróciła chłopcu jego królewski honor, mówiąc:

– Jeżeli jesteś naprawdę królem, w takim razie wierzę ci.

– Jestem naprawdę królem.

To rozstrzygnęło sprawę.

Królewskość jego królewskiej mości została uznana bez dalszych wątpliwości i pytań, po czym dziewczęta poczęły go wypytywać, jak się tu dostał i dlaczego ubrany jest tak nie po królewsku, dokąd zmierza i co w ogóle ma zamiar uczynić.

Dla młodego króla było wielką ulgą móc się użalić na swoje cierpienia przed kimś, kto ani nie drwił z niego, ani nie wątpił w prawdę jego słów; opowiedział więc dziewczętom szczegółowo swoje dzieje, zapominając przy tym o głodzie; dziewczynki przyjęły jego opowiadanie z oznakami najżywszego współczucia. Ale gdy doszedł do swego ostatniego przeżycia i oznajmił im, jak długo nie jadł nic, przerwały mu i pobiegły do domu, aby przynieść królowi coś do zjedzenia.

Król był teraz rad i zadowolony i pomyślał:

– „Gdy odzyskam znowu swoje prawa, będę zawsze otaczał dzieci szczególną opieką, gdyż dzieci zaufały mi w chwili niedoli i uwierzyły we mnie, podczas gdy ludzie starsi, którzy powinni myśleć rozumniej, wydrwili mnie, uważając moje słowa za kłamstwo".

Matka dziewczynek przyjęła króla życzliwie, okazując mu wielkie współczucie; opuszczenie jego i widoczny zamęt jego umysłu sprawiały jej ból.

Była ona wdową żyjącą w skromnych warunkach, zniosła w życiu wiele cierpienia i wiedziała, co czują nieszczęśliwi. Przypuszczała, że ten chory umysłowo chłopiec uciekł od swych krewnych czy opiekunów, starała się więc wywiedzieć, skąd pochodził, aby go móc odprowadzić z powrotem do domu.

Ale wszelkie jej uwagi, dotyczące okolicznych miasteczek i wsi, oraz wszelkie pytania co do miejscowości pozostawały bez skutku. Zarówno twarz chłopca jak i jego odpowiedzi wskazywały, że to, o czym mówiła, było dlań zupełnie nieznane. Mówił swobodnie i wyczerpująco o sprawach dotyczących dworu, a często ogarniało go wzruszenie, gdy wspominał zmarłego króla, „swego ojca”. Gdy jednak rozmowa schodziła na mniej dostojne osoby, nie okazywał zupełnie zainteresowania i zapadał w milczenie.

Wdowa nie wiedziała, co o tym sądzić, ale nie zrezygnowała jednakże ze swoich zamiarów. Krzątając się nadal koło kuchni, zastanawiała się, w jaki sposób skłonić chłopca do zdradzenia swojej tajemnicy. Mówiła o krowach i wołach – nie okazywał zainteresowania; o owcach – skutek był taki sam; przekonała się więc, że przypuszczenie jej, jakoby był pastuszkiem było błędne. Potem poczęła mówić o młynarzach i tkaczach, o blacharzach, kowalach, o rozmaitego rodzaju kupcach; mówiła o zakładzie dla obłąkanych, o więzieniu i przytułkach; wszystko daremnie. Nie udało się jej wydobyć z niego nic.

Mimo to nie uważała swoich wysiłków za stracone; wywnioskowała, że nie pozostaje nic innego, tylko, iż był on sługą jakichś dostojnych państwa. Zdawało jej się, że tym razem wpadła istotnie na właściwy trop i skierowała w tym kierunku swoje wysiłki, ale znowu spotkało ją niepowodzenie. Gdy mówiła o zamiataniu, chłopiec okazywał znudzoną minę, rozpalanie ognia także go nie rozpalało; zmywanie naczyń i czyszczenie ubrań nie budziło w nim zainteresowania. Wreszcie dobra kobieta z resztką nadziei i tylko gwoli zupełnego wyczerpania tematu przeszła do spraw gotowania.

Ku wielkiej jej radości i zdumieniu twarz króla rozjaśniła się nagle. Aha, pomyślała, nareszcie go mam, i poczuła się dumna bardzo ze swego podstępu i rozwagi, z jaką wybadała chłopca.

Zmęczony jej język mógł nareszcie odpocząć nieco, gdyż król podniecony szarpiącym go głodem i miłym zapachem, unoszącym się z rozstawionych na kuchni garnków i patelni, stał się rozmowny i począł opowiadać z takim zapałem o rozmaitych smakołykach, że kobieta pomyślała natychmiast:

– „Dalibóg, miałam rację – on był kuchcikiem!”

Król rozwodził się na temat swoich ulubionych potraw, a mówił o tym z takim ożywieniem i z miną znawcy, że wieśniaczka pomyślała:

– „Boże wielki, skąd on zna tyle potraw i tak kosztownych? Gdyż takie rzeczy zjawiają się tylko na stole dostojnych i bogatych ludzi. Ach, rozumiem już! Chociaż jest taki obdarty i wygląda jak włóczęga, to jednak służył widocznie, zanim zwariował, w kuchni dworskiej. Może był kuchcikiem samego króla. Muszę go wystawić na próbę”.

Pragnąc okazać swoją przebiegłość, zwróciła się do króla, prosząc, aby uważał przez chwilę na garnki, i zaznaczyła, że jeżeli ma chęć, może i sam spróbować okazania swoich sztuk w tej umiejętności; potem opuściła kuchnię, dając znak dzieciom, aby wyszły za nią.

Król pomyślał:

– „Już jeden z królów angielskich spełnił takie samo polecenie – nie ubliża więc mej godności uczynić to, co raczył zrobić wielki Alfred[1]. Postaram się jednak lepiej od niego wywiązać ze swego zadania, gdyż on przypalił swoje placki".

Zamiar był chwalebny, ale wykonanie bynajmniej mu nie odpowiadało; i ten król, podobnie jak jego poprzednik, popadł rychło w głębokie zamyślenie nad skomplikowanymi sprawami, i stało się to samo nieszczęście: potrawy przypaliły się. Na szczęście gospodyni wróciła dość jeszcze wcześnie, aby uratować śniadanie od zupełnej zagłady; gwałtowna jej nagana zbudziła chłopca z rozmarzenia, przypominając mu o rzeczywistości. Gdy jednak wdowa ujrzała, jak zatroskany był król z powodu swej nieuwagi, złagodniała szybko i znowu była dla niego dobra i uprzejma.

Chłopiec jadł z wielkim apetytem, a pod wpływem pożywnego śniadania przybyło mu sił i humoru. Co było osobliwego w tym wszystkim, to to, że obie strony sądziły, iż przymykają oczy na różnice stanu, ale żadna ze stron nie zdawała sobie sprawy, że jej jakąś łaskę wyświadczano. Gospodyni wolałaby dać małemu włóczędze jedzenie w kąciku jak psom i jak innym żebrakom, ale żal jej było, że go tak gwałtownie zgromiła za przypalone potrawy, robiła więc, co mogła, aby naprawić swój błąd, i pozwoliła mu jeść przy stole rodzinnym, jak gdyby mały obdartus był jej naprawdę równy. Król ze swej strony ubolewał szczerze, iż zawiódł pokładane w nim zaufanie, a biorąc pod uwagę, jak życzliwi byli ci ludzie wobec niego, wymógł na sobie, aby się do nich zniżyć i obcować z nimi jak z ludźmi równo postawionymi, zamiast żądać od kobiety i jej córeczek, by mu usługiwały, stojąc, i jeść w samotnym majestacie przy stole, jak przystało jego urodzeniu i godności.

Ale dla wszystkich nas dobrze jest od czasu do czasu zrezygnować ze swojej ambicji.

Dobra kobieta czuła przez cały dzień wielkie zadowolenie, że postąpiła tak litościwie z biednym włóczęgą, zaś król był równie rad ze swej wspaniałomyślności wobec prostej wieśniaczki.

Po śniadaniu gospodyni kazała królowi pozmywać naczynia. W pierwszej chwili chłopiec chciał zaoponować przeciw temu z oburzeniem, ale potem pomyślał sobie:

– „Alfred Wielki doglądał placków przy pieczeniu; z pewnością zdecydowałby się i na zmywanie naczyń: mogę więc i ja spróbować".

---

[1] Alfred Wielki – król Wessexu, jednego z królestw anglosaskich (871-899). Według legendy podczas najazdu plemion duńskich ukrył się w wiejskiej chacie. Ponieważ gospodyni nie poznała go, kazała mu pilnować smażących się placków. Placki przypaliły się, za co król otrzymał od niej policzek.

Nieszczególnie mu się z tym powiodło, czemu się bardzo dziwił, gdyż wydawało mu się, że zmywanie drewnianych łyżek i talerzy nie powinno być trudne. Przekonał się jednak, iż było to zajęcie nużące i wymagające wiele czasu, w końcu przecież uporał się z tym.

Niepokój gnał króla w dalszą drogę, ale nie dane mu było uwolnić się tak szybko od zapobiegliwej gospodyni. Dawała mu jedno drobne polecenie po drugim, a chłopiec spełniał je, jak mógł najlepiej. Kazała mu usiąść z dziewczętami i obierać jabłka, ale król okazał się tak niezręczny, że odebrała mu tę robotę i kazała zamiast tego naostrzyć nóż kuchenny. Potem musiał czesać wełnę i pomyślał sobie, że dawno już usunął w cień dobrego króla Alfreda, jeżeli idzie o przykłady samozaparcia, które niegdyś opisane będą szczegółowo w kronikach i podręcznikach historii. Postanowił więc położyć temu kres. Gdy wreszcie po obiedzie otrzymał od gospodyni polecenie utopienia całego koszyka młodych kociaków, oparł się temu, a raczej postanowił się oprzeć; uznał bowiem, że kiedyś musi przecież położyć temu kres, a żądanie topienia kociąt jest najlepszą sposobnością po temu – ale nagle zjawiła się niespodziana przeszkoda. Przeszkodą tą był Jan Canty – z węzełkiem na plecach jak przekupień wędrowny – a obok niego Hugo!

Król ujrzał dwóch włóczęgów wchodzących przednimi drzwiami, zanim jeszcze oni zdołali go dostrzec. Nie zdradził się więc niczym, że miał zamiar położyć kres rozkazom gospodyni, lecz w milczeniu wziął do ręki koszyk z kociakami i bez słowa wyszedł szybko przez tylnie drzwi.

Postawił koszyk z kotkami w stodole i puścił się co sił boczną dróżką za domem.

Rozdział XX

Książę i pustelnik

Wysokie ogrodzenie, biegnące dokoła domu, zasłaniało go przed wzrokiem znajdujących się w chacie ludzi. Smagany śmiertelnym lękiem zebrał wszystkie siły i biegł w stronę pobliskiego lasu. Dopiero znalazłszy się pod ochroną gęstwiny obejrzał się i dostrzegł z dala dwie postacie. Wystarczyło to: chłopiec nie przyjrzał się im nawet bliżej, lecz pobiegł dalej i nie wcześniej zwolnił kroku, aż znalazł się w samym środku lasu. Wówczas począł nasłuchiwać z wytężeniem, ale dokoła panowała głęboka, uroczysta cisza, działająca na niego przygnębiająco i zatrważająco. W wielkich tylko odstępach czasu ucho jego chwytało jakiś dźwięk, ale był to dźwięk tak daleki, słaby i tajemniczy, że wydawał się on nie brzmieniem rzeczywistym, lecz echem dawno przebrzmiałych tonów. Działały więc one bardziej jeszcze posępnie niżeli cisza, którą przerywały.

Początkowo zamierzał pozostać przez cały dzień w swojej kryjówce leśnej, ale podczas biegania spocił się tak, że zrobiło mu się zimno, aby się więc rozgrzać, musiał zażyć znowu ruchu. Poszedł prosto przed siebie w nadziei, że niezadługo natknie się na jakąś drogę, ale pod tym względem omylił się. Im dalej szedł, tym gęstszy wydawał się bór. Zmierzchało też już pod drzewami i król obawiał się, że wkrótce zapadnie noc. Dreszcz go przejął na myśl, że musiałby ją spędzić w tak niegościnnym miejscu. Starał się więc iść jak najszybciej, ale nie było to łatwe, gdyż ustawicznie potykał się o korzenie, zaplątywał w krzakach lub ranił o ciernie.

Jakże się więc uczuł szczęśliwy, gdy wreszcie ujrzał światełko!

Zbliżył się ostrożnie, zatrzymując się często, aby się rozglądać dokoła i nadsłuchiwać. Światło pochodziło z małego, pozbawionego szyb otworu okiennego nędznej lepianki. Chłopiec usłyszał głos i chciał już uciekać, zaniechał jednak tego zamiaru, gdyż rozpoznał, że głos ten mruczał modlitwy. Podkradł się więc do okienka, wspiął się na palce i zajrzał do środka.

Była to maleńka celka, podłogę stanowiła goła ziemia, ubita od chodzenia; w kącie znajdowało się posłanie z sitowia z kilkoma grubymi kocami, obok stało wiadro, kubek, miska, kilka garnków i glinianych naczyń; pod ścianą stała ławka i trójnożny zydel, na ognisku tlił się dogasający żar.

Przed małym ołtarzykiem, oświetlonym jedną tylko świecą, klęczał starzec, zaś obok niego leżała na drewnianej skrzynce otwarta książka i trupia czaszka. Mężczyzna był wysoki i chudy, włosy i brodę miał bardzo długie, ubrany był w szatę ze skór owczych, sięgającą mu od szyi aż do stóp.

– „Święty pustelnik – pomyślał król. – Jakże szczęśliwie trafiłem!"

Pustelnik powstał z kolan i król zapukał do drzwi. Odpowiedział mu głęboki głos:

– Wejdź! Ale pozostaw swe grzechy za drzwiami, gdyż ziemia, po której stąpasz, jest święta.

Król wszedł do celi i zatrzymał się niezdecydowany. Pustelnik obserwował go świdrującym, niespokojnym wzrokiem, potem zapytał:

– Kim jesteś?

– Jestem królem – brzmiała swobodna odpowiedź.

– Witaj, królu! – zawołał pustelnik z zapałem. I biegnąc z gorączkowym pośpiechem po celi, powtarzał raz po raz: – Witaj, witaj!

Podsunął ławkę do ogniska, posadził na niej króla, dorzucił drew do ognia i znowu począł przechadzać się we wzburzeniu po celi.

– Witaj! Wielu szukało schronienia w tym świętym miejscu, lecz byli go niegodni, więc ich wypędziłem. Ale król, który zdejmuje koronę i ze wzgardą odrzuca nędzne błyskotki swojej godności, strojąc się w łachmany, aby poświęcić życie świętości i umartwieniu ciała, godny jest przyjęcia i pozdrowienia. Niechaj pozostanie tutaj aż do kresu dni swoich!

Król próbował mu przerwać, aby wyjaśnić swoje położenie, ale starzec nie zwracał na niego uwagi, lecz mówił ciągle dalej głosem podniesionym i ze wzrastającą gwałtownością.

– Tutaj znajdziesz pokój! Nikt nie odkryje miejsca twego schronienia, aby cię napastować prośbami, aby cię kusić do powrotu do pustego i głupiego życia, które Bóg kazał ci opuścić, natchnąwszy twoje serce. Będziesz się tutaj modlił, będziesz badał Pismo, będziesz rozmyślał nad szaleństwami i błędami świata i nad wspaniałością przyszłego życia, będziesz się karmił korzonkami i ziołami, i co dzień biczował swe ciało, umartwiając je dla zbawienia swej duszy. Wdziejesz włosiennicę, a jedynym twym napojem będzie woda. A za to znajdziesz spokój, tak, zupełny spokój. Ci zaś, co przyjdą cię szukać, odejdą z niczym; nikt cię tutaj nie znajdzie, nikt nie zmąci twego spokoju.

Starzec ciągle jeszcze chodził tam i z powrotem, ale nie mówił już głośno, lecz mruczał tylko pod nosem. Król skorzystał z tej sposobności, aby opowiedzieć mu o swoich losach, co uczynił nader wymownie, gdyż odczuwał jakiś lęk i niepokój.

Ale pustelnik ciągnął dalej swój głośny monolog, nie zwracając na króla uwagi. Potem zbliżył się tuż do chłopca i szepnął:

– Cyt! Powierzę ci tajemnicę!

Pochylił się do króla, zamilkł na chwilę i trwał tak, jakby nasłuchując. Po chwili podszedł do okna, wytknął głowę, powrócił cicho na palcach, pochylił twarz aż do twarzy króla i szepnął:

– Jestem archaniołem!

Król wzdrygnął się przerażony i pomyślał:

– „O Boże, bodaj bym był pozostał z włóczęgami! Gdyż teraz, ach, jestem więźniem szaleńca!”

Trwoga jego wzrosła, malując się wyraźnie w jego rysach. Pustelnik zaś ciągnął cicho:

– Widzę, że odczuwasz już otaczającą mnie aureolę! Zdradza mi to wyraz twojej twarzy. Nikt nie może przebywać w pobliżu mnie, nie odbierając tego wrażenia, gdyż jest to jasność niebiańska. Podczas jednej chwili wznoszę się do nieba i powracam z niego. Przed pięciu laty na tym samym miejscu wyniesiony zostałem do godności archanioła przez aniołów, które zesłane zostały do mnie z nieba, aby mnie obdarzyć tą dostojną godnością. Obecność ich wypełniła tę izdebkę światłością, której by żadne oko nie zniosło. Ale one uklękły przede mną, królu, tak, uklękły przede mną, gdyż jestem większy od nich. Kroczyłem przez przedsionki nieba i rozmawiałem z patriarchami. Ujmij moją dłoń, nie lękaj się – ujmij ją. Oto dotknąłeś dłoni, która spoczywała w dłoniach Abrahama, Izaaka i Jakuba, gdyż wkroczyłem do złotych przybytków i widziałem Boga twarzą w twarz!

Urwał, aby słowa jego wywarły tym większe wrażenie; potem nagle zmienił się wyraz jego twarzy. Zerwał się znowu i zawołał gwałtownie:

– Tak, jestem archaniołem! Tylko archaniołem! Ja, który mogłem zostać papieżem! Tak jest zaprawdę. Niebo objawiło mi przed dwudziestu laty we śnie, że mam zostać papieżem, i zostałbym nim istotnie, gdyż niebo tak postanowiło, ale król zniósł nasz klasztor, a ja, biedny, zwykły, bezbronny mnich, wyrzucony zostałem w świat i ograbiony przez to ze swej wspaniałej przyszłości!

Potem zaczął znowu mówić półgłosem, bijąc się z wściekłością pięścią w czoło, to miotając straszliwe przekleństwa, to wtrącając głosem żałosnym:

– Dlatego jestem tylko archaniołem – ja, który mogłem zostać papieżem!

Trwało to całą godzinę, a biedny mały król musiał siedzieć cichutko i słuchać. Potem atak wściekłości starca minął, stał się on zupełnie łagodny. Głos jego brzmiał teraz miękko, nie mówił już nic o swojej dostojnej godności, lecz gawędził tak spokojnie i przyjaźnie, że młody król nabrał znowu otuchy. Stary mnich przysunął króla bliżej do ognia, krzątając się koło jego wygody. Wprawną i delikatną ręką poobmywał jego zadrapania i sińce, potem zabrał się do przygotowania wieczerzy, gawędząc cały czas i od czasu do czasu gładząc chłopca po policzku lub po włosach, tak iż po krótkim czasie lęk i niechęć, jakie odczuwał król wobec archanioła, zmieniły się w szacunek i życzliwość.

Ten szczęśliwy stan rzeczy trwał przez cały czas wieczerzy; zmówiwszy modlitwę przed ołtarzykiem, pustelnik ułożył chłopca na łóżku w sąsiedniej izdebce, nakrył go czule jak matka i pogłaskawszy go raz jeszcze, wyszedł, usiadł przy kominku i z wyrazem roztargnienia i obłędu począł grzebać w zarzewiu. Nagle przerwał swoje zajęcie, uderzył się kilka razy w czoło, jakby sobie chciał coś przypomnieć, o czym zapomniał poprzednio. Ale widocznie nie mógł sobie przypomnieć. Wreszcie zerwał się, wszedł szybko do izdebki gościa i zapytał:

– Więc jesteś królem?

– Tak – brzmiała senna odpowiedź.

– Jakim królem?

– Angielskim.

– Angielskim? Więc Henryk nie żyje?

– Niestety, to prawda. Jestem jego synem.

Rysy pustelnika zamroczyły się, mściwym ruchem zacisnął kościstą pięść. Potem stał przez chwilę, dysząc ciężko i starając się zaczerpnąć powietrza, a wreszcie rzekł głosem ochrypłym:

– A wiesz ty, kto wygnał nas, mnichów, w świat, bez dachu nad głową i bez obrony?

Nie otrzymał odpowiedzi. Stary pochylił się, spojrzał w spokojną twarzyczkę chłopca i usłyszał jego równomierny oddech.

– Śpi, śpi mocno – mruknął, zaś zmarszczki gniewu na jego czole ustąpiły miejsca wyrazowi dzikiej, mściwej radości. W tej chwili chłopiec uśmiechnął się przez sen.

– Tak... serce jego jest szczęśliwe! – mruknął pustelnik do siebie, odchodząc od łóżka.

Chodził cicho po izdebce, jakby szukając czegoś, od czasu do czasu zatrzymywał się, nadsłuchując lub rzucając szybkie spojrzenie w kierunku łóżka, a ciągle przy tym mówiąc i mrucząc do siebie. Wreszcie znalazł to, czego szukał: stary, zardzewiały nóż rzeźnicki i osełkę. Cicho zakradł się z powrotem do ognia i ciągle mówiąc do siebie półgłosem, począł bez hałasu ostrzyć nóż na osełce.

Wiatr wył za ścianami pustelni, z daleka dochodziły z lasu stłumione odgłosy nocne. Ośmielone myszy i szczury wychylały się ze swych dziur i kryjówek, przyglądając się starcowi połyskującymi oczkami, ale pustelnik tak był zatopiony w swoim zajęciu, że nie zwracał uwagi na nic, co się działo dokoła niego.

Od czasu do czasu próbował ostrza noża palcem i z zadowoleniem kiwał głową.

– Coraz się staje ostrzejszy – szeptał – coraz ostrzejszy.

Nie spostrzegał, jak mijał czas, gdyż zajęty był ciągle swymi myślami, a od czasu do czasu pomrukiwał:

– Ojciec jego wyrządził nam wielką krzywdę, zburzył klasztory – przeniósł się za to teraz do ognistego piekła! Tak, do piekła! Uszedł naszej zemście – taka była widać wola Boża, tak, taka była wola Boża, nie wolno nam więc sarkać. Ale nie uszedł przed ogniem piekielnym, który go bez zmiłowania palić będzie przez całą wieczność!

Ostrzył nóż i ostrzył, mrucząc i chichocząc pod nosem; potem zaczął znowu mówić, tym razem składniej:

– Wszystkiemu temu winien był jego ojciec. Jestem tylko archaniołem – to przez niego, bo powinienem być papieżem!

Król poruszył się przez sen. Pustelnik podbiegł bez szmeru do jego posłania, uklęknął przy nim i pochylił się nad śpiącym. Chłopiec poruszył się znowu, otworzył powieki, nie budząc się jednak, w następnej zaś chwili równomierny oddech świadczył już, że król śpi nadal. Pustelnik obserwował go przez chwilę, nadsłuchując, ale nie zmieniwszy postawy i nie oddychając prawie. Potem wolno opuścił ramię i odszedł bez szmeru, mrucząc:

– Dawno już po północy – mógłby krzyczeć, a ktoś może się przypadkowo znajdować w pobliżu.

Potem począł szukać w swojej lepiance sznurków i szmatek, z którymi powrócił do łóżka i tak zręcznie związał królowi nogi, że śpiący nie poczuł tego wcale. Chciał związać mu i ręce na krzyż, ale chłopiec przez sen stale usuwał to jedną to drugą rękę, gdy je sznur chciał uchwycić. Gdy jednak archanioł zwątpił już w powodzenie, śpiący sam nagle skrzyżował ręce, które w następnej chwili były już związane. Następnie pustelnik założył chłopcu pod brodą opaskę, którą związał mocno na głowie. Zrobił to wszystko tak ostrożnie i zręcznie, chociaż supły związane były bardzo silnie, że chłopiec nie poruszył się nawet i spał dalej spokojnie.

Rozdział XXI

Hendon przybywa na ratunek

Cicho jak kot wyślizgnął się starzec z izdebki i przyniósł sobie ławeczkę. Usiadł na niej tak, że postać jego na wpół oświetlona była słabym blaskiem ogniska, na wpół spowita mrokiem. Utkwił dzikie spojrzenie w śpiącym i obserwował go cierpliwie, nie bacząc na czas; mrucząc i chichocząc, ostrzył wolno nóż. Wyglądał przy tym jak olbrzymi szary pająk radujący się, że mała muszka wpadła w jego sieć.

Po pewnym czasie starzec, pogrążony w zamyśleniu, spostrzegł nagle, że oczy chłopca były otwarte! Otwarte i spoglądały na niego! Spoglądały w najwyższym przerażeniu na niego i na nóż. Szatański uśmiech przemknął po jego twarzy. Nie zmieniając pozycji i nie przestając ostrzyć noża, zapytał:

– Synu Henryka Ósmego, czy się już pomodliłeś?

Daremnie usiłował król uwolnić się od więzów, a mając usta zakneblowane, mógł wydać tylko głuchy dźwięk, który starzec uważał za twierdzącą odpowiedź.

– Więc pomódl się jeszcze raz. Zmów modlitwę konających!

Dreszcz przebiegł przez ciało chłopca, twarz jego pobladła. Znowu szarpnął się, aby się uwolnić od więzów, rzucał się w prawo i w lewo, natężając rozpaczliwie siły, aby rozluźnić sznury. Stary potwór spokojnie kiwał przy tym głową i ostrząc ze swobodą nóż, mruczał pod nosem:

– Czas jest cenny, niewiele go już masz przed sobą – zmów modlitwę konających!

Chłopiec wydał głęboki jęk rozpaczy i dysząc, przerwał swoje wysiłki. Łzy trysnęły z jego oczu, spływając po policzkach, ale wzruszający ten widok nie oddziałał na krwiożerczego starca.

Ranek szarzał już; pustelnik spostrzegł to i rzekł szybko i nieco lękliwie:

– Dłużej nie wolno mi się napawać tą rozkoszą. Noc zbliża się ku końcowi. Minęła mi ona jak jedna chwilka, a radbym rok cały sycić się tym triumfem. Potomku wroga Kościoła, zamknij swe oczy, poświęcone śmierci, jeżeli nie chcesz patrzeć na...

Starzec począł znowu bełkotać. Padł na kolana, wzniósłszy nóż w dłoni i pochyliwszy się nad jęczącym chłopcem...

Co to? Za domem rozległy się jakieś głosy – nóż wypadł z ręki starca, szybko nakrył chłopca skórą owczą i zerwał się, drżąc na całym ciele. Dźwięki zbliżały się, zagmatwane głosy krzyczały gniewnie i gwałtownie; potem rozległa się wrzawa bójki i wołania o pomoc, później hałas oddalających się szybko kroków. W następnej chwili zapukano głośno do drzwi i zawołano:

– Hej tam! Otwierać! Prędzej, do wszystkich diabłów!

Dźwięk tego głosu zabrzmiał w uchu króla jak najmilsza muzyka, gdyż był to głos Milesa Hendona!

Pustelnik wyszedł szybko z sypialni, zgrzytając zębami w bezsilnej wściekłości, zamknął za sobą drzwi, po czym król usłyszał w pierwszej celi następującą rozmowę:

– Witajcie z Bogiem, zacny panie, gdzie chłopiec – mój chłopiec?

– Jaki chłopiec, przyjacielu?

– Jaki chłopiec? Nie kłam, mnichu, i nie staraj się mnie oszukać. Nie jestem w humorze do żartów. Tuż koło twojej chaty złapałem tych łotrów, których podejrzewałem, że go uprowadzili. Wymusiłem na nich wyznanie, a oni powiadają, że im się wymknął i że szli jego śladami aż do twoich drzwi. Pokazali mi nawet ślady jego nóg. No, a teraz nie zwlekajcie dłużej i wiedzcie, czcigodny panie, że jeżeli mi go tu zaraz nie sprowadzicie... Gdzie chłopiec?

– Ach, łaskawy panie, mówicie pewnie o tym małym królewskim obdartusie, któremu użyczyłem dzisiaj noclegu? Jeśli wasza miłość interesuje się tym chłopcem, to wiedzcie, że wysłałem go z poleceniem. Wróci lada chwila.

– Kiedy? Kiedy? Nie traćcie czasu, może zdołam go jeszcze dogonić? Kiedy wróci?

– Nie fatygujcie się; wróci niedługo.

– Dobrze. Zaczekam tutaj. Ale stój! Ty go wysłałeś z poleceniem? Ty? To kłamstwo wierutne – on by nie spełnił twojego rozkazu; raczej by ci wyrwał tę długą brodę, niż by sobie pozwolił rozkazywać. To kłamstwo stary; to bez wątpienia kłamstwo. On się przez nikogo nie pozwoli posłać z poleceniem.

– Przez człowieka na pewno nie, to prawda. Ale ja nie jestem człowiekiem.

– Co? A kimże ty jesteś, na miłość Boga?

– To tajemnica – ale zdradzę wam ją. Jestem archaniołem!

Miles Hendon wydał okrzyk podziwu i rzekł:

– To mi tłumaczy jego ustępliwość. Gdyż to jedno jest pewne, że dla zwykłego śmiertelnika nie podjąłby się on posługi. Ale nawet król musi być posłuszny, gdy rozkazuje mu archanioł. Muszę ci więc... ale cyt!.. co to za szmer?

Podczas tej rozmowy mały król to drżał z trwogi, to radował się, a wytężając wszystkie siły, wydawał ciche jęki w nadziei, że dotrą one do uszu Milesa Hendona. Ale za każdym razem wysiłki jego były daremne. Z bolesnym rozczarowaniem musiał sobie powiedzieć, że Miles bądź nie słyszał go, bądź nie zwracał na jego jęki uwagi. Ostatnia uwaga rycerza wznieciła w chłopcu nową nadzieję, jak świeży powiew z łąk orzeźwia śmiertelnie chorego człowieka. Uczynił jeszcze jeden rozpaczliwy wysiłek, ale w tej samej chwili pustelnik odpowiedział:

– Szmer? Słyszę tylko wiatr.

– Możliwe, że to był tylko wiatr. Prawdopodobnie. Słyszałem ten szmer przez cały czas. O, teraz znowu! To nie był wiatr! Dziwny dźwięk! Zbadajmy tę sprawę bliżej!

Król ledwo mógł wytrzymać z radości.

Wyczerpane jego płuca wysiliły się znowu i chłopiec spodziewał się powodzenia. Ale związane usta i nakrywająca go owcza skóra udaremniały wszelkie wysiłki. Biedny chłopiec upadł zupełnie na duchu, gdy usłyszał, jak pustelnik rzekł:

– Ach, ten szmer rozlega się przecież za domem. Tam w krzakach – chodźmy, zobaczymy, co to jest. Zaprowadzę cię.

Król usłyszał, jak dwaj mężczyźni oddalili się. Głosy ich i kroki przebrzmiały, był teraz sam pośród głębokiej, niesamowitej ciszy. Zdawało mu się, że minęła wieczność, aż głosy zbliżyły się znowu zmieszane tym razem z innymi dźwiękami, które uważał za stuk kopyt. Potem usłyszał, jak Hendon rzekł:

– Dłużej nie będę czekał; nie mogę czekać dłużej. Na pewno zbłąkał się w gęstwinie leśnej. W jakim kierunku odszedł? Pokaż mi szybko drogę!

– On... poczekaj; odprowadzę cię.

– Dobrze, dobrze! Jesteś istotnie lepszy niż wyglądasz. W każdym razie jesteś archaniołem, który ma serce na właściwym miejscu. Chcesz pojechać ze mną? Może usiądziesz na tym osiołku, którego sprowadziłem dla swego chłopca, czy też wolisz tego upartego muła, którego kupiłem dla siebie samego? Przy czym byłbym oszukany nawet wtedy, gdybym zapłacił za niego nie więcej jak złamany grosz.

– Nie, nie, pojedź sobie na mule, a osła poprowadź za cugle. Ja ufam bardziej moim nogom i wolę chodzić.

– W takim razie potrzymaj, proszę cię, osła, zanim uczynię tę karkołomną próbę, aby się dostać na muła.

Rozległo się tupanie, rżenie, uderzenia bata, czemu towarzyszyły głośne przekleństwa i złorzeczenia, a wreszcie gorzka tyrada do muła, która odniosła widoczny skutek, gdyż wrogie kroki z obu stron zostały po niej przerwane.

Z nieopisanym przerażeniem słuchał mały, związany król oddalających się głosów i kroków. Stracił teraz wszelką nadzieję, a głucha rozpacz owładnęła jego sercem.

– „Jedyny mój przyjaciel oszukany i sprowadzony na fałszywy trop – pomyślał – pustelnik wróci i..."

Dokończył tę myśl z głębokim westchnieniem. Potem począł się znowu miotać, walcząc tak zajadle z krępującymi go więzami, że zrzucił wreszcie nakrywającą go skórę owczą.

W tej chwili usłyszał, że drzwi otworzyły się znowu! Na ten dźwięk dreszcz przeszedł go aż do szpiku kości; zdawało mu się, że czuje już ostrze noża na gardle. W nieopisanej trwodze zamknął oczy... ale ta sama trwoga zmusiła go znowu do otworzenia ich – przed nim stali Jan Canty i Hugo.

– Dzięki Bogu! – zawołałby chłopiec, gdyby mógł otworzyć usta.

W kilka sekund później mógł już poruszać swobodnie członkami, zaś zbawcy jego ujęli go pod ramiona i pobiegli z nim szybko w gęstwinę leśną.

Rozdział XXII

Ofiara zdrady

Znowu musiał „król Fu-Fu Pierwszy" rozpocząć swoje wędrówki w towarzystwie włóczęgów i przestępców, znowu musiał być celem ich brutalnych żartów i płaskich dowcipów albo znosić złośliwość, jakiej dopuszczali się wobec niego Canty i Hugo, gdy ich herszt nie widział. Tylko ci dwaj, Canty i Hugo, czuli do niego prawdziwą niechęć, inni polubili go i podziwiali jego rozum i odwagę. Podczas pierwszych dwóch czy trzech dni Hugo, pod którego opiekę oddano chłopca, czynił wszystko, aby dokuczyć królowi, a w czasie wieczornych hulanek bandy zabawiał się drażnieniem chłopca i płataniem mu figli. Robił to jednak zawsze tak, jakby się to stało przypadkiem.

Dwa razy nadepnął chłopcu niby niechcący na nogę, ale król w poczuciu swojej godności udał, że tego nie spostrzegł; gdy jednak Hugo powtórzył swój żart po raz trzeci, chłopiec porwał szybko kij i jednym uderzeniem rozciągnął go na ziemi ku najwyższej uciesze całej gromady. Zawstydzony i wściekły Hugo chwycił także kij i rzucił się na swego małego przeciwnika. Dokoła walczących utworzył się natychmiast krąg widzów, zagrzewano ich do walki i robiono zakłady, kto zwycięży. Ale szanse Hugona były bardzo małe. Niewiele pomagały mu wściekłe i niezręczne uderzenia wobec ręki, którą najwięksi mistrzowie Europy wyćwiczyli wedle najlepszych zasad nauki szermierczej. Mały król stał na miejscu czujny, ale spokojny i swobodny, podchwytując spadającą na niego nawałę uderzeń i ciosów ze zręcznością i lekkością, która wprawiała otaczających go widzów w najwyższy zachwyt. Od czasu do czasu wprawne jego oko dostrzegało odsłonięte miejsce przeciwnika i wtedy z błyskawiczną szybkością spadało na głowę Hugona uderzenie, a okrzyki zachwytu ze strony widzów rosły bez miary.

Po kwadransie walki Hugo opuścił plac boju okrwawiony i pokryty guzami, a na domiar złego wyśmiany. Zwycięzcę całego i nietkniętego podnieśli zdumieni widzowie na ramiona i posadzili na honorowym miejscu obok herszta, mianując go z wielką pompą „Królem Walczących Kogutów", przy czym poprzednie przezwisko uroczyście unieważniono, nakładając karę wygnania z bandy na każdego, kto by się odważył nazwać chłopca tym obraźliwym mianem.

Daremne były jednak wszelkie usiłowania wykorzystania króla dla celów bandy. Bronił się przeciw temu z największym uporem. A przy tym stale próbował uciekać.

Pierwszego dnia po jego powrocie wepchnięto go do niestrzeżonej kuchni; chłopiec nie tylko wrócił z próżnymi rękoma, ale starał się nawet ostrzec mieszkańców domu. Potem wysłali go włóczędzy z blacharzem, aby mu pomagał przy robocie, chłopiec nie chciał jednak nic robić, a nawet zagroził blacharzowi jego własnym prętem do lutowania. Blacharz i Hugo ledwo się przed nim obronili.

W królewskim gniewie oburzał się na wszystkich, którzy chcieli ograniczać jego wolność lub skłaniać go do posług.

Pod opieką Hugona i w towarzystwie starej, brudnej kobiety z chorowitym dzieckiem na ręku wysłano go wreszcie na żebraninę; rezultat był jednak niezbyt obiecujący: chłopiec odmówił stanowczo proszenia o jałmużnę lub dopomagania przy tym innym.

Tak mijały dni, a nędza tego życia wędrownego, niedostatek, wysiłek i brutalność nowego otoczenia stały się wreszcie dla biednego więźnia tak dalece nieznośne, iż doszedł do przekonania, że uratowanie spod noża pustelnika na krótki tylko czas uchroniło go przed śmiercią.

Ale w nocy, we śnie, zapominał o wszelkich strapieniach. Widział się wówczas znowu na tronie, czuł się znowu władcą. Oczywiście potęgowało to tylko zgryzotę po obudzeniu się i dlatego też upokorzenia, jakich doznawał od chwili jego ponownego schwytania aż do walki z Hugonem, wydawały mu się z każdym nowym rankiem dotkliwsze i boleśniejsze.

Następnego ranka po pamiętnej walce Hugo wstał z sercem pełnym uczucia zemsty wobec króla. Uknuł przeciw niemu dwa plany. Pierwszy polegał na tym, by zadać chłopcu dotkliwą obelgę, która wobec jego dumy i „rzekomej" godności królewskiej musiałaby go szczególnie upokorzyć, gdyby mu się zaś ten plan nie udał, zamyślał rzucić na króla podejrzenie jakiegoś przestępstwa i wydać go w ręce władzy.

Dla osiągnięcia pierwszego celu zamierzał zrobić chłopcu na nodze sztuczną ranę, która by wzbudzała litość, gdyż sądził słusznie, że upokorzy to bardzo dumnego króla, tym bardziej, iż chciał przy pomocy Canty'ego zmusić go do wystawienia swojej rany na pokaz publiczny na gościńcu, aby w ten sposób wyłudzać jałmużnę.

Do sporządzenia takiej rany, zwanej w gwarze włóczęgów „plastrem", przygotowywało się specjalną maść z niegaszonego wapna, mydła i rdzy, którą nakładano na kawałek skóry i przywiązywano mocno do nogi. Maść ta szybko przeżerała ciało, nadając nodze wygląd zapalny. Potem smarowano na domiar ranę dokoła krwią, która krzepnąc czyniła widok jeszcze bardziej odrażającym i budzącym litość, zaś brudne łachmany, w które owijano nogę, układano rozmyślnie tak, aby wrzód był widoczny, co służyło do tym silniejszego wywoływania współczucia u przechodniów.

Hugo zapewnił sobie pomoc blacharza, któremu król groził jego własnym prętem do lutowania. Wywabili oni chłopca podstępnie w pole, a gdy się oddalili dostatecznie od wspólnego obozowiska, powalili go na ziemię i blacharz przytrzymał go, zaś Hugo nałożył mu „plaster".

Król bronił się ze wszystkich sił, grożąc, że każe ich obu powiesić, gdy tylko odzyska znowu władzę. Ale włóczędzy trzymali go mocno, radując się z jego bezsilnego oporu i szydząc z jego pogróżek. „Plaster" począł już palić nogę chłopca i zamierzony skutek nastąpiłby rychło, gdyby łotrom nie przeszkodzono w ich dziele. Niespodzianie jednak nadszedł ów człowiek sprzedany za niewolnika, który pierwszego wieczoru oskarżał okrutne prawa angielskie, odpędził obu złoczyńców i zdjął królowi opaskę z „plastrem".

Chłopiec poprosił swego zbawcę o pożyczenie kija, aby natychmiast ukarać jak należy swoich prześladowców. Ten jednak odmówił, obawiając się przez to nowych przykrości i radząc królowi zaczekać z tym do wieczora, gdy cała banda będzie zebrana, a nikt niepowołany nie wmiesza się do walki.

Odprowadził wszystkich trzech do obozowiska i opowiedział o zajściu hersztowi, który wysłuchał opowiadania spokojnie, zamyślił się, a wreszcie orzekł, że króla nie należy już wysyłać na żebranie, gdyż, jak widać, przeznaczony on jest do rzeczy lepszych i wyższych; przeniósł go więc z klasy żebraków do gromady złodziejów.

Hugo był tą decyzją niezmiernie uradowany. Próbował już nieraz namawiać króla do kradzieży, ale nie udawało mu się. Teraz opór ten musiał się skończyć, gdyż chłopiec niewątpliwie nie odważy się sprzeciwić wyraźnemu rozkazowi herszta. Uplanował więc na tenże wieczór kradzież, podczas której zamierzał wydać chłopca w ręce władz. Postanowił przy tym działać tak sprytnie, aby ujęcie to wydawało się zupełnie przypadkowe. Gdyż „Król Walczących Kogutów" był powszechnie lubiany i banda na pewno nie obeszłaby się łagodnie z tym, kto by w zdradziecki sposób wydał chłopca w ręce wspólnego wroga – prawa.

Dobrze. O upatrzonej porze Hugo ruszył ze swoją ofiarą do pobliskiej wsi; szli obaj wolno przez gościniec, pierwszy z zamiarem wykonania swego podstępnego planu, drugi – rozglądając się z uwagą, czy nie nadarzy mu się sposobność ucieczki i uwolnienia się na zawsze od haniebnej niewoli.

Ominęli kilka obiecujących okazji, gdyż obaj postanowili sobie, że tym razem osiągną bezwarunkowo swój cel, i dlatego żaden z nich nie dał się skusić do próby, nie będąc pewnym powodzenia.

Hugo pierwszy znalazł dogodną sposobność do wykonania swego planu. W pewnej chwili ujrzał na drodze kobietę niosącą w koszyku wielkie zawiniątko. Oczy Hugona zabłysły podstępną radością i włóczęga pomyślał:

– „Przybywasz jak na zawołanie! Jeżeli uda mi się wsunąć mu to, będziesz się miał z pyszna, Koguci Królu!"

Zatrzymał się, wyczekując stosownej chwili, aż kobieta minęła ich, a moment wydał mu się odpowiedni. Potem szepnął:

– Zaczekaj tu, wrócę zaraz – i cichutko ruszył za upatrzoną ofiarą.

Serce króla zabiło mocno. Postanowił sobie, że gdy tylko Hugo oddali się dostatecznie, ucieknie od niego. Hugo podkradł się tuż do kobiety, chwycił węzełek i począł z nim biec szybko, owijając go w kawałek starej szmaty, którą sobie w tym celu przygotował. Ale już powstała wrzawa. Chociaż kobieta nie spostrzegła kradzieży, poznała jednak po zmniejszonym ciężarze kosza, co się święci. Hugo rzucił węzełek w ramiona króla i zawołał, uciekając szybko:

– Biegnij za mną i wołaj jak inni: Trzymajcie złodzieja! Ale sprowadź ich z mego śladu!

W następnej chwili znalazł się Hugo na zakręcie gościńca i wpadł w jakiś zaułek; po kilku sekundach wyszedł z powrotem z miną najzupełniejszej swobody i obojętności i ukrył się za słupem płota, aby się przyjrzeć dalszemu biegowi wypadków.

Król z najwyższą pogardą rzucił węzełek na ziemię, a okrywająca go szmata zsunęła się właśnie w chwili, gdy nadbiegła okradziona kobieta, a za nią cały tłum ludzi. Kobieta chwyciła króla jedną ręką za ramię, drugą złapała swoje zawiniątko i wylała potok obelg i złorzeczeń na chłopca, który daremnie bronił się przed nią i usiłował się wyrwać.

Hugo widział już dość – wróg jego był schwytany i nie mógł już ujść przed sądem. Oddalił się więc ze śmiechem triumfu, skierował się w stronę obozowiska i rozmyślał, jak by odmalować bandzie zachowanie króla w jak najniekorzystniejszych barwach.

Chłopiec bronił się przed atakami wieśniaczki i wołał z gniewem:

– Puść mnie, głupia kobieto! To nie ja ukradłem ci twoje nędzne mienie!

Tłum otoczył teraz króla, krzycząc i klnąc. Jakiś kowal, czarny od dymu, w skórzanym fartuchu, z zakasanymi rękawami, chciał go właśnie chwycić za ramię, grożąc, że wypisze mu coś na grzbiecie na pamiątkę, gdy nagle uderzony został silnie w ramię płazem długiego miecza, zaś dziwnie wystrojony właściciel tej broni zawołał żartobliwie:

– Hejże! Dobrzy ludzie, przecież tę sprawę można załatwić spokojnie, bez tak wielkiego gniewu i bez ordynarnych złorzeczeń. Rzecz ta należy do sądu, nie możecie sami sobie radzić. Wypuść chłopca, dobra kobiecino!

Kowal od pierwszego wejrzenia zrozumiał olbrzymią przewagę silnego wojaka, potarł więc, mrucząc, obolałe ramię i oddalił się bez sprzeciwu; kobieta – choć niechętnie – wypuściła ramię chłopca, zaś świadkowie wydarzenia niechętnym wzrokiem spoglądali na nieznajomego, ale zachowali rozsądne milczenie.

Zaś mały król podbiegł do swego zbawcy i zawołał z zarumienionymi z radości policzkami i oczyma błyszczącymi:

– Długo dałeś na siebie czekać, sir Milesie, ale przybywasz w stosownej chwili! Posiekaj mi tę hołotę na kawałki!

Rozdział XXIII

Książę jako więzień

Hendon z trudnością stłumił uśmiech i szepnął królowi do ucha:

– Powoli, powoli, mój książę. Zapanuj nad swymi słowami albo raczej nie mów teraz wcale. Zaufaj mi – wszystko będzie dobrze.

W duchu zaś dodał:

– „Sir Miles! O Boże, zapomniałem przecież zupełnie o swoim wysokim stanie. Ale jak twarde i niewzruszone są w nim te obłąkane idee! Tytuł mój jest przecież tylko pustym dźwiękiem, a jednak miło mi, że na niego zasłużyłem. Milej mi być rycerzem w jego Królestwie Snów i Cieni, niż hrabią na tym rzeczywistym, brutalnym świecie".

Tłum rozsunął się, aby przepuścić policjanta, który chciał chwycić króla za ramię, gdy Hendon rzekł:

– Z wolna, przyjacielu, cofnij swoją rękę – on pójdzie za tobą dobrowolnie; ja ci za to ręczę. Pokażcie nam drogę, idziemy za wami.

Policjant ruszył naprzód z kobietą, która niosła węzełek; za nim szli Hendon i król, potem następował tłum. Król chciał się opierać, ale Hendon szepnął mu:

– Zastanówcie się, wasza dostojność – wszak prawa są podporą wszelkiej władzy królewskiej. Jeśli więc twórca ich będzie się im sprzeciwiał, czyż może wymagać, aby poddani byli posłuszni? Niewątpliwie jakieś prawo zostało tu przekroczone. Gdy król odzyska kiedyś tron, z pewnością nie pożałuje tego wspomnienia, że niegdyś, będąc na pozór tylko dzieckiem ludu, starał się okazać raczej obywatelem niżeli królem i poddał się nakazom władzy.

– Masz rację. Ani słowa o tym więcej, przekonasz się, że król angielski, póki znajduje się w położeniu poddanego, podda się prawu tak, jak tego wymaga od każdego ze swoich poddanych.

Gdy kobieta stanęła przed sędzią pokoju, złożyła przysięgę, że kradzieży dopuścił się ten sam chłopiec, który stoi przed kratkami. Nie było nikogo, kto potrafiłby dowieść, że było inaczej, wina króla została więc uznana za stwierdzoną. Otworzono węzełek, a gdy zawartością jego okazało się czyściutkie, tłuste prosiątko, twarz sędziego stała się nagle poważna, zaś Hendon zbladł i zadrżał. Tylko król nieświadomy tego, co mu grozi, pozostał spokojny.

Sędzia milczał przez chwilę znacząco, po czym zwrócił się do wieśniaczki z pytaniem:

– Na ile oceniasz swoją własność?

Kobieta dygnęła i odpowiedziała:

– Trzy szylingi i osiem pensów, wielmożny panie – ani grosika mniej, taka jest cena!

Sędzia pokoju kręcił się niespokojnie na krześle i rozkazał policjantowi:

– Usunąć z sali wszystkich słuchaczy i zamknąć drzwi.

Kiedy to się stało, pozostali tylko sędzia, policjant, oskarżony, oskarżycielka i Miles Hendon. Ten ostatni był blady jak trup, a grube krople potu spływały mu z czoła aż na policzki.

Sędzia zwrócił się jeszcze raz do kobiety i rzekł tonem współczującym:

– Jest to biedny, nieświadomy, może zgłodniały chłopiec; dla takich biedaków są teraz najcięższe czasy. Spójrzcie na niego, nie wygląda, jakby był złym chłopcem – ale gdy człowiekowi głód dokuczy... Dobra kobieto, czyż nie wiecie, że według prawa ten, kto ukradnie przedmiot o wartości większej niż trzynaście i pół pensa, musi być powieszony*?

Mały król drgnął, a oczy jego rozwarły się szeroko z przerażenia. Opanował się jednak i milczał.

Inaczej zareagowała na tę wiadomość wieśniaczka. Zerwała się w najwyższym przerażeniu i zawołała, drżąc z trwogi:

– O, Boże! Co ja narobiłam! Za wszystkie skarby świata nie chciałabym być winna śmierci tego chłopca! Uchrońcie mnie przed tym nieszczęściem, wielmożny panie... co mam robić... co mogę zrobić?

Sędzia rzekł spokojnie, zachowując powagę swego urzędu:

– Ocenę wartości wolno zmienić, póki suma nie została jeszcze wpisana do protokołu.

– Na miłość Boga, oceńcież więc prosiaka na osiem pensów i niebu niechaj będą dzięki, że nie biorę na swoje sumienie tak okropnego czynu!

Miles Hendon z radości zapomniał o wszelkich należnych względach etykiety i zaskoczył króla, a przede wszystkim uraził jego godność osobistą, obejmując go ramionami i raz po raz przyciskając do serca.

Kobieta serdecznie podziękowała sędziemu i odeszła ze swym prosiakiem, zaś policjant, który otworzył jej drzwi, wyszedł zaraz za nią do wąskiej sieni. Sędzia pisał jeszcze w swoim protokole. Ale podejrzliwy Hendon ciekaw był, dlaczego policjant wyszedł za wieśniaczką. Wyszedł więc i on do sieni i począł nadsłuchiwać. I oto stał się świadkiem następującej rozmowy:

– Tłuste to prosię, będzie z niego dobra pieczeń. Kupię je od ciebie, masz tu osiem pensów.

– Dobryś sobie ze swymi ośmioma pensami! Wolne żarty. To prosię mnie samą kosztuje trzy szylingi i osiem pensów dobrą monetą, jaką bił tylko zmarły król Henryk. Figę ci dam za osiem pensów!

– To tak teraz śpiewasz! Składałaś w sądzie przysięgę, popełniłaś więc krzywoprzysięstwo, powiadając, że prosię warte jest tylko osiem pensów. Wracajże zaraz ze mną przed pana sędziego i wytłumacz się ze swej zbrodni! – a chłopak pójdzie na szubienicę!

– Stój, stój, dobry człowieku, nie pędź tak, zgadzam się. Dawaj osiem pensów i bądź cicho!

Kobieta oddaliła się z płaczem. Hendon powrócił do sali sądowej, zaś policjant wszedł także, ukrywszy wpierw swój łup w bezpiecznym miejscu.

Sędzia pokoju pisał jeszcze przez chwilę, potem poważnym i przyjaznym tonem udzielił królowi napomnienia i skazał go na krótki areszt w więzieniu oraz publiczną chłostę.

Król oniemiał ze zdziwienia i chciał właśnie powiedzieć uprzejmemu panu, że natychmiast po wstąpieniu na tron każe mu ściąć głowę, gdy wzrok jego spotkał się z ostrzegawczym spojrzeniem Hendona i chłopiec wymógł na sobie milczenie. Hendon ujął go za rękę, ukłonił się sędziemu i obaj z chłopcem ruszyli za policjantem do aresztu.

Na ulicy urażony władca wyrwał rękę z dłoni przyjaciela i zawołał:

– Głupcze, zdaje ci się może, że zaprowadzisz mnie żywcem do publicznego więzienia?

Hendon pochylił się do niego i rzekł stanowczo:

– Czy chcesz mi zaufać, panie? W takim razie milcz i nie pogarszaj naszego położenia przez niebezpieczne odezwania. Co Bóg postanowił, to się stanie. Nie zdołasz tego przyśpieszyć, nie zdołasz tego uniknąć. Czekaj więc i bądź cierpliwy – będziemy mieli czas skarżyć się lub radować, gdy stanie się to, co nam jest przeznaczone.

Rozdział XXIV

Ucieczka

Krótki dzień zimowy chylił się ku końcowi. Ulice opustoszały, widać było niewielu tylko przechodniów, a i ci zajęci byli widocznie jedynie jak najrychlejszym załatwieniem swoich interesów, aby się czym prędzej schronić przed wzrastającym wichrem i ciemnością w zaciszne ciepło własnych domów. Nie rozglądali się więc w prawo ani w lewo i nie zwracali uwagi na naszą trójkę; zdawało się nawet, że ich wcale nie spostrzegali.

Edward Szósty zadawał sobie pytanie, czy kiedykolwiek prowadzono króla do więzienia przy takiej obojętności widzów.

Tymczasem policjant poprowadził dwóch przyjaciół przez pusty rynek, a gdy się znaleźli na jego środku, Hendon położył mu dłoń na ramieniu i szepnął:

– Zaczekajcie chwileczkę, dobry panie, nikt nas tu nie usłyszy, muszę wam coś powiedzieć.

– Obowiązek zabrania mi tego, panie. Proszę was, nie zatrzymujcie mnie, noc zaraz zapadnie.

– Ależ zaczekajcie! Sprawa obchodzi was bardzo. Odwróćcie się na chwilę tyłem i popatrzcie w niebo: pozwólcie uciec chłopcu.

– Do mnie to mówisz? Aresztuję cię w imieniu...

– Nie tak gorąco, przyjacielu. Uważaj lepiej, żebyś nie zrobił jakiegoś głupstwa – odparł Hendon, a zniżając głos do szeptu, rzekł policjantowi na ucho: – Prosię, które kupiłeś za osiem pensów, człowieku, może cię kosztować głowę!

Zdumiony policjant w pierwszej chwili oniemiał z przerażenia, po pewnym czasie jednak opanował się i począł kląć i złorzeczyć. Ale Hendon wysłuchał go spokojnie i cierpliwie, a gdy policjant zmęczył się już krzykiem, rzekł:

– Podobasz mi się, przyjacielu i nie chciałbym cię wpędzić w nieszczęście, o ile mogę temu zapobiec. Wiedz, że słyszałem wszystko – co do słowa! Dowiodę ci tego.

Po czym słowo za słowem powtórzył całą rozmowę, jaka miała miejsce w sieni sądu między policjantem a wieśniaczką, i zakończył:

– No, czy nie tak było? Jak widzisz nie omyliłem się. Czy nie mógłbym w razie potrzeby powtórzyć tego samego sędziemu?

Policjant oniemiał z przerażenia; po chwili odzyskał jednak panowanie nad sobą i odpowiedział z wymuszoną wesołością:

– Robicie wielką rzecz ze zwykłego żartu. Przecież ja tylko zażartowałem sobie z tej kobieciny!

– A prosię wziąłeś także żartem? – wtrącił Hendon.

Policjant odpowiedział gniewnym głosem:

– Dość tego! Powiedziałem już, że to był tylko żart!

– Zaczynam ci wierzyć – rzekł Hendon, a ton jego głosu brzmiał na wpół drwiąco, na wpół z przekonaniem – ale zaczekajcie tu chwileczkę, pobiegnę do sędziego pokoju i zapytam go, to uczony człowiek, on się z pewnością zna na żartach i na...

Odwrócił się, jakby istotnie chciał odejść. Ale policjant zaniepokoił się. Zaklął kilka razy i zawołał:

– Stój, stój, wielmożny panie... zaczekaj chwileczkę... sędzia! Zrozumże, człowiecze, że on nie ma najmniejszego zmysłu do żartów, tyle się na tym zna co umarły! Załatwmy lepiej tę sprawę między sobą. Do licha! Zdaje się, że się wplątałem w brzydką historię z powodu tego niewinnego żartu. Jestem ojcem rodziny... mam żonę i dzieci... Zastanówże się, panie; czego żądacie od mnie?

– Tylko żebyś był ślepy, głuchy i sparaliżowany przez czas, aż naliczysz do stu tysięcy, licząc powoli – rzekł Hendon z taką miną, jakby żądał najniewinniejszej przysługi.

– Ależ to by była moja zguba! – zawołał policjant z rozpaczą.

– Ach, bądźcież rozsądni, wielmożny panie, zastanówcie się nad tą sprawą jeszcze raz. To przecież był naprawdę tylko żart, sami to chyba widzicie. A jeśli to nawet było coś więcej, jest to w każdym razie drobne tylko wykroczenie, a sędzia co najwyżej udzieli mi nagany.

Hendon odpowiedział na to z lodowatym spokojem:

– Ten żart ma w prawie swoją nazwę – chcesz ją poznać?

– Ja przecież nie wiedziałem! Byłem tylko nieostrożny! Ani mi przez myśl przeszło, że taki drobiazg może mieć swoją nazwę w kodeksie. O, nieba, a ja myślałem, że to mój oryginalny pomysł!

– Nie, to ma swoją nazwę. W prawie przestępstwo to nazywa się: Non compos mentis lex talionis sic transit gloria mundi[1].

– Ach, Boże!

– I karane jest śmiercią.

– Boże, bądź miłościwy mnie grzesznemu!

– Skorzystałeś z cudzej pomyłki, z cudzego nieszczęścia, z bezradności człowieka znajdującego się w twojej władzy. Zawładnąłeś przedmiotem, który wart jest więcej niż trzynaście i pół pensa, a za który zapłaciłeś znacznie

[1] Przypadkowo zestawione ze sobą słowa łacińskie.

mniej niż wynosi jego wartość: w oczach prawa jest to oszustwo z premedytacją, wymuszenie, nadużycie władzy, ad hominem expurgatis in statu quo[1] – i karane jest śmiercią na szubienicy, bez nadziei zbawienia duszy, gdyż bez pokuty, pociechy religijnej lub rozgrzeszenia – ciągnął Hendon.

– Trzymajcie mnie, dostojny panie, bo upadnę! Zmiłujcie się, zaoszczędźcie mi tego losu, nie wtrącajcie mnie w nieszczęście, odwrócę się od was i już jestem ślepy!

– Dobrze! Teraz zaczynasz mówić rozsądnie i mądrze. A prosię oddasz?

– Oddam, oddam naprawdę – i nie dotknę już nigdy prosięcia, choćby mi z nieba spadło. Idźcie – jestem ślepy – nie widzę nic. Powiem, że to wy włamaliście się do więzienia i przemocą uwolniliście chłopca. Drzwi są stare, zbutwiałe – sam je potem wyłamię w nocy.

– Zrób tak, przyjacielu, nic się złego nie stanie. Sędzia sam żałował tego biednego chłopca, nie ukarze więc surowo tego, kto mu ułatwił ucieczkę.

Rozdział XXV

Hendon Hall

Gdy tylko król i jego opiekun oddalili się nieco od policjanta, Hendon poprosił jego królewską mość, aby zaczekał na niego w umówionym miejscu w pobliżu miasta, sam zaś pobiegł do oberży zapłacić rachunek.

W pół godziny później dwaj przyjaciele jechali obok siebie zadowoleni w kierunku wschodnim, dosiadłszy wierzchowców Hendona. Królowi było ciepło i wygodnie, gdyż zdjął łachmany i wdział ubranie, które Hendon kupił dla niego na moście Londyńskim.

Hendon chciał zaoszczędzić chłopcu niewygód podróży; sądził, że długotrwała jazda podczas dnia, nieregularne jedzenie i niedostateczna ilość snu wzmogłyby jeszcze zamęt duchowy chłopca; gdy natomiast spokój, regularny tryb życia i ruch odpowiadający siłom przyśpieszyłyby jego ozdrowienie; pragnął z całego serca, aby zmącony umysł jego młodego przyjaciela odzyskał znowu jasność, a prześladująca go mania znikła z jego główki. Postanowił więc zbliżać się niewielkimi etapami ku stronom rodzinnym, których nie widział tak długo, zamiast być posłusznym swej tęsknocie i zdążać ku nim w największym pośpiechu.

---

[1] Przypadkowo zestawione ze sobą słowa łacińskie.

Gdy król i jego opiekun przebyli dziesięć mil[1], znaleźli się w wielkiej wsi i spędzili noc w dobrym zajeździe. Zapanował znowu dawny stosunek: gdy król jadł, Hendon stał za jego krzesłem i usługiwał mu, rozbierał go też do snu, sam zaś, owinąwszy się kocem, spał przed drzwiami na podłodze.

Drugiego i trzeciego dnia jechali wolno, rozmawiając o swoich przygodach i przeżyciach od chwili rozłąki. Każdy z nich okazywał oczywiście najżywsze zainteresowanie przejściami przyjaciela. Hendon opisał swoje wędrówki w poszukiwaniu króla i opowiedział, jak pustelnik wodził go długo po lesie, a wreszcie widząc, że się go nie pozbędzie, sprowadził go z powrotem do swojej chatki. Przybywszy tam – opowiadał Hendon – udał się starzec do swojej izdebki sypialnej i powrócił z drżącymi kolanami i zrozpaczoną miną, mówiąc, iż przypuszczał, że chłopiec wrócił już i położył się spać, ale tak nie jest. Hendon czekał przez cały dzień w pustelni, potem, straciwszy nadzieję, aby król powrócił tam, udał się w dalszą drogę.

– Ten stary święty był istotnie bardzo nieszczęśliwy, że wasza królewska mość nie powrócił do niego – zakończył Hendon. – Widać to było po jego twarzy.

– Nie wątpię w to bynajmniej! – odpowiedział król i opowiedział Hendonowi o swoich przeżyciach w pustelni; Hendon żałował po tym opowiadaniu bardzo, że nie zrobił końca z archaniołem.

Ostatniego dnia podróży Hendon był w jak najlepszym humorze. Nić rozmowy nie urywała się ani na chwilę. Opowiadał o swoim starym ojcu i o bracie Arturze, wymieniał wiele charakterystycznych szczegółów, świadczących o ich szlachetnym i wspaniałomyślnym charakterze; z marzycielską miłością opisywał Edytę i tak się cieszył z powrotu, że nawet o drugim bracie swoim, Hugonie, mówił w braterski i pojednawczy sposób. Myśli jego bawiły przy oczekującym go przyjęciu w Hendon Hall, wyobrażał sobie, jak to wszyscy zdumieni będą jego przybyciem i jaka stąd powstanie wdzięczność i radość.

Okolica była piękna, usiana folwarkami i ogrodami owocowymi, zaś droga wiodła wśród bujnych łąk, ciągnących się bez kresu, wznoszących się i opadających niby fale morza. Po południu Miles zjeżdżał od czasu do czasu z drogi i wjeżdżał na jakiś niewielki pagórek, aby mieć rozleglejszy widok i z daleka już dojrzeć dom rodzinny. Dojrzał go wreszcie i zawołał uradowany:

– Oto wioska, panie mój, a tam obok niej widać dwór. Możesz stąd dojrzeć wieże, a te zarośla to park mego ojca. Tak, teraz ujrzysz coś wspaniałego i pięknego. Pomyśl tylko, dom o siedemdziesięciu pokojach i dwudziestu

[1] Mila angielska (lądowa) wynosi ok. 16 km.

siedmiu służących! Takie mieszkanie przyda się nam obu! Pośpieszajmy teraz, niecierpliwość moja nie pozwala mi już na tak powolną jazdę!

Ruszyli teraz jak mogli najszybciej; było już jednak po trzeciej, gdy przybyli do wsi. Przemknęli galopem przez drogę, a Hendon nie przestawał mówić.

– Oto kościół – jak dawniej spowity w bluszcz – nic się nie zmieniło.

– A oto gospoda, nazywa się „Pod Czerwonym Lwem" – a tam dalej to nasz rynek.

– Tutaj jest słup, na który się wdrapywaliśmy podczas zabaw, i studnia – nic się nie zmieniło; nic, prócz ludzi naturalnie; niektórzy z nich wydają mi się znajomi, ale mnie już nikt nie poznaje.

Tak mówił ciągle bez ustanku. Wkrótce przybyli na koniec wsi, potem wjechali na obramioną żywopłotami, wijącą się drogę, którą przebyli szybko i znaleźli się w wielkim ogrodzie kwiatowym, minąwszy jeszcze wspaniałą bramę wjazdową, ozdobioną wielkimi kamiennymi kolumnami i rzeźbionymi w kamieniu herbami. Teraz leżał przed nimi okazały dwór.

– Witaj w Hendon Hall, królu mój! – zawołał Miles. – Ach, wielki to dzień! Ojciec mój, brat i panna Edyta będą z pewnością tak uradowani, że w pierwszej chwili na mnie tylko będą zwracać uwagę, mogłoby ci się więc zdawać, że jesteś chłodno przyjęty. Ale nie zrażaj się tym. To się rychło zmieni. Bo jeśli im powiem, że jesteś pod moją opieką i jak bardzo cię kocham, przekonasz się, że z miłości do Milesa Hendona otworzą ramiona i tobie, i dadzą ci u siebie na zawsze gościnę.

Hendon zeskoczył z siodła przed drzwiami wejściowymi, pomógł i królowi zejść z osiołka, chwycił go za rękę i wbiegł do domu. Kilka schodków prowadziło do obszernej komnaty; Hendon wszedł, z pośpiechem raczej niż z zachowaniem dworskich form, kazał królowi usiąść i podbiegł do młodego mężczyzny, który siedział, pisząc przy stole, przysuniętym do kominka pełnego płonących polan drzewnych.

– Uściskaj mnie, Hugonie – zawołał – i powiedz, czy się cieszysz, że nareszcie wróciłem! A przede wszystkim zawołaj naszego ojca! Nie zaznam uczucia, że jestem znowu w domu, aż nie ucałuję jego ręki, nie spojrzę w jego oczy i nie usłyszę jego głosu!

Ale Hugo wyprostował się, przez chwilę na próżno starał się ukryć swoje zdumienie, potem spojrzał na przybysza bystrym wzrokiem, w którym widniała urażona godność. Czy to wskutek szybkiej decyzji, czy w innym jakimś zamiarze przyjrzał mu się potem z niejaką ciekawością, do której przyłączyło się rzeczywiste czy udane współczucie. Potem rzekł tonem swobodnym:

– Jesteś chyba niespełna rozumu, biedny wędrowcze; musiałeś doświadczyć w życiu wiele niedoli i trudów, dowodzi tego twoja twarz i twój ubiór. Za kogo mnie uważasz?

– Za kogo cię uważam? Za pozwoleniem, za tego, kim jesteś! Uważam cię za Hugona Hendona – odpowiedział Miles gwałtownie.

Hugo zapytał teraz tym samym łagodnym tonem co poprzednio:

– A za kogo uważasz siebie?

– Za kogo uważam siebie? Czy chcesz przez to powiedzieć, że nie poznajesz we mnie swego brata, Milesa Hendona?

Hugo spojrzał na niego z błyskiem radosnego zdziwienia.

– Co? Żartujesz sobie chyba ze mnie! Czyż umarli mogą wracać z grobu? Bogu niechaj będą dzięki, jeżeli to być może! Więc nasz drogi zmarły byłby nam po tylu latach przywrócony! Ach, wiadomość ta wydaje się być zbyt piękna, aby była prawdziwa! Błagam cię, zlituj się nad nami i nie żartuj ze mnie! Prędko, podejdź tu do światła, abym mógł obejrzeć dokładnie rysy twojej twarzy.

Chwycił Milesa za ramię, pociągnął go do okna, oglądał go badawczym wzrokiem od góry do dołu, obracał go w tę i ową stronę, chodził dokoła niego, aby mu się przyjrzeć ze wszystkich stron, podczas gdy przybyły do domu syn marnotrawny śmiał się z radości i żartował, kiwając mu głową i dogadując:

– Dalej, bracie, dalej, obejrzyj mnie dokładnie, każdy rys się zgadza; oglądaj mnie do woli, mój drogi, stary Hugonie – jestem rzeczywiście twoim dawnym Milesem, niezmienionym dawnym Milesem, twoim zaginionym bratem. Ach, co to za dzień radosny, wiedziałem, że będzie to dzień radosny! Podaj mi rękę! Pozwól się ucałować. O, Boże, umrę chyba z radości!

Chciał uściskać brata, ale Hugo podniósł odpychająco rękę, potem z ponurą miną spuścił głowę i rzekł głosem wzruszonym:

– Boże, zlituj się i daj mi siły do przetrzymania tego ciężkiego rozczarowania!

Miles był tak zdumiony, że w pierwszej chwili nie mógł wymówić słowa; potem opanował się i zawołał:

– Jakiego rozczarowania? Czyż nie jestem twoim bratem?

Hugo potrząsnął głową z bolesnym wyrazem twarzy i rzekł:

– Daj Boże, abyś mówił prawdę i aby inne oczy dojrzały to podobieństwo, które dla moich jest ukryte. Ale, lękam się... że list ten mówił prawdę.

– Jaki list?

– List, który nadszedł zza morza przed sześciu czy siedmiu laty. Donosił on, że brat mój padł w potyczce.

– To kłamstwo! Zawołaj ojca. On mnie pozna na pewno.

– Nie można wołać zmarłych.

– Zmarłych? – głos odmówił Milesowi posłuszeństwa, a wargi jego zadrgały. – Mój ojciec nie żyje! O, co za wieść straszliwa! Zabija ona połowę mej radości! Więc niech przyjdzie mój brat, Artur; on mnie pozna; on sobie mnie przypomni i pocieszy mnie.

– I on nie żyje!

– Boże, bądź mi miłościw! Umarli – umarli obaj. Godni poumierali, a ja niegodny żyję. Ach! Zlituj się nade mną! Nie mów, że i panna Edyta...

– Umarła? Nie, ona żyje.

– Ach, Bogu niechaj będą dzięki! Teraz znów jestem szczęśliwy. Śpiesz, bracie, zawołaj ją! Jeżeli ona powie, że ja nie jestem sobą – ale ona tego nie powie; nie, nie, ona mnie pozna, szaleństwem byłoby wątpić w to. Sprowadź też starą służbę, oni mnie poznają.

– Umarli wszyscy z wyjątkiem Piotra, Halsoy'a, Dawida, Bernarda i Małgorzaty.

Z tymi słowami Hugon opuścił pokój. Miles zatopiony był przez chwilę w myślach; potem począł się przechadzać po komnacie, mówiąc do siebie samego:

– Tych pięciu arcyłotrów przeżyło dwudziestu dwóch dzielnych służących – to dziwne.

Chodził nadal tam i z powrotem po pokoju, zapomniawszy zupełnie o obecności króla. Chłopiec rzekł teraz z wyrazem szczerego współczucia, choć słowa jego można też było rozumieć ironicznie:

– Nie bierz sobie tak do serca tego przeżycia, przyjacielu; są jeszcze na świecie i inni ludzie, których tożsamości zaprzecza się, odmawiając im należnych praw. Nie jesteś więc odosobniony.

– Ach, królu mój – zawołał Hendon, rumieniąc się lekko – nie osądzaj mnie przedwcześnie – zaczekaj, dowiesz się prawdy. Nie jestem oszustem: usłyszysz to od niej, z jej najpiękniejszych w całej Anglii ust. Ja miałbym być oszustem? Znam tę starożytną salę, portrety moich przodków, znam wszystko, co nas tu otacza, jak dziecko zna swój pokój dziecięcy. Tutaj się urodziłem i wychowałem, o panie mój; mówię prawdę, nie okłamuję cię; a choćby mi nikt inny nie uwierzył, ty jeden nie wątp, wierz w moje słowa, nie przeżyłbym tego!

– Nie wątpię w to, co mówisz – rzekł król z dziecięcą ufnością i przekonaniem.

– Dziękuję ci za to z całego serca! – zawołał Hendon namiętnie.

Król zapytał z tą samą prostotą i ufnością:

– A czy i ty nie wątpisz w to, co ja mówię?

Hendon uczuł się głęboko zawstydzony i rad był, że w tej chwili otworzyły się drzwi i powrócił Hugo, dzięki czemu nie potrzebował odpowiedzieć królowi.

Za Hugonem szła piękna i bogato ubrana pani, za nią zaś postępowało kilkoro służby w barwach pałacowych. Dama szła wolno, z opuszczoną głową i spojrzeniem utkwionym w ziemi. Miles Hendon podbiegł do niej i zawołał:

– Ach, Edyto moja, ukochana moja...

Ale Hugo stanął między nimi i zwrócił się do Edyty:

– Spójrz na niego. Czy znasz go?

Na dźwięk głosu Milesa dama drgnęła; policzki jej zarumieniły się, zadrżała na całym ciele. Przez długą chwilę stała bez ruchu; potem wolno podniosła oczy i spojrzała na Hendona nieruchomym, zatrwożonym wzrokiem; krew uciekła powoli z jej twarzy, która przybrała barwę trupią. Głosem tak samo martwym jak jej twarz rzekła wreszcie:

– Nie znam go!

Potem, oddychając głęboko i tłumiąc ciężkie westchnienie, odwróciła się i chwiejnym krokiem opuściła komnatę.

Miles Hendon padł na fotel i zakrył twarz obydwiema rękami. Po chwili brat jego zwrócił się do służby i zapytał:

– Obejrzeliście go już dokładnie: czy znacie go?

Wszyscy pięcioro potrząsnęli przecząco głowami. Hugo zaś ciągnął teraz:

– Służba nie poznaje was, panie. Omyliliście się. Widzieliście, że i żona moja was nie poznała.

– Twoja żona!

W następnej chwili Miles przycisnął brata do ściany, a żelazna jego pięść zacisnęła się dokoła gardła nikczemnika.

– Nędzny łotrze, teraz rozumiem wszystko! Ty sam napisałeś ów złowieszczy list, aby odziedziczyć w ten sposób moją narzeczoną i mój udział w spadku. A teraz precz mi z oczu, aby moja uczciwa ręka żołnierska nie splamiła się twoją krwią!

Hugo, z twarzą nabiegłą krwią, na wpół uduszony padł na najbliższy fotel i rozkazał służącym, aby schwytali i związali potężnego napastnika. Lokaje wahali się, a jeden z nich rzekł:

– On jest uzbrojony, sir Hugonie, a myśmy bez broni.

– Uzbrojony! Co was to obchodzi, a za to iluż was jest? Bierzcie go, powiadam!

Ale Miles ostrzegł ich, by się mieli na baczności, i rzekł:

– Znacie mnie z dawnych czasów – nie zmieniłem się – spróbujcie, jeżeli macie ochotę!

Przypomnienie to nie dodało lokajom odwagi; w milczeniu cofali się coraz dalej.

– Więc wynoście się, podłe tchórze, uzbrójcie się i pilnujcie drzwi, póki ja nie poślę na odwach! – zawołał Hugo.

Na progu odwrócił się jeszcze i rzekł do Milesa:

– Nie pogarszajcie swego położenia daremną próbą ucieczki.

– Ucieczki? Możesz sobie zaoszczędzić tej obawy, jeśli to twoje jedyne zmartwienie. Gdyż Miles Hendon jest panem Hendon Hall i wszystkiego, co do tych włości należy. Pozostanie on tutaj – możesz być tego pewien.

Rozdział XXVI

Edyta

Król siedział przez kilka chwil w zamyśleniu, potem podniósł wzrok i rzekł:

– Dziwne, bardzo dziwne. Nie potrafię sobie tego wytłumaczyć.

– Nie takie dziwne, jak ci się zdaje, panie mój. Znam go, to jego zwykły sposób postępowania. Od maleństwa był nicponiem.

– Ach, ja nie o nim mówię, sir Milesie.

– Nie o nim? A o czymże? Co to wydaje ci się tak dziwne?

– Że nikt nie spostrzega braku króla.

– Co? Jak? Nie rozumiem cię.

– Rzeczywiście? Czy nie wydaje ci się dziwne, że nie wysyła się na wszystkie strony gońców, którzy by mnie poszukiwali, nie widzi się ogłoszeń z opisami mojej osoby. Czyż nie jest to powodem do powszechnej rozpaczy i najpoważniejszego strapienia, że głowa państwa znikła bez najmniejszego śladu?

– Oczywiście, królu mój. Zapomniałem o tym.

Po czym Hendon dodał w duchu:

– „Biedna, obłąkana główka! Ciągle jeszcze trapi ją ta mania prześladowcza!"

– Ale mam plan, który pomoże nam obydwu w odzyskaniu swoich praw – napiszę list w trzech językach – po łacinie, po grecku i po angielsku – a ty pojedziesz z nim jutro raniutko jak najszybciej do Londynu. Nie wręczaj go nikomu innemu, tylko memu stryjowi, lordowi Hertfordowi; kiedy on zobaczy ten list, pozna moje pismo i przyśle natychmiast gońców po mnie.

– Czy nie byłoby rozsądniej, królu mój, abyśmy zaczekali, aż ja zostanę uznany za prawego dziedzica mych posiadłości? Wówczas łatwiej mi będzie...

Król przerwał mu gwałtownie:

– Cicho! Co znaczą twoje nędzne posiadłości i twoje małe troski wobec dobra całego kraju i zachowania tronu?

Potem dodał głosem łagodniejszym, jakby żałując swego gwałtownego tonu:

– Bądź mi posłuszny i nie lękaj się niczego. Przywrócę ci twoje prawa i dopomogę ci w odzyskaniu mienia – ba, dam ci nawet o wiele więcej. Nie zapomnę o twoich usługach i wynagrodzę je.

Z tymi słowami mały król chwycił pióro i zaczął pisać. Hendon obserwował go z miłością, rozmyślając:

– „Gdyby w tym pokoju było ciemno, gotówbym pomyśleć, że to naprawdę król mówił do mnie. Nie podobna zaprzeczyć, że mówi on prawdziwie po królewsku – skąd to u niego? A teraz gryzmoli sobie zadowolony, pewien, że to po łacinie i po grecku; a jeżeli nie wpadnie mi jakiś dobry pomysł, aby mu wybić z głowy ten zamiar, będę musiał jutro rano wykonać jego szalony plan".

W następnej chwili myśli Milesa powróciły do własnych jego przeżyć i tak był nimi zajęty, że gdy król podał mu list, wziął go do ręki i schował, nie wiedząc, co czyni.

– Jak dziwne było jej postępowanie – mruknął. – Miałem wrażenie, jakby mnie poznała, a jednak zdawało się, że mnie nie poznaje. Te dwa poglądy są z sobą sprzeczne, wiem o tym, nie potrafię ich z sobą pogodzić; z drugiej zaś strony, jakkolwiek się głowię, nie mogę wyrzec się jednego z nich na korzyść drugiego. Sprawa ma się zapewne po prostu tak: musiała poznać moją twarz, moją postać, mój głos, bo jakże mogło być inaczej? Ale powiedziała, że mnie nie poznaje, i to musi być prawdą, gdyż ona niezdolna jest do kłamstwa. Ależ tak – zaczynam już coś rozumieć! Z pewnością on wymógł na niej – rozkazał jej, zmusił ją do wypowiedzenia tego kłamstwa. Oto wyjaśnienie! Oto rozwiązanie zagadki! Widać było, że ledwie panowała nad trwogą. Nie miała odwagi postąpić inaczej w jego obecności. Muszę ją odszukać; znajdę ją z łatwością, a teraz, gdy jego nie ma, nie ukryje ona przede mną swego prawdziwego zdania. Przypomni sobie nasze lata dziecięce, gdyśmy się razem bawili; zmiękczy to jej serce i wtedy nie zaprze się mnie już, lecz uzna mnie za tego, kim jestem. W niej nie ma fałszu – zawsze była szczera i otwarta. Kochała mnie wówczas, to moje przekonanie, nie zdradzi więc tego, kogo kochała.

Podszedł do drzwi, ale w tej chwili otworzyły się one. Weszła pani Edyta. Była bardzo blada, ale stąpała krokiem pewnym, zaś ruchy jej były pełne wdzięku i godności. Twarz jej miała ten sam posępny wyraz co przedtem.

Miles podbiegł do niej z radością i nadzieją. Edyta powstrzymała go jednak ledwie dostrzegalnym ruchem dłoni i Hendon zatrzymał się jak przygwożdżony. Potem usiadła, wskazała i jemu krzesło, a przez to samo, traktując go jak obcego i jak gościa, pozbawiła go uczucia koleżeństwa. Zdu-

mienie Hendona wobec jej niespodziewanego zachowania było tak wielkie, że przerażony zadawał sobie sam przez chwilę pytanie, czy jest rzeczywiście tym, za kogo się podaje. Lady Edyta zaczęła:

– Panie, przychodzę was ostrzec. Wiem, że nie podobna przekonać człowieka szalonego o jego szaleństwie, niewątpliwie jednak można go ostrzec, by się nie wystawiał na niebezpieczeństwo. Wierzę, że złudzenie wasze wydaje się wam czystą prawdą i dlatego samo przez się nie jest ono karygodne. Ale nie rozgłaszajcie go tutaj, gdyż tu może wam ono przynieść szkodę.

Przez chwilę spoglądała mu spokojnie w twarz, po czym ciągnęła dalej z naciskiem:

– Jest ono dla was tym niebezpieczniejsze, że w istocie jesteście bardzo podobni do zmarłego.

– Ależ na Boga, Edyto, przecież to ja sam jestem!

– Wierzę, że jesteście o tym przekonani. Co więcej, możecie być o tym szczerze przekonani – a jednak ostrzegam was raz jeszcze. Mąż mój jest tutaj panem; władza jego jest tu niemal nieograniczona; rządzi on życiem i śmiercią swoich poddanych. Gdybyście nie byli podobni do człowieka, za którego się podajecie, mąż mój spokojnie pozwoliłby wam piastować to urojenie, ale wierzcie mi, znam go dobrze i wiem, co zrobi. Poda was za obłąkanego i oszusta, a wszyscy mu uwierzą.

Znowu spojrzała na Milesa spokojnie i dodała:

– Nawet gdybyście byli Milesem Hendonem i gdyby on o tym wiedział i wszyscy gdyby o tym wiedzieli – zważajcie na moje słowa i zastanówcie się nad nimi dobrze – nawet wówczas znajdowalibyście się w tym samym niebezpieczeństwie, a zemsta jego dosięgłaby was równie niechybnie. On by się was i wówczas zaparł, oskarżyłby was, a nikt nie ośmieliłby się stanąć po waszej stronie.

– Wierzę w to w zupełności – rzekł Miles z goryczą. – Potęga, która umie wymusić posłuszeństwo, gdy idzie o zdradę przyjaciela młodości, potrafi skłonić do powolności i wtedy, gdy w grę wchodzi życie i chleb powszedni; łatwo wówczas wzgardzić wiernością i przywiązaniem.

Przelotny rumieniec zabarwił na chwilę policzki Edyty, potem spuściła oczy, ale głos jej nie zdradził wzruszenia, gdy mówiła dalej:

– Ostrzegłam was i ostrzegam raz jeszcze, oddalcie się. Inaczej czeka was od tego człowieka zguba. To tyran, nie zna on litości. Ja, która jestem jego niewolnicą, wiem o tym najlepiej. Biedny Miles i Artur, i mój drogi opiekun, sir Ryszard, wolni są już od niego na zawsze i bezpieczni w grobie – lepiej by było dla was być przy nich niż w mocy tego potwora! Pretensje wasze są zamachem na jego tytuły i jego własność; zadaliście mu czynną obelgę w jego własnym domu – jesteście zgubieni, jeżeli pozostaniecie tu dłużej. Uciekajcie – nie zwlekajcie ani chwili! Jeśli wam brak pieniędzy, weźcie, proszę, tę sakiewkę i przekupcie służących, aby was wypuścili. Ach, usłuchajcie mego ostrzeżenia, nieszczęsny człowieku, uciekajcie, póki jeszcze czas.

Miles odepchnął sakiewkę ruchem ręki, podniósł się z fotela i stanął przed Edytą.

– Wyświadczcie mi, pani, jedną przysługę – rzekł. – Spójrzcie mi prosto w oczy, abym się mógł przekonać, czy wytrzymacie mój wzrok. Tak – a teraz odpowiedzcie mi: czy jestem Milesem Hendonem?

– Nie. Nie znam was.

– Przysięgnij!

Odpowiedź była cicha, ale wyraźna.

– Przysięgam.

– O, to wprost nie do wiary!

– Uciekajcie! Dlaczego trwonicie drogocenny czas? Uciekajcie i ratujcie się!

W tej chwili do komnaty wpadli żołnierze i wywiązała się zaciekła walka, ale Hendon został rychło pokonany i obezwładniony. Króla pojmano także, związano i poprowadzono do więzienia.

Rozdział XXVII

W więzieniu

Wszystkie cele więzienne były przepełnione, zaprowadzono więc dwóch przyjaciół do obszernej sali, w której zamykano ludzi oskarżonych o drobniejsze przestępstwa, i nałożono im kajdany. Znaleźli się tu w licznym towarzystwie, gdyż w sali znajdowało się około dwudziestu więźniów obojga płci i różnego wieku, z kajdanami na rękach i nogach – była to wrzaskliwa i bezwstydna zgraja.

Król był oburzony tak niesłychaną obrazą jego godności królewskiej; Hendon był ponury i milczący. Czuł się jeszcze zupełnie ogłuszony i oszołomiony. Z radosnym sercem powrócił do domu rodzinnego, pewien, iż powracający syn marnotrawny powitany będzie z miłością, a tymczasem odwrócono się od niego, wyparto się go i wtrącono go do więzienia. Nadzieje i ich spełnienie pozostawały ze sobą w tak jaskrawej sprzeczności, że nie mógł się z tym jeszcze oswoić. Nie wiedział już, czy sytuacja jego jest tragiczna czy komiczna. Doznawał uczucia człowieka, który wybiegł przed dom zachwycać się widokiem tęczy, a nagle rażony został uderzeniem pioruna.

Z wolna jednak jego rozproszone i zbolałe myśli poczęły się skupiać i zajmować osobą Edyty. Zastanawiał się nad jej zachowaniem i rozważał je ze wszelkich stron, nie mogąc jednak wytłumaczyć pobudek jej postępowania. Czy go poznała, czy nie? Było to dręczące pytanie i trapiło go nieustannie. Ostatecznie doszedł do przekonania, że go poznała, ale zaparła się go z egoistycznych względów. Myśl ta wzniecała w nim gorzkie oskarżenia przeciw niej, ale imię jej tak długo było dla niego święte, że język odmawiał mu posłuszeństwa i nie chciał jej złorzeczyć.

Owinięci w brudne i postrzępione koce więzienne Hendon i król spędzili bolesną noc. Przekupiony dozorca dostarczył kilku więźniom wódki; naturalnym skutkiem tego były nieprzystojne pieśni, krzyki i kłótnie. Po północy jakiś człowiek pobił jedną z kobiet, zadawszy jej kajdanami ciężką ranę w głowę, zanim nadbiegł dozorca, który przywrócił porządek, obiwszy z kolei napastnika. Potem nastąpiła cisza i reszta więźniów mogła spać, gdyby ich nie budziły jęki i wyrzekania dwojga poranionych.

Podczas następnego tygodnia dni i noce mijały z przygnębiającą jednostajnością; za dnia przychodzili rozmaici ludzie, których twarze Hendon przypominał sobie mniej lub bardziej wyraźnie; wszyscy oni przyglądali mu się bacznie, po czym wyszydzali go jako „samozwańca"; po nocach zaś trwały nieustanne pijatyki i bójki. Wreszcie jedna z wizyt przybrała jednak niespodziewany obrót. Dozorca wprowadził jakiegoś starca i rzekł do niego:

– Ten nicpoń jest tutaj. Otwórz swoje stare oczy i spróbuj go rozpoznać.

Hendon podniósł wzrok i po raz pierwszy od czasu swego uwięzienia doznał drgnienia radości. Gdyż powiedział sobie:

– To stary Blake Andrews, który przez całe życie wiernie służył naszemu domowi – uczciwy to człowiek o szlachetnym sercu. Taki przynajmniej był niegdyś. Ale pewnie nie jest już wierny dzisiaj; teraz oni wszyscy są łgarzami. Tak, on mnie pozna, ale pewnie zaprze się mnie jak wszyscy inni.

Staruszek rozejrzał się dokoła, przyglądając się twarzom, i rzekł:

– Widzę tu tylko zwyczajną hałastrę uliczną. Któryż to ma być?

Dozorca więzienny roześmiał się i odpowiedział:

– Ten tutaj; spójrz no na tego łotra i powiedz, co o nim sądzisz.

Staruszek podszedł bliżej, przyjrzał się Hendonowi uważniej i potrząsnął głową, mówiąc:

– Zaiste, ten człowiek nie jest żadnym z Hendonów i nigdy nim nie był.

– Masz rację! Twoje stare oczy dobrze jeszcze widzą. Gdybym ja był na miejscu sir Hugona, wziąłbym tego łajdaka i...

Dozorca wspiął się na palcach i z ruchem takim, jakby miał na szyi stryczek, wydał dźwięk, jaki wydaje skazaniec, gdy rzęzi w ostatniej chwili życia. Staruszek zaś ciągnął:

– Niech się cieszy, jeżeli go coś gorszego nie spotka. Gdybym ja był sędzią, zginąłby od ognia...

Dozorca roześmiał się brutalnie i okrutnie.

– Powiedz mu prawdę, stary, jak wszyscy inni, którzy tu przychodzili, żeby mu się przyjrzeć. To świetna zabawa, powiadam ci.

Z tymi słowami dozorca odwrócił się i wyszedł z sali.

W tej chwili starzec padł na kolana i szepnął:

– Chwała niech będzie Bogu, który cię sprowadził na powrót, szlachetny panie! Od siedmiu lat sądziliśmy, że nie żyjesz, a oto tyś żyw! Od pierwszej chwili, kiedy cię ujrzałem, poznałem cię natychmiast i wiele mnie to trudu kosztowało nie zdradzić wzruszenia i zachowywać się tak, jakby tu była sama hałastra uliczna. Jestem biedny i stary, ale jeśli rozkażesz, sir Milesie, będę głosił wszędzie, iż jesteś naprawdę tym, za kogo się podajesz, choćby to mnie samego zaprowadzić miało na szubienicę.

– Nie – odpowiedział Hendon – nie rób tego. Zaszkodziłbyś tylko sobie, a mnie niewiele pomógł. Ale dziękuję ci, że zbudziłeś we mnie znowu wiarę w ludzi.

Staruszek stał się dla Hendona i króla cennym sprzymierzeńcem. Przychodził odtąd po kilka razy dziennie, rzekomo, aby naigrawać się z oszusta, w istocie zaś przemycał im pożywienie, które wobec skąpego wiktu więziennego było dla nich bardzo pożądane, przynosił im też wiadomości o tym, co się działo na świecie.

Hendon pozostawiał przynoszone przez staruszka smakołyki królowi, który bez tego posiłku zmarniałby w więzieniu zupełnie, tak nieobfite i ohydne było jedzenie, które przynosił im dozorca.

Co prawda, nie chcąc wzbudzać podejrzeń, musiał się Andrews ograniczać do krótkich jedynie odwiedzin, mimo to jednak udawało mu się nieraz szepnąć Hendonowi ukradkiem ważną wiadomość, podczas gdy złorzeczenia, którymi szafował głośno, miały tylko na celu wprowadzenie w błąd słuchaczy. W ten sposób dowiedział się Miles z wolna o wydarzeniach, które zaszły w jego rodzinie. Artur umarł przed ośmiu laty. Strata ta, w połączeniu z brakiem jakichkolwiek wieści od Milesa, podkopała zdrowie starego ojca; spodziewając się rychłej śmierci, pragnął już tylko pobłogosławić związek Hugona z Edytą. Ale Edyta błagała go o zwłokę, żywiąc ciągle nadzieję, że Miles powróci. Potem nadszedł list donoszący o jego śmierci. Cios ten rzucił sir Ryszarda na łoże boleści; spodziewał się, że kres jego jest już bliski. Hugo nalegał także na przyśpieszenie małżeństwa, ale Edyta prosiła ciągle o zwłokę i wyjednała sobie najpierw miesiąc, potem drugi, wreszcie trzeci; w końcu jednak ślub odbył się przy łożu śmierci sir Ryszarda.

Nie było to szczęśliwe małżeństwo. Opowiadano sobie w okolicy, że młoda pani wkrótce po ślubie znalazła kilka niekompletnych brulionów owego złowieszczego listu i oskarżyła męża, iż przez to oszustwo przyśpieszył zarówno ślub, jak i śmierć ojca. Ciągle słyszało się o tym, jak okrutnie obchodził się Hugo z żoną i służbą; po śmierci ojca zrzucił on zupełnie maskę i okazał się wobec wszystkich podwładnych bezlitosnym tyranem.

Jedna nowina przyniesiona przez Andrewsa szczególnie zainteresowała króla.

– Opowiadają, że król jest obłąkany – rzekł kiedyś staruszek. – Ale na Boga, nie mówcie nikomu, że wam o tym opowiedziałem, bo podobno każdy, kto roznosi tę wieść, daje głowę.

Jego królewska mość spojrzał na staruszka gniewnie i rzekł:

– Król nie jest obłąkany, przyjacielu... nie troszcz się o sprawy, które cię nie obchodzą; twoje buntownicze słowa mogłyby cię przyprawić o nieszczęście.

– Co się temu chłopcu stało? – zapytał Andrews zdumiony tym niespodzianym atakiem. Hendon dał mu znak, aby nie pytał dalej, zaś staruszek ciągnął swoje informacje:

– Zmarły król zostanie za kilka dni pochowany w Windsorze, 16 tego miesiąca, zaś 20 odbędzie się w Westminsterze koronacja nowego króla.

– Na to trzeba go przecież przedtem odszukać – rzekł król do siebie półgłosem; potem dodał z przekonaniem:

– Już oni się o to postarają i ja też.

– Ależ w imię...

Na ostrzegawczy ruch Hendona starzec nie dokończył i zamilkł.

Po chwili ciągnął dalej swoje opowiadanie:

– Sir Hugo jedzie na koronację i to z wielkimi nadziejami. Spodziewa się z całą pewnością godności para, gdyż cieszy się wielkimi łaskami u lorda protektora.

– U jakiego lorda protektora? – zapytał jego królewska mość.

– U dostojnego księcia Somerset.

– Cóż to za książę Somerset?

– Jeden jest tylko – Seymour, hrabia Hertford.

– A od kiedyż to jest on księciem i lordem protektorem? – zapytał król gwałtownie.

– Od ostatniego dnia miesiąca stycznia.

– A któż go zamianował?

– On sam i Wielka Rada – za zgodą króla.

Jego królewska mość zerwał się gwałtownie.

– Króla! – zawołał. – Jakiego króla, drogi panie?

– Po prostu króla! (Co się temu chłopcu stało?). Ponieważ mamy tylko jednego króla, nietrudno na to pytanie odpowiedzieć – jego królewskiej mości Edwarda Szóstego, którego niechaj Bóg zachowa. Ach, co to za piękny i miły pan, a czy umysł jego jest zdrowy czy chory, to przecież wszystko jedno; powiadają zresztą, że choroba ustępuje z dnia na dzień, a że wszystkie usta głoszą jego chwałę, więc też każdy z poddanych modli się żarliwie, aby panował on długo nad Anglią. Gdyż panowanie jego zaczęło się od razu od miłosierdzia: darował życie staremu księciu Norfolkowi. A teraz zamierza znieść najcięższe i najokrutniejsze prawa, gnębiące ubogi lud.

Wiadomości te odjęły królowi mowę ze zdumienia i wprawiły go w tak poważne zamyślenie, że nie słuchał dalej słów staruszka.

Zadawał sobie pytanie, czy tym „pięknym i miłym panem" może być ów żebrak, którego pozostawił wówczas na zamku we własnym przebraniu. Wydawało mu się to nieprawdopodobne; już mowa i zachowanie zdradziłyby go, gdyby się chciał podać za księcia Walii – musiało by to doprowadzić do jego zdemaskowania, a wtedy poczęto by przecież szukać prawdziwego księcia. Czy możliwe jest, aby dworacy podsunęli jakiegoś innego chłopca szlachetnego rodu? Nie, na to nie pozwoliłby jego wuj; był on wszechmocny i zniweczyłby taką intrygę od razu w zarodku.

Wszelkie wysiłki myśli były daremne; im bardziej zastanawiał się nad zagadką, tym bardziej wydawała mu się nierozwiązalna, tym bardziej bolała go głowa i tym gorzej spał. Niecierpliwość jego, by powrócić do Londynu, wzrastała z każdą godziną, a uwięzienie ciążyło mu coraz bardziej.

Wysiłki Hendona, by pocieszyć króla, pozostawały zupełnie bezowocne; natomiast dwóm kobietom, które od kilku dni przykute były w pobliżu nich, powiodło się to lepiej. Łagodne ich słowa przywróciły mu spokój i nauczyły go cierpliwości.

Był im wdzięczny za to z całego serca i powziął do nich szczerą życzliwość, poddając się z rozkoszą łagodnemu i kojącemu wpływowi ich obecności. Na pytanie, za co zamknięto je w więzieniu, kobiety odpowiedziały, że są baptystkami[1]. Król uśmiechnął się i zapytał:

– Czyż to jest przestępstwo zasługujące na karę więzienia? Przykro mi bardzo, że niedługo stracę wasze towarzystwo; bo przecież z tak błahego powodu nie będą was długo więzili.

Kobiety nie odpowiedziały, ale wyraz ich twarzy zaniepokoił króla, ciągnął więc dalej z ożywieniem:

---

[1] Baptyści – protestancka grupa wyznaniowa, głosząca Biblię za jedyny autorytet w sprawach wiary.

– Nie odpowiadacie – proszę was, okażcie mi tę życzliwość i powiedzcie, jakiej możecie się jeszcze spodziewać kary? Prawda, więcej nie macie się czego obawiać?

Kobiety starały się wykręcić od odpowiedzi, ale wznieciło to jeszcze większe obawy w królu, który zawołał:

– Czy będą was bili rózgami? Nie, nie, tak okrutnie nie mogą z wami postąpić! Powiedzcie, że tego nie uczynią...

Kobiety spojrzały po sobie ze smutkiem i zmieszaniem; nie mogły jednak nie odpowiedzieć, więc jedna z nich rzekła głosem na wpół zdławionym:

– Rozdzierasz nam serca, kochany chłopcze! Bóg nam dopomoże znieść naszą...

– Więc przyznajecie! – zawołał król. – Ci nikczemnicy bez serca będą was chłostali! Nie, nie płaczcie! Nie mogę patrzeć na to! Bądźcie odważne, niedługo odzyskam swoje prawa, a wtedy wezmę was pod opiekę!

Gdy król zbudził się następnego ranka, nie ujrzał już w pobliżu siebie poczciwych kobiet.

– Wypuszczono je! – zawołał uradowany, a potem dodał smutno: – Dla mnie to źle, były mi one jedyną pociechą.

Każda z kobiet przypięła do jego ubrania kawałek wstążki na pamiątkę. Król ślubował zachować te pamiątki wiernie, a gdy tylko odzyska wolność, odszukać swoje dwie przyjaciółki i wziąć je pod opiekę.

Wtem wszedł do sali dozorca z kilkoma pomocnikami, którym kazał wyprowadzić wszystkich więźniów na dziedziniec. Król był tym bardzo uradowany. Co za rozkosz ujrzeć znowu błękit nieba i odetchnąć świeżym powietrzem! Niecierpliwił się i sarkał na powolność dozorców, wreszcie jednak przyszła kolej i na niego. Zdjęto mu kajdany i kazano iść za Hendonem i innymi więźniami na dziedziniec.

Dziedziniec był czworokątny, wybrukowany płytami kamiennymi, otwarty tylko u góry. Więźniowie weszli przez sklepioną bramę i ustawiono ich szeregiem, plecami do muru; przed nimi rozpięto linę, a warta więzienna pilnowała ich czujnie.

Był zimny, pochmurny ranek, śnieg, który spadł w nocy, pokrywał cały dziedziniec, potęgując ponure wrażenie, gdy wiatr zrywał się chwilami i wprawiał płatki w zawrotny wir.

Na środku dziedzińca stały dwie kobiety przykute do drewnianych pali. Król poznał w nich od pierwszego wejrzenia swoje przyjaciółki. Przeszedł go dreszcz.

– „Ach – pomyślał – nie wypuszczono ich na wolność, jak mi się zdawało. I takie dobre kobiety smaga się w Anglii rózgami! A co najhaniebniejsze, że nie dzieje się to w jakimś pogańskim kraju, ale właśnie w chrześcijańskiej

Anglii! Będą je chłostać rózgami, a ja, którego one pocieszyły w niedoli i pokrzepiły na duchu, muszę się temu przyglądać i nie mogę przeszkodzić tej wielkiej niesprawiedliwości. Dziwne to, bardzo dziwne, że ja, władca tego wielkiego kraju, nie mam dość mocy, aby je obronić. Ale niechaj się strzegą nikczemnicy, gdyż bliski jest dzień, gdy pociągnę ich do surowej odpowiedzialności za ich niecne czyny. Za każde uderzenie rózgi jakie zadają, otrzymają w zamian sto uderzeń".

W tej chwili otwarto wielkie wrota, przez które wszedł tłum mieszczan. Otoczyli oni kobiety tak zwartym kołem, że król nie widział ich już więcej. Potem ukazał się duchowny, który przeszedł przez tłum, tak że król i jego nie mógł widzieć. Słyszał tylko, że odbywa się rozmowa, że zadawano pytania i odpowiadano na nie, ale słów nie mógł zrozumieć. Potem ujrzał król bieganinę i zamieszanie; dozorcy więzienni biegali tam i z powrotem wśród tłumu otaczającego kobiety; później nagle zapadła cisza.

Naraz tłum rozstąpił się jakby na rozkaz i król ujrzał widok, wobec którego krew zakrzepła mu w żyłach. Związane kobiety otoczone były stosem drzewa, a jakiś człowiek klęczący na ziemi podpalał go właśnie!

Kobiety pochyliły głowy i zakryły twarze rękoma; żółte płomienie strzeliły w górę po suchych, trzeszczących drwach, a wiatr uniósł ku niebu kłąb błękitnego dymu. Duchowny wzniósł ręce do modlitwy, gdy nagle wbiegły przez bramę dwie młode dziewczyny, które z rozdzierającym krzykiem rzuciły się ku skazanym na stos kobietom. Pachołkowie kata odciągnęli je natychmiast, ale jedną z nich za słabo widocznie trzymali, gdyż wyrwała się z okrzykiem, że chce umrzeć z matką, i zanim zdołano jej przeszkodzić, podbiegła do matki i otoczyła ją ramionami. Odciągnięto ją znowu, ale suknie jej zajęły się już od ognia. Kilku mężczyzn pochwyciło ją i zdarło z niej płonące części ubrania, ona zaś opierała się ciągle i biadała, że jest teraz sama jedna na świecie, więc niechaj jej lepiej pozwolą umrzeć wraz z matką. Obie dziewczyny zawodziły nieustannie, usiłując się wyrwać, ale nagle jęki ich zagłuszone zostały przez straszne, rozdzierające tony; król spojrzał w stronę stosu – i natychmiast odwrócił śmiertelnie bladą twarz. Nie mógł patrzeć więcej w tę stronę.

– „To, co ujrzałem przez tę krótką chwilę – pomyślał – pozostanie na zawsze w mej pamięci! Przez wszystkie dni swego życia będę to widział przed oczyma, a po nocach będzie mi się to śniło. O Boże, bodajbym był oślepł raczej!"

Hendon obserwował króla. W duchu mówił sobie z zadowoleniem:

– „Szaleństwo jego ustępuje; zmienił się, stał się spokojniejszy i posłuszniejszy. Dawniej byłby się rzucił na tych oprawców z niepohamowaną wściekłością, wołałby, że jest królem i kazałby natychmiast uwolnić kobiety. Spodziewam się, że przywidzenia jego znikną zupełnie, a umysł ozdrowieje za niedługo. Daj Boże, aby się to stało jak najrychlej!"

Tego dnia przyprowadzono do więzienia kilku aresztantów, którzy mieli pozostać tylko przez noc, a potem być wywiezieni pod eskortą do rozmaitych miejscowości królestwa, gdzie mieli odpokutować za swoje przewinienia. Król rozmawiał z nimi. Od pierwszej chwili uznał za swój obowiązek przygotowywać się do swego urzędu królewskiego przez rozmowy z więźniami przy każdej sposobności. Dzieje ich cierpień szarpały mu serce.

Wśród przybyłych znajdowała się stara, ogłupiała kobieta, która ukradła tkaczowi kilka łokci sukna i miała być za to powieszona. Dalej człowiek, którego oskarżono pierwotnie o kradzież konia, że jednak nie miano przeciwko niemu dostatecznych dowodów, spodziewał się już, iż ujdzie śmierci; zarzucono mu jednak, że upolował jelenia w lasach królewskich i teraz nic już nie mogło go uratować od szubienicy.

Szczególnie współczuł król młodemu rzemieślnikowi, który złapał pewnego wieczoru na ulicy sokoła; ptak uciekł zapewne od swego właściciela, a czeladnik zabrał go do domu, nie mając żadnych złych zamiarów; sędzia orzekł jednak, że popełnił on kradzież i skazał go na karę śmierci.

Król był oburzony na tę nieludzkość i domagał się od Hendona, aby się wraz z nim wyłamał z więzienia i uciekł do Westminsteru, gdyż pragnie on jak najrychlej zasiąść na tronie i roztoczyć łagodny rząd nad swoim ludem.

– „Biedny chłopiec – pomyślał Hendon – opowiadania o tych strasznych losach znowu pomieszały mu rozum i wznowiły dawną chorobę z większą jeszcze mocą – gdyby nie to, niedługo byłby zdrów zupełnie".

Wśród więźniów znajdował się także pewien stary prawnik, którego twarz zdradzała energię i odwagę. Przed trzema laty opublikował on oskarżenie przeciw lordowi kanclerzowi, zarzucając mu niesprawiedliwość. Skazano go za to na obcięcie uszu pod pręgierzem, na wydalenie z jego stanu, karę trzech tysięcy funtów szterlingów i dożywotnie zamknięcie w więzieniu. Ale oto niedawno stary prawnik ogłosił nowe oskarżenie i został teraz skazany na obcięcie tego, co pozostało z jego uszu, karę pięciu tysięcy funtów, napiętnowanie na policzkach i dożywotnie więzienie.

– Zaszczytne to blizny – rzekł, odgarniając siwe pukle włosów i pokazując królowi okaleczone miejsca.

Oczy króla zapłonęły oburzeniem.

– Nikt mi nie wierzy – rzekł – i ty mi także nie uwierzysz. Ale to nic – za miesiąc będziesz wolny. Co więcej: prawa, które cię skrzywdziły i zhańbiły imię Anglii, wykreślone będą z naszego kodeksu. Źle się dzieje na świecie; królowie powinni od czasu do czasu przekonywać się naocznie, jak wykonywane są ich prawa, a wtedy nauczą się miłosierdzia*.

Rozdział XXVIII

Ofiara

Tymczasem Hendon zupełnie już uprzykrzył sobie uwięzienie i przymusową bezczynność. Nareszcie ku wielkiemu jego zadowoleniu nadszedł dzień jego procesu, a Miles sądził, że każdy wyrok wyda mu się upragniony, byle nie zmuszał go do dalszego przebywania w więzieniu. Mylił się jednak pod tym względem. Gdyż niemała była jego wściekłość, gdy w oskarżeniu nazwano go „zuchwałym włóczęgą" i skazano za napaść na właściciela Hendon Hall na dwie godziny pręgierza. O tym, że Miles twierdził, iż oskarżyciel jest jego bratem, on zaś posiada prawo do dziedzictwa majątku i tytułu Hendonów, w oskarżeniu nie wspomniano nawet, jakby sprawa ta niewarta była nawet rozpatrzenia.

Po drodze do pręgierza wyładował swój gniew groźbami i złorzeczeniami, ale nic przez to nie osiągnął; przeciwnie, pachołkowie tym mocniej go trzymali, a za opór dostał mu się niejeden nadliczbowy szturchaniec.

Król nie mógł się przepchać przez motłoch, zdążając za skazanym, musiał więc podążać z tyłu, z dala od ukochanego przyjaciela i sługi. On sam omal się nie dostał w dyby za przyjaźń z takim przestępcą, ale ze względu na młody jego wiek ograniczono się tylko do surowego upomnienia.

Gdy pochód zatrzymał się wreszcie, król biegał zrozpaczony dokoła, starając się przecisnąć przez tłum; udało mu się wreszcie po przezwyciężeniu wielu trudności. I oto ujrzał swego wiernego rycerza jak siedział zakuty w dyby i przywiązany do hańbiącego pręgierza, wystawiony na pośmiewisko gawiedzi – on, ulubieniec króla Anglii! Edward był obecny przy ogłaszaniu wyroku. Ale nie wyobrażał sobie wcale, co to może oznaczać. Gdy teraz zrozumiał, jaką obelgę wyrządzono przez to i jemu samemu, oburzenie jego zbudziło się na nowo; gdy w następnej chwili zgniłe jajko trafiło Hendona w policzek i rozbiło się o niego, zaś tłum wybuchnął na ten widok nieposkromionym śmiechem, król nie mógł się już dłużej pohamować.

Nieprzytomny z gniewu przebiegł przez plac i zawołał do wartownika:

– Hańba! To mój sługa – puśćcie go natychmiast! Ja jestem...

– Milcz! – zawołał Hendon przerażony. – Gotujesz sobie zgubę tym, co mówisz! Nie słuchajcie go, panie, to obłąkany!

– Nie wyobrażaj sobie, że mogę zwracać na niego uwagę. Ani mi się śni! Ale mimo to dam mu małą nauczkę, żeby wiedział, jak się należy zachowywać – rzekł wartownik i zwrócił się do jednego ze swych podwładnych pachołków:

– Wsyp no temu malcowi kilka batów, żeby się nauczył grzeczności.

– Pół tuzina nie zaszkodzi mu! – zawołał sir Hugo, który nadjechał w tej chwili, aby się przypatrzyć widowisku.

Schwytano króla. Nie opierał się nawet, tak był oszołomiony na myśl o niesłychanej zniewadze, jaka zadana miała być jego świętej osobie królewskiej. Historia zanotowała już wprawdzie, jak obito jednego króla angielskiego; nieznośna jednak wydawała mu się myśl, że oto on ma dostarczyć dziejom duplikatu tej haniebnej karty. Ale wpadł w matnię i nie widział wyjścia; albo musiał znieść karę, albo błagać o przebaczenie. Trudny wybór; wolał ścierpieć razy – to było możliwe dla króla – ale błagać o łaskę – nie, błagać mu nie wolno.

Lecz Hendon znalazł wyjście z sytuacji.

– Dajcie pokój temu dziecku – zawołał. – Czyż nie widzicie, okrutni ludzie, jakie ono młode i delikatne? Ja biorę na siebie jego chłostę.

– Wspaniały pomysł, muszę to przyznać – rzekł sir Hugo z piekielnym uśmiechem. – Puśćcie tego malca, a zamiast niego wsypcie temu łotrzykowi tuzin razów, ale pełny tuzin i porządnych razów.

Król chciał się temu oprzeć z gniewem, lecz sir Hugo zmusił go do milczenia wymowną uwagą:

– Tak, dobrze, gadaj, gadaj, ulżyj sobie – ale pamiętaj, że za każde twoje słowo dołożą mu jeszcze sześć uderzeń!

Uwolniono Hendona z dyb i obnażono mu plecy, a gdy bicz spadł na nie, mały, biedny król odwrócił twarz i nie bacząc na swoją godność królewską, nie opierał się gorzkim łzom, spływającym po jego policzkach.

– „Ach, ty szlachetne i dzielne serce – pomyślał – ta ofiara pozostanie zawsze niezatarta w mej pamięci. Nie zapomnę jej nigdy – ani o nich nie zapomnę!" – dodał z gniewem i groźbą. Kiedy się nad tym zastanawiał, znaczenie wspaniałomyślnego czynu Hendona coraz bardziej rosło w jego pojęciu i w tym samym stopniu rosła jego wdzięczność.

– „Kto ratuje swego władcę przed ranami lub niebezpieczeństwem śmierci – pomyślał – wyświadcza mu wielką przysługę, ale niczym ona jest, nie da się wcale porównać z czynem, który chroni króla przed HAŃBĄ!"

Hendon znosił chłostę w milczeniu i z żołnierską swobodą. Okoliczność ta, jak również wzgląd, że przyjął na siebie razy dobrowolnie, aby uchronić przed nimi chłopca, zjednały mu uznanie nikczemnego motłochu, który przyglądał się widowisku. Drwiny i obelgi zamilkły, słychać było tylko dźwięk spadającego bicza. Cisza trwała nadal, gdy go z powrotem zakuto w dyby; stanowiła ona rażący kontrast wobec wrzawy, jaka panowała poprzednio.

Król podszedł wolno do Hendona i szepnął mu do ucha:

– Król nie może obdarzyć cię szlachectwem, o wielkie i dobre serce; gdyż Ten, kto jest ponad królami, obdarował cię swoim szlachectwem. Twój król może tylko szlachectwo twoje potwierdzić w oczach ludzi.

Podniósł z ziemi bicz, dotknął nim skrwawionego ramienia Hendona i szepnął:

– Edward Angielski mianuje cię hrabią!

Hendon był wzruszony. Oczy zaszły mu łzami, chociaż tak żywo uświadamiał sobie boleśnie śmieszną stronę swego położenia, że z największą trudnością zachował zewnętrzną powagę. Że oto nagi i skrwawiony wyniesiony został nagle na niedosiężne wyżyny godności hrabiowskiej – wydało mu się to szczytem komizmu.

– „Teraz zrobiłem karierę! – powiadał sobie. – Rycerz z Krainy Snów i Cieni stał się teraz hrabią z Krainy Snów i Cieni; wyżej nie można się chyba wznieść na nieopierzonych skrzydłach. Niedługo będę obwieszony tymi widmowymi godnościami jak słup na placu zabaw świecidełkami. A jednak, chociaż same przez się nie mają one wartości, przywiązuję do nich wielką wagę ze względu na miłość, którą wyrażają. Droższe mi są te widmowe zaszczyty szafowane dobrowolnie z czystego serca i wdzięcznej ręki, niż by były rzeczywiste honory, które bym musiał wyżebrać przez poniżenia od chciwego i okrutnego tyrana".

Groźny sir Hugo zawrócił konia, a gdy odjeżdżał, tłum rozsunął się w milczeniu, aby go przepuścić i w milczeniu zamknął się znowu za nim.

Milczenie trwało; nikt nie poważył się odezwać na korzyść delikwenta ani skierować do niego słowa otuchy, ale już powstrzymanie się od drwin i złorzeczeń było w tym tłumie wyrazem wielkiego uznania. Jakiś człowiek, który nadszedł później i nie widział poprzedniego zajścia, począł szydzić z oszusta, a dla dodania wagi swym słowom chciał rzucić na Milesa zdechłego kota; lecz uderzenie pięści odepchnęło go i bez ogródek wyrzuciło z tłumu; potem znowu zapanowała pełna szacunku cisza.

Rozdział XXIX

Do Londynu

Po odsiedzeniu swej kary pod pręgierzem Hendon został wypuszczony, przy czym kazano mu wynosić się z okolicy i nigdy tu więcej nie wracać. Zwrócono mu szpadę, muła i osła. Hendon dosiadł swego wierzchowca i wraz z królem odjechał z miejsca kary, zaś tłum widzów w milczeniu i z szacunkiem rozstępował się przed nimi, a gdy więźniowie oddalili się, rozproszył się na wszystkie strony.

Hendon jechał zatopiony w myślach. Trapiły go ważne zagadnienia. Co miał przedsięwziąć? Dokąd się zwrócić? Jeśli nie uda mu się pozyskać pomocy jakiegoś potężnego człowieka, nie zdobędzie swego dziedzictwa, a nadto przylgnie do niego podejrzenie, że jest oszustem. Skąd jednak mógł się spodziewać skutecznej pomocy? Tak, skąd? Oto pytanie, na które trudno było znaleźć odpowiedź.

Wtem przyszła mu do głowy myśl, która dawała mu słabą nadzieję – nadzieję wprawdzie bardzo słabą – ale przecież trzeba było wziąć ją pod rozwagę, jeżeli innego wyjścia nie było. Przypomniał sobie, że stary Andrews chwalił dobroć młodego króla i wspominał, iż ujmuje się on szlachetnie za pokrzywdzonymi i nieszczęśliwymi. Dlaczego by nie spróbować dostać się do króla i wybłagać od niego sprawiedliwy wyrok? Tak, ale czyż taki włóczęga jak on mógł się dostać przed oblicze królewskie? Co tam, nad tym czas jeszcze będzie później łamać sobie głowę. Był starym żołnierzem i zwykł sobie radzić w najtrudniejszych sytuacjach. Niewątpliwie znajdzie środki i drogi, aby swój plan zrealizować. Postanowił więc udać się najbliższą drogą do stolicy. Może będzie mu mógł dopomóc dawny przyjaciel ojca, sir Humphrey Marlow, „poczciwy, stary sir Humphrey", który na dworze zmarłego króla piastował jakiś urząd. Miles nie pamiętał już, w kuchni czy w stajni.

Teraz, gdy energia jego mogła się skierować ku jednemu celowi, gdy trzeba było osiągnąć coś realnego, rozwiała się zupełnie mgła przygnębienia, która dotychczas osnuwała jego duszę. Z odwagą podniósł znowu głowę. Ze zdumieniem spostrzegł, że ujechali już spory kawałek drogi, a wieś znajdowała się teraz w znacznym oddaleniu. Król jechał za nim, opuściwszy nisko głowę. I on zatopiony był w myślach.

Jedna tylko obawa trapiła Hendona: czy chłopiec będzie chciał powrócić do miasta, w którym podczas całego swego życia zaznał tylko lichego traktowania i gorzkiej nędzy. Pytanie to trzeba było jednak postawić; nie podobna go było uniknąć, więc Hendon zwolnił bieg swego rumaka i zawołał:

– Nie zapytałem jeszcze, dokąd jedziemy? Jak rozkażesz, panie?

– Do Londynu!

Hendon odwrócił się niezmiernie uradowany, choć nie mniej zdziwiony tą odpowiedzią.

Dalsza podróż minęła bez godnych uwagi wydarzeń; skończyła się jednak przygodą.

Około godziny dziesiątej wieczorem 19 lutego wjechali na most Londyński, który pełen był stłoczonego, gwarnego tłumu. Rozradowane twarze ludzi oświetlone były blaskiem mnóstwa pochodni. W tej chwili rozkładająca się głowa jakiegoś księcia czy innego dostojnika zrzucona została z bramy, uderzyła Hendona w łokieć, potoczyła się na ziemię i znikła w tłumie. Tak szybko mijają dzieła rąk ludzkich; król Henryk VIII nie żył dopiero od trzech tygodni, pochowany został zaledwie przed trzema dniami, a już strącono ozdoby, jakie dobierał spośród najlepszej swojej szlachty dla upiększenia mostu.

Ktoś z tłumu potknął się o strąconą głowę, przy czym własną głową uderzył w plecy stojącego przed nim. Ten odwrócił się z gniewem i jednym uderzeniem pięści rozciągnął na ziemi pierwszego z brzegu sąsiada, za co z kolei oberwał od jego przyjaciela. Chwila była bardzo odpowiednia do bójki, gdyż uroczystość wyznaczona na jutro – mianowicie uroczystość koronacji – już się właśnie rozpoczęła, piwo i zapał uderzyły już ludziom do głowy, toteż w pięć minut później z opisanego wydarzenia powstała ogólna bijatyka, która z szybkością błyskawicy obejmowała coraz szersze kręgi, zmieniając się szybko w rozruchy uliczne.

Hendon i król zostali przy tym przemocą rozdzieleni i natychmiast zgubili się w rozkrzyczanej i oszalałej ciżbie ludzkiej. I my więc porzućmy ich na pewien czas.

Rozdział XXX

Postępy Tomka

Gdy prawowity król tak wędrował po kraju w łachmanach i głodny, wyszydzany i poniewierany przez włóczęgów, gdy siedział ze złodziejami i mordercami w więzieniu, uważany przez wszystkich za oszusta lub obłąkanego, przeżycia rzekomego króla, Tomka Canty, były innego zupełnie rodzaju.

Kiedyśmy go widzieli po raz ostatni, godność królewska poczęła mu właśnie smakować. I tej jaśniejszej strony z każdym dniem dostrzegał coraz więcej, tak iż wreszcie zamieniła się ona w zupełny blask i światło. Obawa jego znikła, troski rozwiały się całkowicie, nawet dawne uczucie zakłopotania ustąpiło teraz miejsca spokojnej pewności siebie. Coraz większe też ciągnął korzyści z obcowania z chłopcem do bicia.

Gdy miał ochotę na zabawę lub rozmowę, zapraszał do siebie księżniczkę Elżbietę i lady Joannę Gray, a gdy miał dość ich towarzystwa, żegnał je z taką swobodą, jakby od dzieciństwa przywykł do tego. Nie odczuwał już też zakłopotania, gdy te wytworne panienki na pożegnanie całowały go w rękę.

Wreszcie sprawiało mu nawet przyjemność, gdy wieczorem kładziono go uroczyście spać, a rano ubierano z wyszukanym ceremoniałem. Czuł dumę, idąc do stołu w towarzystwie strojnie odzianych dostojników i swojej gwardii honorowej. Był z tego nawet tak dalece zadowolony, że podwoił tę gwardię i zabierał z sobą świtę ze stu osób. Lubił słyszeć dźwięk rogów rozlegających się na długich korytarzach i okrzyki: „Miejsce dla króla!".

Sprawiało mu nawet przyjemność przewodniczyć w stroju królewskim posiedzeniom rady stanu i starał się być wtedy czymś więcej niżeli tylko marionetką lorda protektora.

Sprawiało mu przyjemność przyjmować obce poselstwa ze wspaniałymi świtami, słuchać zapewnień życzliwości, jakie składali mu przez usta posłów inni monarchowie, którzy nazywali go swoim „bratem". O, szczęśliwy Tomku Canty, były obywatelu Offal Court!

Nabrał upodobania do swoich świetnych strojów i zamawiał sobie coraz to nowe; doszedł do przekonania, że czterystu służących to za mało i potroił ich liczbę. Pochlebstwa dworaków brzmiały dla jego ucha niby miła muzyka. Pozostał jednak łagodny i uprzejmy i nadal był dzielnym i wytrwałym obrońcą uciśnionych, szermierzem przeciw niesłusznym prawom; gdy jednak sam uczuł się obrażony, potrafił rzucić hrabiemu lub księciu tak gniewne spojrzenie, że winowajca drżał od stóp do głowy.

Gdy pewnego razu surowa jego „siostra”, fanatyczna Maria, czyniła mu wyrzuty, że ułaskawił tak wielu ludzi, którzy powinni być wtrąceni do więzień, spaleni lub powieszeni, gdy mu przypomniała, że za życia jego ojca w więzieniach znajdowało się nieraz równocześnie sześćdziesiąt tysięcy skazańców, a podczas jego błogosławionego panowania siedemdziesiąt dwa tysiące złodziejów i rabusiów zginęło z ręki kata, chłopiec wybuchnął szlachetnym oburzeniem i rozkazał jej powrócić do swoich pokoi i błagać Boga, aby jej wyjął kamień, który miała w piersi i darował jej w zamian za to serce. Czy jednak Tomek Canty nie odczuwał wyrzutów sumienia na myśl o losie biednego, małego prawdziwego księcia, który potraktował go tak szlachetnie i tak wspaniałomyślnie obronił go przed brutalnością wartownika? Oczywiście; podczas pierwszych dni i nocy trapił się bardzo losem zaginionego księcia i szczerze pragnął jego rychłego i szczęśliwego powrotu i objęcia znowu należnych mu praw i godności. Ale z biegiem czasu, gdy książę ciągle nie wracał, a Tomek coraz lepiej czuł się w nowych warunkach, zapomniał zupełnie o zaginionym dziedzicu tronu, a choć zjawiał się on jeszcze od czasu do czasu w jego pamięci, to jednak już tylko jako groźne widmo; Tomek czuł się w takich chwilach zawstydzony i doznawał wyrzutów sumienia.

Podobne koleje stały się udziałem jego matki i siostrzyczek. Początkowo nie przestawał o nich myśleć, tęsknił za nimi, martwił się o nie; potem zaś drżał na myśl, że mogłyby się one zjawić w łachmanach, zdradzić go swymi pieszczotami, strącić go z zawrotnej wysokości i ściągnąć z powrotem w niziny, w nędzę i brud. Ale i ta obawa z wolna minęła. Był zadowolony, nawet szczęśliwy; tylko gdy postacie ich zjawiały się z wyrzutem przed jego duchem, wydawał się sobie nędzniejszy od robaka pełzającego po ziemi.

O północy 19 lutego Tomek Canty zasnął spokojnie w swoim miękkim łożu na zamku, strzeżony przez wiernych wasali, otoczony przepychem godności królewskiej, w niewypowiedzianym uczuciu szczęścia, gdyż następnego dnia miał być uroczyście koronowany na króla Anglii.

O tej samej godzinie Edward, prawowity król, głodny i spragniony, spryskany błotem i w podartym ubraniu – co zawdzięczał owej bójce ulicznej – stał ściśnięty w tłumie ludu, przyglądając się chmarom służby, wchodzącej i wychodzącej z Opactwa Westminsterskiego; służba ta krzątała się, kończąc ostatnie przygotowania do koronacji króla.

Rozdział XXXI

Pochód koronacyjny

Gdy Tomek Canty obudził się następnego ranka, w powietrzu rozlegały się ze wszystkich stron stłumione odgłosy: dochodziły one jakby z dali. Brzmiało to dla niego jak muzyka, gdyż świadczyło, że naród angielski wyległ już na ulice, aby powitać wielki dzień.

Niebawem stał się Tomek ponownie ośrodkiem wspaniałego pochodu na Tamizie, gdyż wedle starodawnej tradycji pochód koronacyjny przez Londyn musi wyjść z Tower, tam więc musiał się Tomek przede wszystkim udać.

Kiedy tam przybył, mury imponującej twierdzy jakby pękły w niezliczonych miejscach naraz, a wszędzie strzelały w górę czerwone języki ognia i białe kłęby dymu; po chwili nastąpiła ogłuszająca salwa, która wzbiła się ponad głosy tłumu i od której zadrżała ziemia. Ze zdumiewającą szybkością wystrzelały znowu raz po raz płomienie i dym, grzmiały wystrzały dział, tak iż po chwili stary Tower spowity był w chmurę dymu i widać było tylko sam jego szczyt, tak zwaną Białą Wieżę, sterczącą ze swymi chorągwiami ponad obłokami dymu niby wierzchołek góry ponad ścianą chmur.

Tomek Canty ubrany w strojne szaty dosiadł wspaniałego rumaka, którego drogocenna kapa sięgała niemal do ziemi; „wuj" jego, lord protektor, książę Somerset jechał tuż za nim również na wspaniałym koniu; gwardia przyboczna w lśniących zbrojach tworzyła po obu stronach szpaler; za lordem protektorem ciągnęły nieprzejrzane chmary strojnie odzianych dostojników ze świtami; za nimi lord mayor z władzami miejskimi w czerwonych togach aksamitnych i ze złotymi łańcuchami na piersiach; potem następowali naczelnicy i członkowie cechów londyńskich, w strojnych szatach, ze sztandarami cechowymi. Jako specjalna gwardia honorowa w pochodzie przez miasto szła na końcu starożytna i zasłużona kompania artylerii, istniejąca już wtedy od trzech stuleci – jedyny oddział w armii angielskiej, który korzystał wówczas z przywileju (który po dzień dzisiejszy zachował) zupełnej niezależności od parlamentu.

Wspaniały to był widok, a pochód posuwający się wolno wśród stłoczonej ciżby mieszczan witany był wszędzie entuzjastycznymi okrzykami.

Kronikarz opowiada, że „gdy król wjeżdżał do miasta, lud witał go błogosławieństwami, okrzykami zachwytu, radości i entuzjazmu, wszelkimi oznakami szczerej miłości poddanych wobec swego władcy. Gdy król uniósł w górę radosne swoje oblicze, ludzie, którzy stali z dala, mogli go widzieć doskonale, zwracając się zaś z łaskawymi słowami do stojących bliżej, dowodził, że przyjmował hołd swego ludu równie serdecznie, jak mu ten hołd składano. Dziękował wszystkim, którzy wydawali okrzyki na jego cześć. Tym, co wołali: »Boże, zbaw waszą miłość!«, odpowiadał: »Boże, zbaw was wszystkich!« i dodawał, że »dziękuje im z całego serca«. Te uprzejme słowa i zachowanie króla wywoływały zachwyt powszechny".

Na ulicy Fenchurch stał na podwyższeniu „piękny, strojnie ubrany chłopiec", który powitał króla w imieniu miasta. Ostatni wiersz jego powitania brzmiał jak następuje:

Witaj nam, królu drogi, witaj władco luby,
Niech Bóg wiecznie łaską kroki twoje wspiera,
Niech cię otoczy chwałą, chroni od zguby,
Tego ci życzy, panie, nasza miłość szczera!

Tłum wybuchnął okrzykiem entuzjazmu, potwierdzając w ten sposób prawdę uczuć wyrażonych w przemówieniu chłopca.

Tomek Canty spoglądał na kołyszące się fale wzniesionych ku górze, rozradowanych twarzy, a serce jego wzbierało szczęsną dumą; czuł, że nie było na świecie nic wznioślejszego jak godność króla i bożyszcza ludu.

Nagle dostrzegł w oddali dwóch dawnych swoich towarzyszy zabaw z Offal Court. Jeden z nich był stale lordem admirałem jego wymarzonego królestwa, drugi piastował w nim godność pierwszego szambelana. Duma Tomka wzrosła jeszcze w tej chwili. Ach, gdybyż go mogli poznać! Jakąż bezgraniczną rozkosz odczułby Tomek, gdyby dawni towarzysze zabawy poznali go i przekonali się, że wyszydzany, urojony książę z nędznego zaułka Londynu stał się rzeczywistym królem, któremu z czcią usługiwali najdostojniejsi książęta i panowie, u którego stóp leżała cała Anglia. Ale musiał się wyrzec tego triumfu; zadośćuczynienie takiej zachciance mogłoby go zbyt drogo kosztować. Odwrócił więc głowę i pozwolił dwóm brudnym i obdartym ulicznikom wydawać dalej okrzyki, nie wyjaśniając im, na czyją cześć je wydają.

Od czasu do czasu rozlegały się wołania domagające się hojności królewskiej. Wówczas Tomek rzucał garść nowiutkich, lśniących monet złotych w tłum, który chwytał je pożądliwie.

Kronikarz opowiada dalej: „Na drugim końcu ulicy Gracechurch, obok gospody »Pod Orłem«, wzniosło miasto wspaniały łuk triumfalny, pod którym znajdowała się wielka scena, zajmująca całą szerokość ulicy. Na scenie tej urządzony był obraz historyczny przedstawiający najbliższych przodków króla. Siedziała więc pośrodku ogromnej białej róży Elżbieta, księżna Yorku, zaś płatki kwiatu obejmowały ją w kunsztownych skrętach; obok niej stał

Henryk VII, którego postać wyłaniała się z takiejże róży czerwonej; dłonie pary królewskiej były tak złączone, że widać było pierścień ślubny. Z czerwonej i białej róży wznosiła się latorośl sięgająca wzwyż ku drugiej scenie, na której widać było Henryka VIII wyłaniającego się z róży biało-czerwonej, zaś obok niego widniała Joanna Seymour, matka obecnego króla. Z pary tej wykwitała nowa gałązka sięgająca na trzeci pomost, gdzie w całym przepychu majestu królewskiego tronowała postać Edwarda VI; cały ten obraz obramiony był girlandami białych i czerwonych róż".

To osobliwe i barwne widowisko wzbudziło taki zachwyt tłumu, że wrzawa zagłuszyła słaby głosik dziecka, które w wyszukanych wierszach wyjaśnić miało treść obrazu. Ale Tomek Canty nie żałował tego wcale; okrzyki tłumu wydawały mu się milsze niż najpiękniejsze, najskładniej brzmiące wiersze. W którąkolwiek stronę zwracał Tomek swoją rozpromienioną z radości, młodziutką twarzyczkę, tłum poznawał podobieństwo obrazu do niego, żywego jego modelu i okrzyki radości wybuchały z nową mocą.

Olbrzymi pochód posuwał się coraz dalej i dalej, pod coraz to nowymi łukami triumfalnymi i obok coraz to nowych żywych obrazów lub scen alegorycznych, z których każda miała na celu podkreślenie i uświetnienie jednej z zalet małego króla. „W całej dzielnicy Cheapside wszystkie okna i dachy upiększone były barwnymi chorągwiami, wszędzie wisiały piękne dywany lub drogocenne tkaniny, brokaty i złotogłowy, aby wykazać, jakie bogactwa są tu nagromadzone. Przepych widniejący na jednej ulicy przewyższała jeszcze strojność następnych".

– A wszystkie te cuda, wszystkie te wspaniałości dzieją się dla mnie – dla mnie! – szeptał Tomek Canty.

Policzki rzekomego króla zarumieniły się z podniecenia, oczy jego błyszczały; ogarnął go szał zachwytu. Właśnie zamierzał podnieść rękę, aby rzucić w tłum nową garść złota, gdy spostrzegł bladą, przerażoną twarz, której oczy nieruchomo utkwione były w jego twarzy. Była to twarz kobiety stojącej w drugim szeregu widzów. I nagle ogarnęło go przerażenie: poznał swoją matkę i dawnym, mimowolnym ruchem, który pozostał mu z czasów owego wybuchu prochu, zakrył oczy ręką, zwracając przy tym grzbiet dłoni do wewnątrz. W następnej chwili kobieta przedarła się przez tłum, odtrąciła straż i podbiegła do niego. Objęła jego kolana, pokrywając je pocałunkami i zawołała:

– O, moje dziecko, o moje kochanie!

Przy tym okrzyku wzniosła ku niemu twarz rozjaśnioną radością i szczęściem. Jeden z oficerów straży podbiegł do niej z przekleństwem, oderwał ją od nóg chłopca i brutalnym uderzeniem pięści pchnął z powrotem w tłum.

– Nie znam cię, kobieto! – wyjąkał Tomek, gdy ją odrywano od niego. Ale natychmiast uczuł ostry ból w sercu, gdy ujrzał, jak okrutnie z nią postąpiono. A gdy kobieta, którą tłum odgrodził tymczasem od niego, odwróciła się, aby jeszcze raz spojrzeć na niego, wydała mu się tak złamana i nieszczęśliwa, że uczuł palący wstyd, który zniweczył całą jego poprzednią dumę. Na cały przepych jego kradzionej królewskości padł zabójczy cień. Wszystko wydało mu się teraz bezwartościowe; jak zbutwiałe, zdarte łachmany opadała z niego cała jego wielkość.

Tymczasem pochód posuwał się dalej, wśród coraz większego przepychu, przy coraz większym zachwycie i radości tłumu, ale Tomek był teraz obojętny na wszystko. Nie widział już nic, nie słyszał już nic; godność królewska straciła dla niego cały powab, a składane mu hołdy brzmiały w jego uszach jak gorzkie szyderstwo. Skrucha żarła jego serce. Jedyną jego myślą było:

– „Daj Boże, abym się wyrwał z tej niewoli!"

Nieświadomie powracał w ten sposób do uczuć z pierwszych dni swej mimowolnej godności książęcej.

Wspaniały pochód ciągle jeszcze wił się niby połyskujący olbrzymi wąż przez wąskie ulice starożytnego miasta wśród wznoszącego okrzyki tłumu, ale król jechał z głową opuszczoną, utkwiwszy nieruchomy wzrok w ziemię; wszędzie widział przed sobą twarz matki, widział ów bolesny wyraz, jaki przybrała jej twarz, kiedy się jej zaparł.

Nie zważał już na okrzyki tłumu domagającego się nowych darów.

– Niech żyje Edward Angielski! – wołano. Zdawało się, że ziemia drży od tych okrzyków, ale król nie odpowiadał na nie. Słyszał je tylko, jak ucho przyjmuje odległy szum morza. Wszystkie te okrzyki zagłuszał głos w jego własnej piersi, zagłuszało oskarżające go sumienie, zagłuszały powtarzające się ciągle cichutko haniebne słowa: „Nie znam cię, kobieto!".

Słowa te wstrząsnęły duszą króla jak podzwonne wstrząsa duszą człowieka stojącego nad mogiłą przyjaciela, wobec którego dopuścił się potajemnej zdrady. Każdy zakręt ulicy odsłaniał coraz to nowe wspaniałości, coraz nowe cuda ukazywały się oczom; ciężkie działa grzmiały, a niezliczone mrowie ludzkie wznosiło okrzyki aż do ochrypnięcia, ale król pozostawał obojętny na wszystko; oskarżycielski głos wznoszący się w jego ściśniętej piersi zagłuszał wszelkie inne dźwięki.

Z wolna twarze widzów stawały się mniej radosne, widniała na nich troska i zakłopotanie; okrzyki entuzjazmu ucichły także. Lord protektor spostrzegł to natychmiast, zrozumiał też w lot przyczynę tej zmiany nastroju ogólnego. Zbliżył się na koniu do króla, pochylił się w siodle, odsłonił głowę i szepnął:

– Panie mój, nie czas teraz oddawać się rozmyślaniom. Lud widzi, że pochylasz głowę, że czoło twe jest zachmurzone; wytłumaczy to sobie jako złowieszczy znak. Pozwól mi udzielić sobie rady: Niechaj słońce twej łaski królewskiej zajaśnieje znowu w całej pełni, niechaj rozproszy tę złowieszczą mgłę. Podnieś głowę i uśmiechnij się do swego ludu.

To mówiąc, książę rzucił w prawo i w lewo kilka garści złota i cofnął się. Rzekomy król uczynił, co mu kazano, chociaż uśmiech jego był wymuszony, ale niewiele tylko oczu znajdowało się tak blisko i miały tak bystry wzrok, aby dostrzec zmieszanie króla. Pochylenie jego głowy było pełne wdzięku i uprzejmości; złoto, które rzucała jego dłoń, obfite; toteż chwilowy nastrój minął szybko i lud począł wnet wznosić równie głośne okrzyki zachwytu i entuzjazmu jak poprzednio.

Raz jeszcze jednak przed przybyciem pochodu do celu musiał książę podjechać do króla i przypomnieć mu swoją radę.

– Dostojny panie – szepnął – rozpędź tę fatalną chmurę melancholii; oczy całego świata skierowane są na ciebie.

Potem dodał z gniewem:

– Przeklęta żebraczka! To ona zepsuła humor waszej królewskiej mości!

Bogato odziany chłopiec spojrzał na księcia posępnym wzrokiem i rzekł martwym głosem:

– To była moja matka!

– O, Boże! – westchnął lord protektor, powróciwszy na swoje miejsce w pochodzie. – Zaprawdę; zły to był omen. Znowu oszalał!

Rozdział XXXII

Koronacja

Cofnijmy się o kilka godzin i udajmy się do Opactwa Westminsterskiego o godzinie czwartej nad ranem owego pamiętnego dnia koronacji. Nie jesteśmy sami; bo chociaż to jeszcze noc, oświetlone pochodniami galerie pełne są już ciekawskich, którzy gotowi są czekać cierpliwie siedem czy osiem godzin, aby zaznać widoku, którego nie mają nadziei ujrzeć po raz drugi w życiu – koronacji króla.

Tak, Londyn i Westminster są już na nogach od chwili, gdy o trzeciej nad ranem oddano salwę z dział, teraz tłoczy się już gęsta ciżba zamożnych mieszczan, którzy kupili sobie siedzące miejsca, i płynie falą przez drzwi, przez które dozwolone jest im wejście.

Godziny wloką się wolno. Od dłuższego czasu ustał wszelki ruch, gdyż najmniejsze nawet miejsce na galeriach jest już zajęte. Możemy się więc rozejrzeć spokojnie.

W słabym oświetleniu katedry widzimy poszczególne galerie i balkony obsadzone gęsto ludźmi; inne galerie i balkony zasłaniają nam występy murów i potężne kolumny. Naprzeciw nas znajduje się olbrzymia północna część kościoła – pusta jeszcze, bo czekająca na najwyższe i najdostojniejsze osobistości Anglii. Widzimy też wielkie podwyższenie, wyłożone cennymi kobiercami, na którym znajduje się tron. Tron stoi pośrodku tego wzniesienia i wiodą do niego cztery stopnie. W siedzenie tronu wprawiony jest nieociosany kamień – kamień ze Scone – na którym koronowano długi szereg królów szkockich, a który teraz uważany jest za dostatecznie święty, aby siedzieli na nim podczas koronacji królowie angielscy. Zarówno tron, jak i stojący przed nim podnóżek pokryte są złotogłowiem.

Dokoła panuje głęboka cisza; pochodnie płoną mętnie; czas mija oczekującym bardzo wolno. Nareszcie świta ranek; służba gasi pochodnie i łagodne światło rozjaśnia wielką katedrę. Wszystkie części wspaniałej budowli są teraz widoczne, ale w słabych tylko zarysach, gdyż chmury tłumią blask słońca.

O godzinie siódmej nuda oczekiwania zostaje po raz pierwszy przerwana, gdyż z uderzeniem zegara do wielkiej nawy wchodzi jako pierwsza jakaś dama z wysokiej szlachty; strój jej dorównuje przepychem strojowi Salomona. Urzędnik, ubrany w jedwabie i aksamity, odprowadza ją na miejsce, zaś drugi tak samo ubrany dworzanin niesie długi tren pani, a potem, gdy dama usiadła, kładzie go na jej kolanach. Następnie podsuwa jej podnóżek i kładzie w jej pobliżu koronę, aby wystarczyło jej ręką tylko sięgnąć po nią, gdy nadejdzie chwila, kiedy wszyscy dostojnicy koronują się jednocześnie.

Teraz niby połyskujący potok wchodzą do nawy małżonki parów, zaś bogato odziani dworzanie uwijają się między nimi, odprowadzając damy na miejsca i układając ich treny. Jest teraz na co patrzeć. Wszędzie panuje ruch, wszędzie widać barwne obrazy. Potem znowu nastaje poprzedni spokój i cisza, gdyż małżonki parów zebrane są już w komplecie i pozajmowały już miejsca, stanowiąc jakby olbrzymi klomb kwiatów ludzkich w najrozmaitszych kolorach. Każdy wiek ma wśród nich swoje przedstawicielki; widzimy więc stare, pomarszczone i siwe wdowy, mające za sobą długą przeszłość i pamiętające jeszcze koronację Ryszarda III i walki owych dawno minionych czasów; obok nich dostrzegamy poważne damy w średnim wieku, wdzięczne młode panie i czarujące, łagodne dziewczęta o połyskujących oczach i świeżych barwach twarzy, które zapewne z lękiem i wahaniem włożą na głowy ozdobione klejnotami małe korony, gdy nadejdzie wielka chwila. Gdyż jest to dla nich rzecz nowa i niewątpliwie ogarnia je podniecenie.

Poczyniono jednak wszelkie zabiegi, aby wszystko przeszło składnie, a fryzury dam dostosowane są do tego celu, by mogły szybko i pewnie umieścić korony na właściwych miejscach, gdy tylko dane będzie do tego hasło.

Widzieliśmy, jak obficie usiany był klejnotami ten barwny sznur dostojnych pań i jak wspaniałe sprawiał wrażenie – ale przepych ten wzrośnie niebawem jeszcze bardziej. O godzinie dziewiątej chmury rozwiewają się, a promienie słoneczne wpadają do mrocznego kościoła, muskając szeregi dam; gdzie spoczną, tam wykwita barwny i płomienny blask, a na ten widok przenika nas dreszcz zachwytu, jak pod wpływem prądu elektrycznego!

Nagle ukazuje się poseł jakiegoś dalekiego księcia Wschodu, w ogólnym pochodzie posłów obcych mocarstw, a gdy pada na niego ukośny promień słońca, wstrzymujemy oddech na widok blasku bijącego od niego, gdyż jest on od stóp do głowy usiany klejnotami, które za każdym jego ruchem rozsypują potoki migoczących iskier.

Dla wygody opowiadać będziemy dalej w czasie przeszłym.

Czas posuwał się naprzód wolno – minęła godzina – dwie – dwie i pół; nagle głuche grzmoty dział oznajmiły, że król przybył nareszcie; wyczekujący tłum uradował się na tę wiadomość. Wszyscy wiedzieli, że nastąpi jeszcze pewna zwłoka, gdyż król musiał być przygotowany i przebrany do uroczystego aktu. Ale pauzę tę wypełniło w przyjemny sposób zjawienie się parów królestwa we wspaniałych strojach. Odprowadzono ich uroczyście na wyznaczone dla nich miejsca i położono im także korony pod ręką, zaś widzowie na galeriach przypatrywali się temu z najwyższym zainteresowaniem, gdyż wielu z nich po raz pierwszy w życiu widziało owych książąt, hrabiów i baronów, których imiona od pięciu stuleci posiadały znaczenie historyczne. Gdy wszyscy parowie zasiedli wreszcie na swoich miejscach, widzowie na galeriach mieli się czemu przyglądać; był to zaprawdę niezrównany i wspaniały widok.

Na podwyższeniu zebrali się teraz dostojnicy duchowni w ornatach i mitrach biskupich w towarzystwie swoich świt i zajęli przeznaczone dla nich miejsca. Za nimi weszli lord protektor i inni wyżsi dostojnicy państwa, a wreszcie oddział gwardii przybocznej w stalowych zbrojach.

Teraz nadeszła chwila naprężonego oczekiwania, po czym na dany znak zabrzmiała donośna muzyka i Tomek Canty ubrany w fałdzistą szatę ze złotogłowiu wkroczył na podwyższenie. Wszyscy zebrani powstali i rozpoczęła się uroczystość koronacji.

Potężne dźwięki podniosłego hymnu wypełniły falami swymi wszystkie sale olbrzymiego opactwa. Powitanego tymi tonami Tomka poprowadzono do tronu. Z wielką uroczystością dokonano teraz starożytnego ceremoniału tradycyjnego, a tłum przypatrywał się temu z najwyższym zainteresowaniem;

im bliższa była jednak decydująca chwila, tym bledszy stawał się Tomek Canty, zaś coraz bardziej wzbierająca troska, beznadziejne przygnębienie opanowywało jego umysł, jego skruszone w poczuciu winy serce.

Nareszcie nadeszła ostatnia uroczysta chwila, arcybiskup Canterbury podniósł z poduszki koronę Anglii i wzniósł ją wysoko ponad drżącą głowę fałszywego króla. W tej chwili jakby tęcza zabłysła w olbrzymiej nawie katedry, gdyż równocześnie wszyscy dostojnicy i damy unieśli swoje korony nad głowami i zastygli w tej pozie.

Głęboka cisza panowała w opactwie. W tej uroczystej chwili na widowni zjawiła się nowa postać – postać, której obecni zapatrzeni w widowisko, nie dostrzegli rychłej, aż dopiero gdy ukazała się nagle pośrodku nawy. Był to chłopiec z gołą głową, w zniszczonym obuwiu, w prostym ubraniu ludowym, wiszącym na nim w strzępach. Wzniósł rękę dziwnie władczym ruchem, który znajdował się w osobliwym kontraście do jego żałosnego wyglądu, i zawołał groźnie:

– Zabraniam wam wkładać koronę Anglii na głowę tego zbrodniarza. Ja jestem królem!

W następnej chwili chwyciły go już dziesiątki rąk, ale Tomek Canty w płaszczu koronacyjnym postąpił krok naprzód i zawołał grzmiącym głosem:

– Nie tykajcie go, dajcie mu spokój! On jest królem!

Nieopisana panika zapanowała wśród zebranych; niektórzy z obecnych zerwali się, to spoglądając błędnym wzrokiem po sobie, to przyglądając się w najwyższym zdumieniu głównym osobom widowiska i zadając sobie pytanie, czy są przy zdrowych zmysłach, czy może opadło ich jakieś obłędne przywidzenie.

Lord protektor był nie mniej zmieszany od innych, ale opanował się szybko i rozkazał tonem stanowczym:

– Nie zwracajcie uwagi na słowa jego królewskiej mości; choroba owładnęła nim znowu! Brać tego włóczęgę!

Usłuchano by go, gdyby nie fałszywy król, który tupnął groźnie nogą i zawołał:

– Strzeżcie się! Nie tykajcie go, on jest królem!

Wszystkie ręce opadły; wszyscy obecni uczuli się jakby sparaliżowani; nikt się nie poruszył, nikt nie rzekł ani słowa; bo nikt nie wiedział, co należało mówić lub czynić w tak niezwykłym wypadku.

Gdy tak każdy z osobna starał się odzyskać panowanie nad sobą, chłopiec w łachmanach ruszył naprzód, a ruchy jego były pewne i stanowcze; i gdy słuchacze nie zdołali się jeszcze opanować, on wszedł już na podwyższenie; fałszywy król z okrzykiem radości rzucił mu się naprzeciw, padł przed nim na kolana i zawołał:

– O, panie mój i królu, pozwól, aby biedny Tomek Canty pierwszy ślubował ci wierność i rzekł: „Włóż swoją koronę na głowę i wejdź znowu w posiadanie tego, co do ciebie należy!"

Oczy lorda protektora rzuciły ponure spojrzenie na intruza, ale surowość jego zmieniła się wnet w zdumienie, a to samo stało się ze wszystkimi dostojnikami, stojącymi w pobliżu. Wszyscy spoglądali po sobie zmieszani i cofnęli się przerażeni; ta sama myśl mimo woli cisnęła się do ich głów:

– „Co za zdumiewające podobieństwo!"

Lord protektor zastanawiał się przez chwilę, potem rzekł poważnie i grzecznie:

– Pozwólcie, panie, że zadam wam kilka pytań, które...

– Odpowiem na nie chętnie, milordzie.

Książę zaczął go wypytywać o rozmaite wydarzenia dworskie, o zmarłego króla, o książąt i księżniczki, zaś chłopiec odpowiadał trafnie i bez wahania. Opisywał sale zamku, komnaty zmarłego króla i pokoje księcia Walii.

Było to zdumiewające; było to niezwykłe; tak, było to niepojęte – przyznawali to wszyscy słuchacze. Nastrój rokował jak najlepsze nadzieje i Tomek Canty był już pewien, że pozbędzie się swej niepożądanej godności, gdy lord protektor oświadczył, potrząsając głową:

– Wszystko to jest istotnie zdumiewające – ale przecież i nasz król i pan wie to wszystko.

Słowa te, a zwłaszcza okoliczność, że lord protektor mianował go ciągle jeszcze królem, zasmuciły Tomka i zadały dotkliwy cios jego nadziejom.

– Nie są to niezbite dowody – dodał książę Somerset.

Prąd opinii publicznej zwrócił się po tych słowach nagle w zupełnie fałszywym kierunku; pozostawiał więc Tomka Canty na tronie, a drugiego chłopca strącić chciał znowu w odmęt poniżenia. Lord protektor zastanowił się, potrząsnął głową i nie mógł się obronić przed myślą:

– „Niebezpieczne jest i dla państwa i dla nas wszystkich, gdy tak niepokojące zagadki pozostają nierozwiązane; może to spowodować rozłam w narodzie i pogrzebać tron".

Odwrócił się i rzekł:

– Sir Thomas, proszę zaaresztować tego... Nie, czekajcie!

Przyszła mu nagle szczęśliwa myśl i zwrócił się ponownie do chłopca w łachmanach:

– Gdzie jest wielka pieczęć państwowa? Odpowiedz mi na to pytanie, a zagadka będzie rozwiązana; tylko ówczesny książę Walii może o tym udzielić informacji. Od tak znikomej rzeczy zależy oto los tronu i dynastii!

Była to myśl istotnie szczęśliwa i doskonała. Że i wysocy dostojnicy uznali ją za taką, tego dowodziło milczące uznanie widniejące w oczach wszystkich i w porozumiewawczych spojrzeniach, jakie rzucali wzajemnie na siebie. Istotnie, nikt prócz prawdziwego księcia nie mógł rzucić światła na tę niewyjaśnioną tajemnicę zniknięcia wielkiej pieczęci państwowej. Tego małego, zuchwałego oszusta wyuczono doskonale jego roli, ale tu kończyło się wszelkie oszustwo, zawodził wszelki spisek; na to pytanie nie mogli odpowiedzieć nawet ci, co go pouczyli. Była to wspaniała, niezrównana próba; dzięki niej można było najszybciej rozwikłać tę niebezpieczną i zagadkową sytuację! Dlatego wszyscy dostojnicy skinęli głowami w milczącej zgodzie i roześmiali się w duchu na myśl, jak ten głupi chłopiec będzie musiał teraz przyznać się do winy.

Ale jakże byli zdumieni, gdy się to nie stało; jak byli zdumieni, gdy odpowiedział on natychmiast spokojnym i pewnym siebie tonem:

– To zagadka nietrudna.

Po czym, nie pytając nikogo o pozwolenie, odwrócił się i rozkazał tonem człowieka nawykłego do wydawania rozkazów:

– Lordzie St. John, proszę się udać do mego gabinetu prywatnego na zamku – nikt nie zna go przecież lepiej od ciebie. W kącie na lewo, w najbardziej oddalonym od drzwi wejściowych miejscu znajdziesz tuż przy podłodze miedziany gwóźdź w obiciu ściany. Naciśnij ten gwóźdź, a wówczas otworzy się tajemna skrytka, której nie znasz ani ty, ani nikt inny prócz mnie i zaufanego czeladnika, który sporządził ten schowek dla mnie. Pierwszą rzeczą, którą ujrzysz, będzie wielka pieczęć państwowa – przynieś ją tutaj!

Wszyscy zebrani zdumieli się tym przemówieniem, a bardziej jeszcze, że mały żebrak bez wahania lub zmieszania wybrał z całego świetnego otoczenia właśnie tego para i przemówił do niego z taką swobodą, jakby go znał przez całe życie.

Lord był tak zmieszany, że mimo woli chciał usłuchać; zrobił już nawet ruch, jakby zamierzał odejść, ale połapał się i zarumienił się tylko na myśl o prawie popełnionym wykroczeniu. Lecz Tomek Canty zwrócił się do niego i rzekł szorstko:

– Dlaczego się wahasz? Czy nie słyszałeś rozkazu królewskiego? Idź!

Lord St. John złożył głęboki ukłon – a wszyscy obecni zauważyli, że był to ukłon niezmiernie ostrożny, gdyż nie był skierowany do żadnego z królów w szczególności, lecz jakby w stronę neutralnej strefy między nimi – po czym oddalił się szybko.

Wśród gromady dworzan powstał teraz powolny, ale widoczny ruch, wzmagający się z każdą chwilą, jak się to widzi w kalejdoskopie, gdy się go wolno obraca, tak że błyszczące cząsteczki tworzące jakąś figurę rozpadają się i grupują się koło innego ośrodka. Takim właśnie ruchem strojne otoczenie opuszczało Tomka, sunąc z wolna ku nowo przybyłemu. Tomek Canty znalazł się po pewnym czasie w zupełnym odosobnieniu.

Czas mijał w napięciu w oczekiwaniu; nieliczni niezdecydowani, którzy trwali jeszcze przy Tomku, odzyskali odwagę i jeden po drugim przyłączali się do większości. Teraz stał Tomek w swym płaszczu koronacyjnym i klejnotach zupełnie sam, oddzielony od całego świata, widzialny dla wszystkich na tle wymownej pustki.

W tej chwili spostrzeżono powracającego lorda St. Johna. Gdy szedł przez nawę katedry, naprężenie powszechne było tak wielkie, że cichy pomruk, który szedł dotąd przez szeregi zebranych, umilkł nagle i zapanowało tak głębokie milczenie, taka przejmująca grozą cisza, iż dźwięk jego kroków odbijał się głośnym echem. Wszystkie oczy utkwione były w przybywającym do świątyni lordzie. On zaś podszedł do wzniesienia, stanął przed Tomkiem Canty i rzekł z głębokim ukłonem:

– Najjaśniejszy Panie, pieczęci tam nie ma!

Tłum ludzi nie odskoczyłby szybciej od zadżumionego, niżeli gromada bladych i przerażonych dworaków opuściła biednego i obdartego pretendenta do tronu. W następnej chwili znalazł się on sam, bez przyjaciela lub rzecznika, stając się celem niezliczonych groźnych i ponurych spojrzeń. Lord protektor zawołał gniewnie:

– Wypędzić tego żebraka na ulicę! Pognać go biczami przez miasto; ten nędzny oszust nie zasługuje na nic więcej!

Oficerowie gwardii gotowi już byli spełnić rozkaz, ale Tomek Canty powstrzymał ich i rzekł:

– Precz! Kto go dotknie, zapłaci za to życiem!

Lord protektor był w najwyższym stopniu zdumiony i zapytał pana St. Johna:

– Czy tylko dobrze szukaliście? Ale to zbyteczne pytanie. Bardzo to osobliwy wypadek. Że giną drobnostki, to nic dziwnego, ale aby mógł zginąć bez śladu tak wielki przedmiot jak angielska pieczęć państwowa – taki gruby, złoty krąg...

Na te słowa Tomek Canty podbiegł z oczyma płonącymi i zawołał z radością:

– Czekajcie, dość! Więc to jest okrągłe i grube? I są na tym wyrżnięte litery i figury? Tak? Ach, teraz wiem już nareszcie, co to jest wielka pieczęć państwowa, o którą mnie tyle razy pytaliście i której tak długo szukacie daremnie! Gdybyście mi ją od razu opisali, mógłbym ją wam dać przed trzema tygodniami. Wiem doskonale, gdzie ona jest – chociaż nie ja ją tam położyłem – a przynajmniej nie ja pierwszy.

– A któż ją tam położył, panie mój? – zapytał lord protektor.

– Ten, który tam stoi – prawowity król Anglii. I powie wam on sam, gdzie się ona znajduje, a wówczas uwierzycie, że sam o tym wiedział. Przypomnij sobie, królu mój, poszukaj w swej pamięci; była to ostatnia, ostatnia czynność owego dnia, gdy zamieniwszy się ze mną ubraniami, wybiegłeś z zamku, aby ukarać żołnierza, który mnie tak brutalnie potraktował...

Zapadło głębokie milczenie, którego nie przerwał ani ruch, ani szept najlżejszy; oczy wszystkich skierowane były na obdartego chłopca, który z pochyloną głową i zmarszczonym czołem starał się spod stosu mało wartościowych wspomnień wygrzebać ten jeden decydujący fakt, który – jeśli go sobie przypomni – miał mu przywrócić tron, gdyby zaś nie mógł sobie go przypomnieć, skazywał go na wieczną nędzę i potępienie. Mijała sekunda za sekundą, z sekund splatały się minuty, a chłopiec ciągle myślał w milczeniu, nie wykonując najmniejszego ruchu. Wreszcie westchnął głęboko, wolno pochylił głowę i rzekł głosem bezbarwnym, z drżącymi wargami:

– Przypominam sobie dokładnie cały przebieg tego zdarzenia, ale pieczęć państwowa nie ma z tym nic wspólnego.

Urwał, podniósł wzrok i rzekł ze spokojną godnością:

– Moi panowie, jeśli chcecie pozbawić swego króla należnych mu praw, ponieważ nie może dostarczyć wam tego dowodu, to jestem wobec was bezsilny. Ale...

– Ach, to szaleństwo, ach, to niemożliwe, królu mój! – zawołał Tomek Canty przerażony. – Czekaj jeszcze! Przypomnij sobie! Nie dawaj jeszcze za wygraną! Jeszcze nie wszystko stracone. Nie może być stracone! Uważaj, co ci teraz powiem, idź za biegiem mojej myśli – przypomnę ci ten ranek, każdy szczegół, wszystko, co się wydarzyło. Rozmawialiśmy – opowiadałem ci o moich siostrzyczkach, Elżuni i Anusi – ach – teraz sobie przypominasz – i o mojej starej babci i o naszych wesołych zabawach w Offal Court – tak, widzę, że i to sobie przypominasz – to doskonale, idź dalej za biegiem moich słów, przypomnę ci wszystko. Dałeś mi jeść i pić i z prawdziwie książęcym taktem odprawiłeś służbę, abym nie potrzebował się wstydzić swej niezręczności – prawda, to wszystko jeszcze pamiętasz?

Tomek opowiadał o tych szczegółach z zupełną swobodą, drugi zaś chłopiec kiwał przy tym głową; wielki tłum zebranych i dostojnicy przysłuchiwali się w niemym podziwie. Opowiadanie miało cechy wiarygodności, ale w jakiż sposób książę i żebrak mogli się zetknąć? Nigdy jeszcze tak dostojne zebranie nie było do tego stopnia zaintrygowane, tak bezradne i tak zakłopotane.

– Potem dla żartu zamieniliśmy się ubraniami i stanęliśmy przed lustrem; i byliśmy do siebie tak podobni, że zawołaliśmy obaj, iż wyglądamy, jakby żadna zmiana nie zaszła – tak, to sobie jeszcze przypominasz. Potem spostrzegłeś, że żołnierz skaleczył mnie w rękę, widzisz, oto ślad; dziś jeszcze nie mogę tą ręką pisać, palce mam jeszcze zesztywniałe. Wtedy wasza królewska mość zerwał się i poprzysiągł, że pomści mnie na żołnierzu. Z tymi słowami pobiegłeś, panie, do drzwi. Ale przechodziłeś obok stołu; ten przedmiot, który nazywacie pieczęcią państwową, leżał na stole – wziąłeś go do ręki, rozejrzałeś się, jakbyś szukał miejsca, gdzie go schować, i oko twoje padło na...

– Stój! Już wiem, Bogu wszechmogącemu niechaj będą dzięki! – zawołał obdarty pretendent do tronu w najwyższym podnieceniu.

– Idź, mój dzielny panie St. John; pieczęć ukryta jest w naramienniku mediolańskiej zbroi, która wisi na ścianie. Tam ją znajdziesz.

– Racja, królu mój, racja! – zawołał Tomek Canty. – Teraz berło Anglii jest znowu we właściwym ręku, a kto by się poważył zaprzeczyć temu, lepiej dla niego, aby się nigdy nie urodził. Pędź, lordzie St. John! Leć jak na skrzydłach!

Wszyscy zebrani powstali w gorączkowym podnieceniu, miotani niepokojem, trwogą i naprężeniem. Zarówno w nawie katedry, jak i na podwyższeniu rozmawiano z ożywieniem, a nikt nie zwracał uwagi na nic innego, jak tylko na to, co sąsiad jego wołał donośnym głosem albo co on swemu sąsiadowi równie głośno odpowiadał. Nikt nie spostrzegł, ile minęło czasu. Nagle całe zebranie umilkło jak na komendę, gdyż w tej chwili ukazał się na podwyższeniu lord St. John, trzymając w wysoko wzniesionej prawicy wielką pieczęć państwową.

Jeden okrzyk zabrzmiał teraz w całej katedrze:

– Niech żyje nasz prawdziwy król!

Pięć minut trwały te okrzyki i donośne dźwięki muzyki i powiewanie chustkami, a pośrodku tego zamętu postać obdartego chłopca, promieniejąc dumą, stała jako cel wszystkich spojrzeń na środku wzniesienia, zaś potężni wasale państwa przyklękli dokoła niej.

Wreszcie powstali wszyscy, a Tomek Canty zawołał:

– A teraz, królu mój, weź ty swoje szaty koronacyjne i oddaj słudze twemu, Tomkowi, jego łachmany.

Lord protektor zerwał się:

– Zedrzyjcie je temu łotrzykowi z ciała i wtrąćcie go do Tower!

Ale król, król prawdziwy, przemówił:

– Nie pozwalam na to. Gdyby nie on, nie odzyskałbym swojej korony królewskiej – niechaj nikt nie podnosi ręki na niego, niechaj mu nikt nic złego nie czyni! A co do ciebie, mój dzielny wuju, mój lordzie protektorze, to zachowanie twoje wobec tego chłopca bynajmniej nie odznacza się wdzięcznością, gdyż jak słyszałem, uczynił cię księciem.

Lord protektor zarumienił się ze wstydu.

– A ponieważ nie był on królem, cóż wart jest teraz twój tytuł? Jutro zwrócisz się do mnie za jego pośrednictwem z prośbą o zatwierdzenie twojej godności, inaczej będziesz nie księciem, lecz zwykłym hrabią.

Pod brzemieniem tej nagany jego wysokość książę Somerset cofnął się zawstydzony.

Król zwrócił się do Tomka i zapytał uprzejmie:

– Biedny chłopcze, jakże się to stało, że zapamiętałeś, gdzie schowałem wówczas pieczęć, kiedy ja sam nie mogłem sobie tego przypomnieć?

– Ach, królu mój, to bardzo proste, gdyż często jej używałem.

– Używałeś – a mimo to nie mogłeś początkowo powiedzieć, gdzie ona jest?

– Nie wiedziałem, że to jest właśnie to, czego szukano tak gorliwie. Nigdy mi nie opisano, jak to wygląda, wasza królewska mość.

– A ty jej używałeś?

Tomek pokrył się ciemnym rumieńcem, spuścił powieki ku ziemi i milczał.

– Odpowiedzże, mój dobry chłopcze, nie lękaj się niczego – rzekł król. – Do czego używałeś wielkiej pieczęci państwowej Anglii?

Tomek zawahał się w najwyższym zmieszaniu, wreszcie rzekł cichutko:

– Tłukłem nią orzechy!

Biedne dziecko! Na dźwięk grzmiącego śmiechu, którym powitano te słowa, Tomek byłby najchętniej schował się pod ziemię.

Gdyby ktoś myślał jeszcze mimo wszystko, że Tomek Canty jest prawdziwym królem angielskim, to już ta nieznajomość insygniów królewskich rozwiać musiała wszelkie wątpliwości.

Zdjęto Tomkowi wspaniały płaszcz koronacyjny i ubrano w niego króla, którego łachmany znikły zupełnie pod tym strojem. Potem uroczystości koronacyjne rozpoczęły się na nowo; prawdziwego króla namaszczono, włożono mu na głowę koronę, a huk dział obwieścił o tym miastu; zdawało się, że Londyn cały drży aż do głębi od nieustannych okrzyków i wiwatów ludu.

Rozdział XXXIII

Edward jako król

Jeszcze przed bójką na moście Londyńskim wyglądał Miles Hendon dość malowniczo – a cóż dopiero gdy wyszedł z tumultu. Gdy wpadł w tłum, miał mało pieniędzy, kiedy się z niego wydostał, nie miał już nic. Złodzieje kieszonkowi obrali go do ostatniego grosika.

Ale niewiele się o to troszczył, byle tylko mógł znaleźć swego chłopca. Jako dobry żołnierz nie zdawał się w poszukiwaniach na los przypadku, lecz ułożył sobie zaraz rodzaj planu kampanii.

Co zrobiłby chłopiec przede wszystkim? Dokąd zwróciłby się w pierwszej chwili? Przede wszystkim – rozumował Miles – postarałby się o jakąś kwaterę. Gdyż zarówno chorzy na umyśle, jak i zdrowi na umyśle czynią to, gdy się czują sami i opuszczeni. Ale gdzież on mieszkał przedtem? Sądząc z jego nędznego ubrania jak i wyglądu człowieka, który podawał się za jego ojca, musiał on pochodzić z najuboższej dzielnicy Londynu. Czy trudno będzie odszukać go tam? Miles sądził, że uda mu się to z łatwością i szybko. Postanowił nie tyle rozglądać się za chłopcem, ile uważać, gdzie się gromadzi jakieś zbiegowisko lub tłum. Wśród takiej mniejszej lub większej ciżby ludu musi prędzej czy później odszukać swojego małego przyjaciela. Ohydna zgraja będzie się zabawiała, drażnieniem i wyszydzaniem chłopca, który jak zwykle podawać się będzie za króla. A Miles Hendon da już sobie radę z tą hałastrą, zaopiekuje się swoim małym wychowankiem, pocieszy go i doda mu otuchy, potem zaś nigdy się już z sobą nie rozstaną.

Wyruszył więc Miles na poszukiwanie. Godzinami całymi włóczył się po brudnych uliczkach i zaułkach, szukając zbiegowisk, których znajdował pod dostatkiem, nie widząc nigdzie jednak ani śladu chłopca. Dziwiło go to bardzo, ale nie odbierało mu odwagi. Uważał swój plan kampanii za rozumny i celowy; przeliczył się tylko o tyle, iż sądził, że doprowadzi on do celu szybciej, gdyż czas poczynał mu się już dłużyć.

O świcie Hendon chodził jeszcze ciągle, mieszając się w każdy tłum, ale nie osiągnął przez to nic więcej jak tylko głód, zmęczenie i senność. Chętnie zjadłby śniadanie, ale skąd je wziąć? O tym, żeby żebrać, nie pomyślał nawet, a równie nie przyszłoby mu na myśl zastawić swój miecz, jak uczynić ujmę swemu honorowi; z ubrania też nic sprzedać nie mógł, bo przecież trudno byłoby znaleźć na nie odbiorcę.

W południe był ciągle jeszcze na nogach, wmieszawszy się w tłum, który szedł za pochodem koronacyjnym, gdyż sądził, że ten uroczysty pochód królewski najsilniej będzie pociągał obłąkanego malca. Szedł więc za pochodem przez cały Londyn ku Westminsterowi i aż do opactwa. Od czasu do czasu zbaczał z drogi, aby wmieszać się w tłum, który tłoczył się po obu stronach pochodu, stracił na to wiele czasu, ale nie osiągnął nic, tak iż wreszcie ruszył dalej, zastanawiając się, jakby tu łatwiej dopiąć swego celu. Gdy wreszcie ocknął się z zamyślenia i rozejrzał dokoła, przekonał się, że pozostawił miasto daleko poza sobą, a dzień chylił się ku końcowi. Znajdował się w pobliżu rzeki, w okolicy podmiejskiej; dokoła leżały eleganckie wille, ale człowieka o tak nędznym wyglądzie jak on zapewne by tam wcale nie wpuszczono.

Ponieważ nie było zimno, położył się pod ochroną płotu na ziemi, wypoczywając i zastanawiając się nad sytuacją. Ale zmęczenie przemogło go; daleki odgłos wystrzałów armatnich przyniesiony tu przez wiatr powiedział mu, że król został ukoronowany; potem zasnął. Od trzydziestu godzin nie spał ani nie leżał nawet; toteż obudził się dopiero późnym rankiem.

Wstał wyczerpany, ze zdrętwiałymi członkami i głodny, umył się w rzece i napił się wody, aby oszukać żołądek; potem skierował się z powrotem ku Westminsterowi – zły, że stracił tyle czasu. Głód podsunął mu teraz inny plan: postanowił próbować dostać się do starego sir Humphrey'a Marlowa i pożyczyć sobie od niego trochę pieniędzy, a potem... chwilowo nie miał innych planów; dopiero gdy tego dokona, będzie się miał czas zastanowić, co robić dalej.

Około jedenastej zbliżył się do zamku, a chociaż spory tłum ludzi zmierzał w tym samym kierunku, Miles rzucał się jednak w oczy dzięki swemu strojowi. Obserwował uważnie twarze ludzi, mając nadzieję, że znajdzie wśród nich jakąś życzliwą, której właściciel zgodzi się zanieść od niego wiadomość staremu dworzaninowi. O tym, by spróbować samemu dostać się do zamku, nie mogło być w ogóle mowy.

Nagle nadszedł przez drogę znany nam chłopiec do bicia, odwrócił się i przez chwilę obserwował rycerza o smutnym wyglądzie, myśląc w duchu:

– „Jeżeli to nie jest ten włóczęga, o którego jego królewska mość tak się niepokoił, to jestem osłem – chociaż mówiono mi to już i dawniej. Podobny jest do opisu, jak jedna kropla wody do drugiej, a trudno przecież przypuścić, aby Bóg stworzył dwa takie dziwolągi. Nie wiem tylko, pod jakim by tu pretekstem zagadnąć go..."

Miles Hendon wybawił go z tego kłopotu; jak ludzie, którzy czują z tyłu czyjś uparcie wlepiony w nich wzrok, odwrócił się, a widząc, że chłopiec przypatruje mu się bez przerwy, podszedł do niego i rzekł:

– Widziałem przed chwilą jak wyszedłeś z zamku? Czy służysz tam może?

– Tak jest, panie.

– A znasz może sir Humphrey'a Marlowa?

Chłopiec drgnął i pomyślał:

– „Boże wielki! Toż on pyta o mego zmarłego ojca!"

Głośno zaś powiedział:

– Bardzo dobrze, panie.

– To doskonale! Czy jest tam teraz?

– Owszem – odpowiedział chłopiec, dodając w duchu: – „w grobie".

– Czy mógłbym cię prosić o zakomunikowanie mu mojego nazwiska z prośbą o łaskę krótkiej rozmowy?

– Natychmiast zamelduję o waszym przybyciu, panie.

– Powiedz więc, że Miles Hendon, syn sir Ryszarda, czeka tutaj – będę ci za to serdecznie wdzięczny, szlachetny młodzieńcze.

Chłopiec wyglądał, jakby doznał rozczarowania.

– „Król nie nazywał go w ten sposób – pomyślał – ale to nic, jest on na pewno bliźniakiem tamtego i będzie mógł jego królewskiej mości powiedzieć, co się dzieje z jego bratem".

Rzekł więc do Milesa:

– Wejdźcie tutaj i zaczekajcie chwileczkę, łaskawy panie, zaraz przyniosę wam odpowiedź.

Hendon skierował się na wskazane miejsce. Był to rodzaj głębokiej niszy w murze pałacu z kamienną ławeczką w środku – miejsce schronienia dla wartownika podczas niepogody. Zaledwie Hendon usiadł tam, przeszło obok niego kilku halabardzistów z oficerem na czele. Oficer spostrzegł go, zatrzymał swoich ludzi i kazał Hendonowi wyjść. Nasz rycerz uczynił to i został natychmiast ujęty, gdyż uważano go za włóczęgę, który w podejrzany sposób zakradł się w bezpośrednie sąsiedztwo zamku. Sprawa zaczynała przyjmować niepożądany obrót. Biedny Miles chciał się wytłumaczyć, ale oficer ofuknął go szorstko, kazał mu milczeć i polecił żołnierzom zrewidować go.

– „Oby Bóg miłosierny sprawił, aby coś znaleźli – pomyślał biedny Miles. – Ja przecież na próżno przeszukałem wszystkie kieszenie, a pieniądze bardziej by mi się przydały niż im".

Nie znaleźli nic prócz kawałka papieru. Oficer otworzył go szybko, a Hendon uśmiechnął się, gdy poznał „kulasy" swego małego, zaginionego przyjaciela: był to ów list, który chłopiec napisał w Hendon Hall. Ale twarz wojskowego spochmurniała, gdy przeczytał tekst angielski, zaś Miles, słuchając treści listu, zbladł.

– Jeszcze jeden pretendent do tronu! – zawołał oficer. – Zaiste, mnożą się jak grzyby po deszczu. Bierzcie tego łotra chłopcy i trzymajcie go mocno, ja zaś pójdę do zamku i pokażę to pismo królowi!

Oddalił się szybko, pozostawiając schwytanego pod pieczą swoich halabardzistów.

– Koniec teraz z wszystkimi mymi troskami – mruknął Hendon pod nosem – gdyż z powodu tego niewinnego listu na pewno zawisnę na szubienicy. A co się stanie z moim biednym chłopcem? Ach, Bóg to tylko jeden wie!

Po pewnym czasie ujrzał oficera powracającego szybko, skupił więc całą swą odwagę, aby po męsku znieść oczekujący go los. Oficer rozkazał żołnierzom wypuścić więźnia i zwrócić mu szpadę; potem skłonił się przed nim z szacunkiem i zapytał:

– Czy raczycie pójść za mną, panie?

Hendon poszedł za nim, myśląc:

– „Gdybym nie szedł na sąd i na śmierć i gdybym nie musiał z tego powodu unikać wszelkiego grzechu, najchętniej udusiłbym tego łotra za tę fałszywą uprzejmość, przez którą chce tylko zadrwić sobie ze mnie!"

Minęli razem wypełniony ludźmi dziedziniec i stanęli u głównego wejścia do pałacu, gdzie oficer z ponownym ukłonem oddał Hendona kapiącemu od złota dworzaninowi, który przyjął go z wyszukaną grzecznością i czcią i poprowadził przez olbrzymią salę, gdzie znajdował się spory tłum wytwornie odzianych panów, którzy z szacunkiem ustępowali im z drogi i nisko kłaniali się przechodzącym. Zaledwie jednak postać Hendona podobna do stracha na wróble odwracała się do nich plecami, omal nie pękali ze śmiechu. Następnie weszli po szerokich schodach, na których również roiło się od wytwornych panów, a wreszcie znaleźli się w wielkiej sali. Dworzanin utorował Hendonowi drogę przez gromadę stłoczonych gęsto przedstawicieli szlachty angielskiej, następnie ukłonił się jeszcze raz, przypomniał mu, aby zdjął kapelusz i pozostawił na środku komnaty jako cel dla wszystkich spojrzeń, gdyż obecni obserwowali go, bądź marszcząc niechętnie brwi, bądź uśmiechając się drwiąco.

Miles Hendon był zupełnie oszołomiony. Pod baldachimem, na podwyższeniu, do którego prowadziło pięć stopni, siedział młody król; głowę miał pochyloną i rozmawiał z jakimś panem, który wyglądał jak pozłacany ptak rajski i był księciem. Hendon pomyślał sobie, że dość źle jest, gdy się zostaje w kwiecie wieku skazanym na śmierć i nie trzeba wcale, aby się to odbywało tak publicznie, aby tym bardziej zwiększyć upokorzenie. Pragnął, aby król przynajmniej krótko załatwił się z wydaniem wyroku, gdyż bezwstyd wystrojonych ludzi, którzy go otaczali, wydawał mu się nieznośny. W tej chwili król uniósł nieco głowę, i Hendon mógł dojrzeć wyraźnie jego twarz. Oddech zamarł mu w piersi...! Jak obłąkany wlepił wzrok w piękne, chłopięce oblicze władcy; wreszcie szepnął do siebie:

– Na Boga, toż to mój król z Królestwa Snów i Cieni siedzi na tronie!

Ciągle jeszcze patrzył nieruchomo w jego twarz i szeptał do siebie, kierując spojrzenie to na strojne otoczenie, to na wspaniałą komnatę:

– Ale ci ludzie i te przedmioty... to wszystko jest przecież rzeczywiste... niewątpliwie r z e c z y w i s t e... to nie sen przecież.

Potem spojrzał znowu na króla i pomyślał:

– „Czy to sen, czy też to rzeczywiście król Anglii, a nie biedny obłąkany żebrak, za jakiego go uważałem? Kto mi rozwiąże tę zagadkę?"

Nagle strzeliła mu do głowy zbawcza myśl; podszedł do ściany, wziął stołek, zaniósł go na środek sali i usiadł na nim. Natychmiast rozległ się szmer zgorszenia; chwycono go brutalnie za ramiona, a głos jakiś zawołał:

– Wstań bezczelny zuchwalcze, jak śmiesz siadać w obecności swego króla?

Zdarzenie to zwróciło na siebie uwagę króla, który podniósł rękę i rozkazał:

– Nie tykajcie go; to jego przywilej!

Tłum cofnął się zmieszany. Zaś król ciągnął:

– Słuchajcie wszyscy, dostojni panowie i panie! Ten, kogo tu widzicie, to mój wierny i ukochany sługa Miles Hendon, który dzielnym swym mieczem obronił swego władcę przed ranami i śmiercią, i którego król jego pasował za to na rycerza. Dowiedzcie się też, że za większą jeszcze zasługę, mianowicie, że uratował króla swego od hańby i plag, przyjąwszy je na siebie, mianowany został parem Anglii i hrabią Kent, a nadto otrzyma sumy i posiadłości potrzebne do godnego reprezentowania tego tytułu. Poza tym przywilej, z którego przed chwilą skorzystał, przyznany mu zostaje zezwoleniem królewskim. Bowiem zarządziliśmy, aby najstarszy z jego rodu miał stale przywilej siadania w obecności króla Anglii, od dzisiaj po wszystkie czasy, póki istnieć będzie królestwo. Nie brońcie mu więc korzystać z przysługującego mu prawa.

Dwie osoby zatrzymane w drodze przybyły do Londynu dopiero tego ranka i od pięciu minut dopiero znajdowały się w sali. W niemym zdumieniu przysłuchiwały się ze szczególnym napięciem tym słowom i spoglądały to na króla, to na „stracha na wróble", to znowu na króla. Byli to sir Hugo i jego małżonka, lady Edyta. Ale nowy hrabia nie zauważył ich. Ciągle jeszcze wlepiał zdziwiony wzrok w króla i szeptał do siebie:

– Boże, bądź mi miłościw! Więc to jest mój żebrak? To jest mój mały obłąkany, któremu ja chciałem zaimponować wytwornością swego domu o siedemdziesięciu pokojach z dwudziestoma siedmioma służącymi! Myślałem, że przez całe życie odziany był w łachmany, że szturchańce były jego chlebem codziennym, a pożywieniem żebraczy kęs! To jest ten, którego ja chciałem usynowić, aby go wykierować na porządnego człowieka!

Opanował się wreszcie, padł na kolana i chwyciwszy króla za ręce, złożył mu przysięgę wierności, dziękując za nadane mu włości i tytuły. Potem wstał i z szacunkiem stanął na boku, stanowiąc ciągle jeszcze cel dla wszystkich spojrzeń, ale tym niemniej przedmiot powszechnej zazdrości.

Teraz spostrzegł król sir Hugona i zawołał głosem gniewnym, z płonącymi oczyma:

– Brać tego rabusia! Odebrać mu jego kradzione bogactwa i podstępem zdobyte godności! Wtrącić go do więzienia i trzymać tam, aż o niego nie zapytam.

Zbrodniczego Hugona wyprowadzono z sali.

Na drugim końcu sali powstał ruch; strojny tłum rozsunął się, a między żywymi murami ruszył Tomek Canty w towarzystwie marszałka, odziany w osobliwy i bogaty strój. Gdy Tomek uklęknął, król rzekł do niego:

– Dowiedziałem się o wszystkim, co się przydarzyło podczas ostatnich tygodni i jestem z ciebie zadowolony. Rządziłeś państwem z prawdziwie królewską pobłażliwością i miłosierdziem. Czy odnalazłeś swoją matkę i siostry? Dobrze, cieszy mnie to; zatroszczę się o nie – a ojciec twój pójdzie na szubienicę, jak każe prawo, chyba że ty poprosisz dla niego o łaskę. Uważajcie wszyscy, którzy mnie słyszycie; od dzisiaj dzieci znajdujące się w Przytułku Chrystusa i żyjące tam z łaski króla otrzymywać będą pokarm nie tylko dla ciała, ale także dla serca i duszy; zaś ten chłopiec będzie tam mieszkał do końca życia jako honorowy członek zarządu tego zakładu. A że był on królem, przystoi mu większy od zwykłego szacunek. Dlatego zwróćcie baczną uwagę na jego strój: będzie on jego oznaką charakterystyczną i nikt niechaj nie śmie ubrać się w ten sposób. Gdziekolwiek się zjawi, strój ten przypominać będzie ludziom, że niegdyś zażywał on godności królewskiej, a nikt niechaj mu nie odmówi oznak czci lub nie zaniedba powitać go z szacunkiem. Cieszy się on opieką tronu; cieszy się łaską korony, niechaj go wszyscy znają i nazywają zaszczytnym mianem Wychowańca Królewskiego.

Tomek Canty powstał dumny i szczęśliwy, z wdzięcznością i oddaniem ucałował dłoń króla, po czym marszałek wyprowadził go z sali. Nie tracąc ani chwili czasu, pośpieszył chłopiec zanieść szczęśliwą nowinę matce swej i siostrzyczkom, Elżuni i Anusi, aby się podzielić z nimi swoją radością*.

Zakończenie

Sprawiedliwość i odwet

Gdy już wszystkie tajemnice zostały wyjaśnione, okazało się z zeznań sir Hugona, że lady Edyta na jego rozkaz zaparła się Milesa. Zagroził jej, że jeśli nie będzie uparcie i stale zaprzeczała tożsamości jego brata, zabije ją. Odpowiedziała na to, że może ją zabić, nie zależy jej wcale na życiu, a Milesa się nie zaprze. Wówczas Hugo zagroził, że ją pozostawi przy życiu, natomiast zabije Milesa. To oczywiście zmieniało postać rzeczy i biedna Edyta dała słowo, którego też musiała dotrzymać.

Mimo to nie oskarżono Hugona z powodu tych gróźb, ani też, że samowolnie przywłaszczył sobie majątek i tytuł brata, gdyż ani żona ani brat nie chcieli składać przeciwko niemu świadectwa, a prawo nie pozwalało zmuszać żony do tego. Hugo opuścił lady Edytę i wyjechał za granicę, gdzie wkrótce potem umarł, zaś hrabia Kent po pewnym czasie poślubił wdowę. Wielka była radość i uroczysty nastrój w dobrach Hendona, gdy nowożeńcy po raz pierwszy wjeżdżali do Hendon Hall.

O ojcu Tomka Canty nie słyszano już nigdy więcej.

Król kazał odszukać dzierżawcę, który został napiętnowany i sprzedany w niewolę, skłonił go do porzucenia nędznego życia wśród włóczęgów i zapewnił mu znośne warunki zarobkowania.

Ułaskawił też starego prawnika i uwolnił go od grzywny. Zaopiekował się córkami dwóch spalonych baptystek i ukarał urzędnika, który niesprawiedliwie skazał Milesa Hendona na karę pręgierza.

Uratował od szubienicy czeladnika, który złapał zaginionego sokoła, a także kobietę, która skradła sukno tkaczowi, ale człowieka, który upolował jelenia w lesie królewskim, nie zdążył już ustrzec przed śmiercią, gdyż wyrok na niego był już wykonany.

Obdarzył łaską królewską sędziego, który się nad nim ulitował, gdy był oskarżony o kradzież prosięcia; i doznał wielkiego zadowolenia, widząc, iż sędzia ten zyskał sobie powszechny szacunek i stał się mężem lubianym i poważanym.

Do końca życia lubił król opowiadać o swoich przygodach, od chwili, gdy wartownik wyrzucił go z bramy pałacowej, aż do ostatniej północy, gdy wmieszał się w tłum robotników, śpieszących do opactwa, i w ten sposób dostał się do wnętrza. Potem ukrył się za grobowcem Edwarda Wyznawcy i zasnął tam tak mocno, że obudził się dopiero następnego ranka i omal byłby przespał koronację.

Powiadał, że częste powtarzanie tych wydarzeń, które stanowiły dla niego wyborną lekcję życia, umacnia go w postanowieniu wyciągnięcia z nich korzyści dla dobra swego ludu. Dlatego opowiadać będzie tę historię póki życia, aby zawsze zachować te smutne wydarzenia w pamięci – i aby źródło łagodności zawsze żywo biło w jego piersi.

Miles Hendon i Tomek Canty pozostali ulubieńcami króla podczas jego krótkotrwałych rządów i opłakiwali go gorąco, gdy umarł. Dzielny hrabia Kent był dość rozsądny, aby nie nadużywać swego osobliwego przywileju; skorzystał z niego jednak prócz opisanego wyżej wypadku dwa razy jeszcze za życia, mianowicie przy wstąpieniu na tron królowej Marii, a potem przy wstąpieniu na tron królowej Elżbiety. Jeden z jego potomków skorzystał z tego przywileju podczas koronacji króla Jakuba I. Zanim syn tego członka rodu skorzystał ponownie ze swego przywileju, minęło dwadzieścia pięć lat i osobliwe prawo wyszło zupełnie z pamięci współczesnych, gdy więc ówczesny hrabia Kent zjawił się przed Karolem I i jego dworem, i usiadł w obecności monarchy, aby przywrócić przywilej swego rodu i odnowić go w pamięci ludzkiej, powstało wielkie zamieszanie. Sprawa wyjaśniła się jednak szybko i przywilej został potwierdzony. Ostatni hrabia tej linii padł podczas wieloletnich wojen domowych, walcząc za swego króla, a wraz z nim wygasł też dawny przywilej.

Tomek Canty dożył późnej starości i stał się pięknym, siwowłosym starcem o poważnym i czcigodnym wyglądzie. Czczono go powszechnie i lubiano, gdyż już sam jego osobliwy strój przypominał ludziom, że piastował on kiedyś godność królewską. Gdziekolwiek się zjawił, tłum rozstępował się przed nim, robiąc mu miejsce, a zewsząd rozlegały się szepty:

– Uchylcie kapeluszy! Królewski Wychowaniec idzie!

I wszyscy witali go, a on odpowiadał przyjaznym uśmiechem, który ludzie cenili bardzo ze względu na jego zaszczytną przeszłość.

Biedny, młodziutki król Edward VI żył tylko krótki czas, ale podczas tych niewielu lat rozwinął dobroczynną działalność. Niejednokrotnie, gdy któryś z wyższych dostojników lub możnych wasali państwa wyrzucał mu zbytnią pobłażliwość lub twierdził, że jakieś prawo, które król chciał ulepszyć, jest już samo przez się dość łagodne i nie nakłada na nikogo zbyt wielkich ciężarów ani nie ciemięży nikogo, młody król rzucał na mówiącego melancholijne spojrzenie swych wielkich, współczujących oczu i odpowiadał:

– Cóż ty możesz wiedzieć o cierpieniach i ucisku? Ja i mój lud wiemy o tym, ale nie ty.

Panowanie Edwarda VI było, jak na owe okrutne czasy, niezmiernie łagodne. Pamiętajmy o tym, a rozstając się z nim teraz, policzmy mu to za zasługę i zachowajmy o nim dobre wspomnienie.

PRZYPISY AUTORSKIE

– do str. 17

Ubiór dziatwy z Przytułku Chrystusa

Najprawdopodobniej ubiór ten odpowiadał strojowi mieszczan londyńskich w owych czasach, gdy rzemieślnicy i służba nosili zazwyczaj długie, niebieskie suknie, zaś żółte pończochy były w powszechnym użyciu. Suknia ta przylegała ściśle do ciała i miała szerokie rękawy. Noszono pod nią żółtą koszulę bez rękawów. W stanie opasywano się czerwonym pasem skórzanym, na szyi noszono rodzaj zakonnego kołnierza; płaska, czarna czapeczka, nie większa od spodka, uzupełniała ten ubiór.

[*Timbs, Curiosities of London (Osobliwości Londynu)*]

– do str. 18

Przytułek Chrystusa nie był zapewne początkowo zakładem naukowym, lecz miał na celu jedynie dawać bezdomnym dzieciom schronienie, pożywienie, ubranie itp.

[*Timbs, Osobliwości Londynu*]

– do str. 25

Rozkaz stracenia księcia Norfolka

Śmierć króla zbliżała się szybko; obawiając się, że Norfolk może mu się wymknąć, skierował do Izby Gmin żądanie przyśpieszenia werdyktu, pod pozorem, że Norfolk piastuje godność wielkiego marszałka, trzeba więc zamianować na jego miejsce kogoś innego, kto wziąłby udział w mającej nastąpić ceremonii mianowania syna jego księciem Walii.

[*Hume, History of England (Historia Anglii), tom III, str. 307*]

– do str. 34

Dopiero pod koniec panowania Henryka VIII zaczęto w Anglii uprawiać sałatę, marchew, brukiew i inne jadalne jarzyny. Do tego czasu sprowadzano niewielkie ilości tych jarzyn z Holandii i Flandrii. Gdy królowa Katarzyna chciała jeść sałatę, musiała ją sobie sprowadzać przez specjalnego wysłańca.

[*Hume, Historia Anglii, tom III, str. 314*]

– do str. 38

Skazanie Norfolka

Izba Parów, nie przesłuchawszy więźnia, nie zarządziwszy śledztwa, nie zbadawszy świadków, skazała go i przesłała wyrok Izbie Gmin. Pokorna Izba Gmin usłuchała jego (króla) rozkazu; król zaś, zatwierdziwszy wyrok przez specjalną komisję, wydał rozkaz, aby stracenie Norfolka odbyło się 29 stycznia (następnego dnia) rano.

[*Hume, Historia Anglii, tom III, str. 306*]

– do str. 48

Czara miłości

Czara miłości i osobliwy ceremoniał przestrzegany przy jej używaniu starsze są niż dzieje Anglii. Jest to prawdopodobnie zwyczaj przywieziony z Danii. Jak daleko sięgają zapiski historyczne, czara miłości wychylana była zawsze podczas uczt angielskich. Tradycja w ten sposób tłumaczy zachowany przy tym ceremoniał. W owych dawnych, dzikich czasach było rozumną przezornością, że podczas picia obie ręce obu pijących były zajęte, aby ten, który wznosi czarę, ślubując w ten sposób miłość i wierność, nie dał temu, którego pragnął w ten sposób uczcić, sposobności do wbicia mu sztyletu w pierś!

– do str. 54

Niespodziewane wybawienie księcia Norfolka

Gdyby Henryk VIII żył o kilka godzin dłużej, rozkaz jego co do stracenia księcia Norfolka musiałby być wykonany. Gdy jednak nadeszła do Tower wieść, że król zmarł tej nocy, naczelnik więzienia wzbraniał się wykonać wyrok; także Rada Stanu nie uważała za właściwe rozpoczynać nowego panowania od stracenia jednego z najwybitniejszych dostojników państwa, skazanego tak niesprawiedliwym i tyrańskim aktem przemocy.

[*Hume, Historia Anglii, tom III, str. 307*]

– do str. 76

Chłopiec do bicia

Jakub I i Karol II mieli w dzieciństwie takich „chłopców do bicia", których karano, gdy książęta nie robili dostatecznych postępów w nauce; dlatego to dla ułatwienia sobie zadania zaopatrzyłem i swego małego księcia w takiego chłopca.

– do str. 79

Charakter Hertforda

Młody król okazywał najwyższe przywiązanie do swego wuja Hertforda, który był człowiekiem nader umiarkowanym i uczciwym.

[*Hume, Historia Anglii, tom III, str. 324*]

Jeżeli oburzające mogło być z jego (protektora) strony, że nadał sobie tyle godności, to jednak zasłużył sobie na wielką pochwałę przez prawa przeprowadzone na tej sesji, a łagodzące niezmiernie poprzednie ustawy karne i dające niejaką rękojmię swobód konstytucyjnych. Zniesiono wszelkie prawa, które definiowały zbrodnie zdrady stanu szerzej niżeli statut wydany na dwudziestopięciolecie panowania Edwarda III, wszelkie prawa o zbrodni buntu wydane podczas ubiegłego panowania, wszelkie dawniejsze prawa, skierowane przeciwko lollardom[1] i innym heretykom wraz z ustawą Sześciu Artykułów. Nikt nie mógł już być oskarżony za słowa, o ile od ich wypowiedzenia minął miesiąc. Postanowienia te unieważniły wiele z najokrutniejszych praw, jakie posiadała Anglia, stając się dla ludu zwiastunami pierwszej jutrzenki wolności zarówno obywatelskiej, jak i religijnej. Unieważniono też owo prawo, które sprzeciwia się wszelkim zasadom prawnym, że mianowicie edykty królewskie mają moc równą ustawie.

[*Tamże, tom III, str. 339*]

– do str. 83

Kara śmierci przez gotowanie w oliwie

Mocą postanowienia parlamentu truciciele byli za panowania Henryka VIII skazywani na karę śmierci przez ugotowanie. Prawo to zostało za następnego panowania zniesione.

W Niemczech jeszcze w XVII w. stosowano tę nieludzką karę w stosunku do fałszerzy pieniędzy i oszustów. Wielki poeta, Taylor, opisuje stracenie, które widział w 1616 r. w Hamburgu. Wyrok przeciwko fałszerzowi pieniędzy brzmiał, że ma on „zostać ugotowany w oliwie, ale nie ma być od razu wrzucony do kotła, lecz należy go zawiesić na sznurze przeciągniętym pod pachami i spuszczać na bloku, tak aby zanurzał się w oliwie stopniowo”.

[*J. Hammond Trumbull, Blue Laws, True and False (Okrutne prawa, prawdziwe i zmyślone), str. 13*]

---

[1] Lollardowie – zwolennicy Johna Wycliffa, reformatora kościoła katolickiego w XIV w., głoszący hasła równości społecznej.

– do str. 87

Niezwykły wypadek z pończochami

W Huntington powieszono pewną kobietę i jej dziewięcioletnią córeczkę, ponieważ oskarżono je, że zaprzedały dusze diabłu i sprowadzały burze przez zdejmowanie pończoch!

[*J. Hammond Trumbull, Okrutne prawa, prawdziwe i zmyślone, str. 20*]

– do str. 98

Niewolnictwo

Młody król i nieokrzesany wieśniak mogli się omylić; jest to zupełnie zrozumiałe. Wieśniak doświadczył okrucieństwa tego prawa przedwcześnie, a król oburzał się na nieistniejące jeszcze prawo; bowiem ta haniebna ustawa wydana została dopiero podczas jego własnego panowania. Atoli znając jego charakter, możemy się domyślać, że nie on był jej twórcą.

– do str. 128

Kara śmierci za drobne kradzieże

Gdy w Connecticut i New Haven ustanawiano pierwsze kodeksy prawne, w Anglii kradzież przedmiotów o wartości ponad dwanaście pensów była jeszcze za Henryka I zbrodnią główną.

[*J. Hammond Trumbull, Okrutne prawa, prawdziwe i zmyślone, str. 17*]

Ciekawa stara książka „Włóczęga angielski” podaje tę sumę na trzynaście i pół pensa, kara śmierci groziła więc temu, kto skradł przedmiot o wartości większej niż trzynaście i pół pensa.

– do rozdziału XXVII

Przy wielu rodzajach kradzieży prawo wyraźnie odmawiało pociechy religijnej; kto ukradł konia, sokoła lub chustkę wełnianą tkaczowi, zostawał powieszony. Podobnie ten, kto zastrzelił jelenia w lesie królewskim albo wywoził owce z państwa.

[*J. Hammond Trumbull, Okrutne prawa, prawdziwe i zmyślone, str. 13*]

Uczony prawnik, William Pryne, został (na długo po panowaniu Edwarda VI) skazany na obcięcie obojga uszu pod pręgierzem, grzywnę 3000 funtów i dożywotnie zamknięcie w więzieniu. W trzy lata później dał on znowu powód do skargi, gdyż opublikował ulotkę skierowaną przeciwko władzom kościelnym. Stanął znowu przed sądem, który skazał go na obcięcie tego, co pozostało z jego uszu, grzywnę 5000 funtów szterlingów, napiętnowanie na obu policzkach literami S. L. (Seditious Lebeller – buntowniczy oszczerca) i dożywotnie zamknięcie w więzieniu. Surowości tego wyroku odpowiadało okrucieństwo jego wykonania.

[*Tamże, str. 12*]

– do rozdziału XXXIII

Przytułek Chrystusa, czyli Szkoła Niebieskich Sukien – „najszlachetniejsza instytucja na świecie".

Grunta, na których znajdował się klasztor Szarych Braci, podarowane zostały przez Henryka VIII zarządowi miasta Londynu, który założył tam schronisko dla ubogich chłopców i dziewcząt. Edward VI kazał potem odpowiednio odrestaurować dawne budynki klasztorne i założył ową błogosławioną instytucję, która otrzymała nazwę Szkoły Niebieskich Sukien lub Przytułku Chrystusa i miała na celu kształcenie i żywienie sierot oraz dzieci ubogich rodziców... Edward nie pozwolił mu (biskupowi Ridley'owi) odejść przedtem, aż list (do lorda mayora) nie został napisany, i polecił mu osobiście oddać to pismo i obwieścić wolę i życzenie króla, aby bez najmniejszej zwłoki poczyniono odpowiednie projekty i powiadomiono go o przedsięwziętych środkach. Dzieło posuwało się szybko naprzód; Ridley sam zajął się nim gorliwie, rezultatem zaś było założenie Przytułku Chrystusa w celu wychowywania ubogiej dziatwy. (Król obdarował równocześnie i wiele innych zakładów dobroczynnych). „Panie Boże – mawiał – dziękuję Ci z całego serca, że użyczyłeś mi dość życia, aby dokonać tego dzieła, które oby pomnożyło Twoją chwałę!" Jego czyste i niewinne życie kłoniło się rychło ku końcowi, a w niewiele dni później oddał z powrotem duszę Stwórcy, błagając Go, aby uchronił państwo przed papiestwem.

[*J. Heneage Jesse, London: its Celebrated Characters and Places (Londyn: jego wybitne osobistości i miejsca)*]

W wielkiej sali znajduje się duży obraz, który przedstawia króla Edwarda VI zasiadającego na tronie w szkarłacie królewskim i gronostajach, z berłem w lewej ręce, podczas gdy drugą ręką wręcza klęczącemu przed nim lordowi mayorowi akt założenia przytułku. Obok króla stoi kanclerz, który trzyma pieczęć, zaś dalej inni wysocy dostojnicy państwowi. Biskup Ridley klęczy przed królem ze wzniesionymi rękoma, jakby błagał niebo o błogosławieństwo dla jego dzieła, zaś rajcy miejscy klęczący obok lorda mayora zajmują środkową część obrazu. Wreszcie na przednim planie stoi po jednej stronie podwójny szereg chłopców, po drugiej dziewcząt, poczynając od nauczyciela i opiekunki, aż do owego chłopca i owej dziewczynki, którzy wyszli z szeregu i ze wzniesionymi rękoma klęczą przed królem.

[*Timbs, Osobliwości Londynu, str. 98*]

Przytułek Chrystusa posiada ze starodawnej tradycji przywilej zwracania się z przemówieniem do króla lub królowej, gdy przybywają oni do miasta i korzystają z gościnności mieszczaństwa londyńskiego.

[*Tamże*]

Sala jadalna z przedsionkiem oraz chór z organami zajmują całe piętro, długości 187 stóp, szerokości 51 stóp i wysokości 47 stóp; oświetla je dziewięć wielkich okien ozdobionych witrażami i wychodzących na południe; obok sali Westminsterskiej jest to najwspanialsza sala w stolicy. Tutaj jadają chłopcy, których jest tam obecnie 800; tutaj też, odbywają się owe „wieczerze publiczne", na które goście wpuszczani są tylko za zaproszeniami wydawanymi przez skarbnika i zarządzających Przytułku Chrystusa. Na stole stoi w drewnianych miskach ser, piwo w drewnianych kuflach, które napełnia się ze skórzanych bukłaków, zaś chleb wnosi się w wielkich koszach. Wchodzą zaproszone władze; lord mayor, czyli burmistrz miasta, zajmuje honorowe miejsce na krześle, sporządzonym z dębowego drzewa z kościoła św. Katarzyny w pobliżu Tower; następnie odśpiewany zostaje hymn przy akompaniamencie organów. Jeden z „Greków", czyli starszych chłopców, odczytuje rozdział z książki do nabożeństwa, zażądawszy przedtem ciszy trzykrotnym uderzeniem drewnianego młotka. Po modlitwie rozpoczyna się wieczerza, zaś goście przechadzają się między stołami. Po skończonym posiłku dyżurujący chłopcy zabierają kosze, miski, bukłaki, kufle i lichtarze i w uroczystym pochodzie mijają zarządzających, kłaniając się im głęboko. W 1845 r. królowa Wiktoria i książę Albert asystowali przy tym widowisku.

Do najbardziej znanych Błękitnych Sukien należeli Joszua Barnes, wydawca Anakreonta i Eurypidesa; Jeremiasz Markland, słynny krytyk, szczególnie literatury greckiej; badacz starożytności, Camden; biskup Stillingfleet; powieściopisarz Samuel Richardson; Tomasz Mitchell, tłumacz Arystofanesa; Tomasz Barnes, wieloletni wydawca „Times'a"; Coleridge, Karol Lamb i Leight Hunt.

Nie przyjmuje się chłopców poniżej siedmiu i powyżej dziewięciu lat; nie mogą też oni pozostawać w przytułku dłużej jak do piętnastu lat, z wyjątkiem tak zwanych wychowańców królewskich i „Greków". Zarządzających jest około 500, z królem i księciem Walii na czele. Aby zostać zarządzającym trzeba wpłacić 500 funtów.

[*Tamże*]

Spis treści